KB025878

예술한류와
코리안 디아스포라 공연예술

예술한류와
코리안 디아스포라 공연예술

2021년 12월 05일 초판 인쇄
2021년 12월 10일 초판 발행

엮은이 한국예술종합학교 전통예술원
발행인 임준희
발행처 한국예술종합학교 전통예술원
제작 및 공급 | 북코리아
등록번호 제03-01240호 | **전화** 02-704-7840 | **팩스** 02-704-7848
이메일 ibookorea@naver.com | **홈페이지** www.북코리아.kr
주소 13209 경기도 성남시 중원구 사기막골로 45번길 14 우림2차 A동 1007호
ISBN 978-89-6324-833-2(93680)

* 본서의 무단복제를 금하며, 잘못된 책은 구입처에서 바꾸어 드립니다.

예술한류와 코리안 디아스포라 공연예술

한국예술종합학교 전통예술원 엮음

K' ARTS

인사말

한국예술종합학교 전통예술원 한국예술학과의 2021년 『예술한류와 코리안 디아스포라 공연예술』의 발간을 진심으로 축하드립니다.

『예술한류와 코리안 디아스포라 공연예술』 도서는 대한민국을 떠나 각기 다른 지역에서 거주하면서도 한국 문화예술에 대한 정체성을 가지고 뿌리내린 곳에서 한국 문화예술을 전파하거나 그곳의 문화와 접목 및 융합하고자 끊임없이 노력해 왔던 연구자들의 논문을 발굴하고 엮은 모음집입니다.

이 도서에는 이들 연구자들이 그동안 해외나 국내 학술지에 소개되었던 논문을 발전시킨 내용의 논문 7편을 담고 있으므로 이를 통해 한국 문화와 전통공연예술에 대한 다채로운 시선들을 접할 수 있으며 특히 현재 전 세계적으로 각광을 받고 있는 K-pop 등 한국 대중문화의 한류 이전에 존재하였던 전통공연예술의 확산과 한국문화의 세계화 양상에 대하여 심도 있게 살펴보고자 한 작업으로서 매우 의미가 있다고 생각합니다.

본서에 수록된 7편의 논문은

김보희 선생님의 “해외 한민족 디아스포라 고려인 예술집단에 관한 연구”,

김채원 선생님의 “북한춤의 해외전파: 일본과 중국을 중심으로”,

김희선 선생님의 “사물놀이 세계화의 전개와 성격”,
양민아 선생님의 “1920-30년대 연해주 한인들의 문화예술 활동 연구”,
엄혜경 선생님의 “Community, identity and performing arts: The Korean diaspora in the former Soviet Union and China”,
이용식 선생님의 “미주 한인사회의 디아스포라 음악문화: 캐나다 토론토를 중심으로”,
이훈 선생님의 “중국 조선족음악과 전통의 문제: 타민족과 다른 지역의 영향을 중심으로”입니다.

각 논문은 러시아, 일본, 중국, 미국, 캐나다 등 세계 각지에서 한국의 전통공연예술이 어떤 형태로 전승되고 발전되어왔는지에 대해 다루고 있는 심도 깊은 연구물이라 할 수 있습니다.

『예술한류와 코리안 디아스포라 공연예술』은 향후 국내는 물론 해외 각지에 폭넓게 배포함으로써 해외에 한국문화를 알리는 동시에 앞으로의 한류사업의 기초적인 활용자료로 매우 중요한 역할을 하리라 기대합니다.

본 학술총서에 옥고를 수록하도록 허락해주신 필자분들과 관련 학회에 감사의 말씀을 드리고 이러한 방대한 작업을 수행해주신 전통예술원 한국예술학과의 전지영 학과장님을 비롯한 모든 교수님들에게도 깊은 감사의 마음을 전합니다.

2021년 12월 6일

전통예술원장
임준희

목차

해외 한민족 디아스포라 고려인 예술집단에 관한 연구

김보희*

이 논문은 고려인 문화예술단체에서 활동한 고려인들의 음악활동을 중심으로 전문예술단체인 '고려극장'과 비전문예술단체인 '소인예술단'의 음악활동에 나타난 음악사회조직의 역할과 두 단체의 연관성을 살펴보았다. 고려인의 예술활동은 '소인예술단'이라는 비전문집단에서 활동하기 시작하여 높은 수준의 전문 아마추어예술집단인 '소인예술단'을 거쳐 전문적인 집단으로 발전을 하였다는 것을 확인하였다. 1932년 러시아 연해주 원동에서 '원동변강 조선극장'이라는 명칭으로 설립된 이후 역사와 정치적인 이유로 극장 명칭이 다양하게 변해 왔다. 특히 1990년 개방개혁정책(페레스트로이카) 이후에 '고려극장'으로 바뀐 것은 '조선'이라는 용어를 쓰지 않는 남한과의 교류를 의식하고 남북한에 거주하는 한민족과 상대적으로 다른 자신들의 정체성을 나타내는 '고려사람', '고려신문', '고려극장' 등의 용어를 사용했다. 1937년 이전 원동 연해주 시절의 고려인들의 음악활동은 1935년「춘향전」공연을 중심으로 민족예술에 관심을 갖고 모국의 문화를 전승하려는 강한 의지를 보여주었다.

1937년 중앙아시아로 강제이주 이후에 카자흐스탄공화국 크즐오

* 연세대학교 객원교수

르다에 자리를 잡은 '고려극장'은 1년에 3개월 연습을 하고 9개월씩 순회공연을 다니며 고려인들의 문화적 향수를 달래주었고, 비전문예술집단인 '소인예술단'에게 한국 전통적인 노래, 민요, 잡가 등의 노래와 춤을 전수해 주었다는 사실을 밝혀냈다. 고려인 문화예술단체들은 한민족 디아스포라의 문화를 발전시키고 후손들에게 문화를 전수하는 교육기관으로 중요한 역할을 담당하였다.

구소련 사회주의 국가에서 문화예술단체는 사회주의 이념의 실천과 공산주의 선전에 사용되었다. 연극, 음악을 통해 사회주의 이념을 교육했다. 소인예술단의 문화활동의 목적은 문맹퇴치운동과 '인민들의 문화적 휴식'이었다. '일과 놀이' 즉 인간생활에 필수적인 문화생활 공간을 국가가 고려인들을 위해 마련해 주고 예술교육을 장려함으로써 민족의 정체성(고려인으로서의 자부심)을 향상시켰다. 고려인과 다른 소수민족들을 비교해 볼 때 상대적으로 높은 교육열과 경제적 우위를 지킬 수 있었다는 사실은 고려인들이 자신들의 문화에 대한 우월감을 갖고 있음을 확인할 수 있다.

고려인의 문화적 정체성에 관한 연구로 고려인사회에서는 세대 간의 차이는 있겠지만 현지조사에서 나타난 이민 2~3세에 대한 디아스포라 음악의 특성은 '통합(integration)'에 가까운 결론을 가져온다. 고려인사회는 제도적으로 완전한 공동체-집단농장(콜호스)에서 생활하였으므로 모국어, 민족문화, 민족정체성을 유지하기는 용이하였으나 주류사회에 접근하기 용이하지 않았다는 점에서 동화(assimilation)가 이루어지지 않았다고 본다.

Ⅰ. 여는글

해외 한민족이란 "대한민국이라는 지역적 범위를 넘어서 살고 있는 한인"을 말한다. 포괄적 의미로는 북한에 사는 동포들도 포함하게 될 것이다. 해외에 거주하는 한민족의 디아스포라[1] 음악에 대한 정의는 이민, 강제이주, 외국인노동자 등 광의의 디아스포라 개념의 이주자 음악을 정의한다. 넓은 의미의 디아스포라 음악을 논하자면 한국에 거주하는 외국인 체류자의 음악까지도 한민족 디아스포라 음악으로 볼 수 있다. 또한, 해외에 거주하는 우리 동포들이 하는 음악의 모든 장르를 포함하는 것이라고 본다.

한민족음악이란 "한국의 음악은 물론 국가의 개념을 초월하여 해외에 흩어져 사는 우리 민족이 향유하고 공연하는 음악"을 말한다. 현재 전 세계의 전 지구화(globalization)가 한국인의 정체성을 모두 뒤흔들어 놓아 문화적 환경이 급변하고 있는 것이 현실이다. 국내에서 오히려 한민족음악의 정체성을 찾아보기 힘들지만, 해외에 거주하는 고려인의 음악에서 세계 타민족과 음악적으로 다름과 차이를 나타내는 것,

---

1 '디아스포라(diaspora)'는 희랍어에서 나온 말로, 'to sow(뿌리다)'라는 뜻의 동사 'speiro'와 접두어 'over(넘어)'라는 뜻의 접두어 'dia'가 결합한 것이다. 디아스포라를 사람에게 적용하면, 고대 희랍인들은 디아스포라를 이주나 식민을 연상했다. 이와 대조적으로 유태인, 아프리카인, 팔레스타인인, 아르메니아인들에게 디아스포라는 불길하고 잔인한 의미로 받아들여진다. 그리하여 디아스포라는 고향을 꿈꾸지만 유배생활을 해야 하는 집단적인 트라우마(trauma: 정신적인 상흔), 추방을 의미한다. 최근 수년간 강력한 집단적 정체성을 유지하고 있는 다른 민족들 역시 능동적인 식민화의 주역이나 처형의 수동적인 희생자의 어느 쪽도 아님에도 불구하고 자신들을 '디아스포라'로 규정하게 되었다[Robin Cohen, *Global Diaspora: An Introduction* (Seattle: University of Washington Press, 1997), p. ix.].

즉 문화적 정체성이 무엇인가를 더욱 뚜렷이 나타내고 있다. 고려인의 문화적 정체성에 관한 연구는 고려인이 어떻게 그들의 문화적 정체성을 유지, 발전시켰으며 고려인 3~4세가 외래문화에 동화되었으나 흡수되지 않은 원형적인 것은 무엇인가를 밝혀주는 계기가 된다.

현재 해외에 거주하는 동포들의 음악을 연구하자면 지역적으로 광범위하게 100여 개 이상의 국가에 약 700만 명의 한민족의 음악을 논하여야 하지만, 이 논문에서는 현재 구소련 독립국가연합(CIS)에 거주하는 고려인의 음악을 하는 문화예술집단을 중심으로 연구하고자 한다.

구소련 디아스포라 음악 연구 자료로는 필자가 박사학위논문을 위한 현지조사에서 채록한 내용을 중심으로 디아스포라 음악의 문화적 특성을 살펴보고자 한다. 또한, 고려인 문화 예술활동을 통해 그들의 문화적 정체성을 파악하기 위해 아마추어예술집단인 소인예술단과 전문예술단체인 고려극장의 음악 활동을 소개하면서 그들의 음악 활동을 통해 나타난 고려인 음악문화의 정체성을 설명하고자 한다.

Ⅱ. 고려인 문화예술집단

1. 아마추어예술집단 소인예술단

대중사회에서 문화예술의 전파를 담당했던 문화기관의 역할과 의의는 매우 중요하다. 구소련 시기 고려인 일반 대중에게 문화예술을 전파했던 문화예술기관은 크게 직업적인 전문집단과 비직업적인 아마추어 집단으로 나눌 수 있다. 전자는 직업적인 문화기관으로 1932년 러시아 원동 블라디보스토크 신한촌에서 창립된 고려극장(또는 조선극장)과 그 산하의 '아리랑' 가무단과 『선봉』, 『레닌의 긔치』, 『레닌기치』, 『고려일보』로 이어지는 한글신문, 그리고 1969년에 창립된 '가야금' 가무단(1984년에 '청춘' 가무단으로 개칭) 등의 직업적 문화기관, 단체들을 들 수 있다. 소인예술단(小人藝術團)은 비직업적 예술집단을 말하는데 콜호스[2](집단농장)를 비롯한 생활 현장에서 보다 광범위한 고려인 일반대중 사이에서 활동하며 고려인을 비롯하여 러시아인, 카자크인, 우즈벡인 등 민족들의 다양한 민족문화예술을 통하여 사회주의 이념의 전파 기능을 담당했던 예술집단이었다.

소인예술단은 한편으로 예술적 재능을 가졌던 일반대중의 자발성을 바탕으로 조직된 아마추어 예술인들의 집단이지만, 기본적으로 사회주의 체제의 산물로서 자본주의 체제에서의 아마추어예술집단과 그

2 전경수 편, 『까자흐스딴의 고려인』(서울: 서울대학교 출판부, 2002), 83-84쪽. 콜호스는 국가로부터 토지를 무상으로 빌려 집단적 노동에 의한 공동생산과 분배를 도모하는 조직이다. 콜호스 규모에 따라 차이가 있으나, 생산뿐만 아니라 행정, 교육, 문화시설을 갖춘 생활공동체이다.

성격을 달리한다. 이는 소인예술단이 그 자발적 성격 못지않게 사회주의 건설을 주도했던 공산당과 소비에트 정부의 정책적 배려의 산물임을 의미한다. 또한 소인예술단에 참여했던 구성원들은 노래, 춤, 연극, 악기연주 등에 재능을 갖고 훈련과정을 통해 자신들의 기능을 향상시킬 수 있었고, 이들 가운데는 탁월한 재능을 발휘함으로써 이후 직업적인 예술집단으로 이동해 간 경우도 있다. 따라서 소인예술단은 고려극장을 비롯한 전문적 직업예술인들이 한 번쯤은 거쳐 가곤 했던 일종의 인적 '풀(pool)'의 기능을 담당하기도 했다. 이 점에서 소인예술단과 직업적 예술집단 간의 관계에 주목할 필요가 있는 것이다.

러시아 원동지역 고려인사회의 문화중심은 역시 러시아 원동 한인들의 '수도'로 불리던 블라디보스토크의 신한촌이었다. 블라디보스토크 신한촌의 스탈린구락부가 그 중심에 있었다.[3] 1917년 러시아 혁명 이전과 마찬가지로 신한촌은 고려인사회의 중심이었으며 그 활동공간이 바로 스탈린구락부였다. 신한촌 스탈린구락부에서는 3.1 독립선언일, 메이데이, 8.29 국치기념일 등을 기념하는 집회와 문화행사, 연극공연이 이루어졌다. 특히 고려인사회에 교육문화 서적의 보급센터였던 고려도서관이 스탈린구락부 건물에 위치해있었다. 바로 이 스탈린구락부에서 고려인촌락을 순회하며 레닌의 사상과 시월혁명의 뜻을 선전한 문화선전대가 조직되었고, 후일 고려인 문화예술활동의 중심이 되는 고려극장이 창립되었다.[4]

초창기부터 고려극장에 참여하였고 후일 카자흐스탄공화국 공훈배우가 되는 이길수는 신한촌의 문화적 상황을 다음과 같이 회상했다.

> 1920년 4월에 정변이 일어났다. 돌이켜보건대 그것은 바로 3.1운동이 있은 한 해 후의 일이었다. 일본제국주의 침략자들은 신한촌 학

3 한진, "국립조선극장의 연혁: 극장 창립 60주년을 맞이하여," 『레닌기치』, 1992년 8월 28일자, 1면.

4 연성용, 『신들매를 졸라매며』(서울: 도서출판 예루살렘, 1993), 10-11쪽.

교와 신문사를 불사르고 많은 조선사람들을 학살하고 체포하는 만행을 감행하였다. 그리고 놈들은 신한촌에 헌병대를 설치하여 일본을 반대하여 싸우는 독립투사들과 그들을 동정하고 후원하는 사람들을 잡아내려고 눈에 쌍심지를 돋우고 발악하였다. (중략)

바로 이때 해삼 신한촌에는 '조선신파숙청단'이라는 극단이 조선에서 들어와 순회공연을 하였다. 그 극단은 광고를 굉장하게 하였다. 단원들이 분장을 하고 깃발을 휘날리며 음악을 울리며 온 거리를 들썩하게 광고를 하는 것이 우리 어린이들에게 깊은 인상을 남기었다. 극장이 없는 것만큼 연극은 마당이 아니면 집 울 안에다 무대를 짓고 횃불로 무대를 밝히며 놀았다. 숙청단의 공연은 어느 때나 만원이었다. 우리 어린이들은 입장권을 살 돈이 없어서 남의 집 지붕에 올라가서 구경을 하기도 하고 때로는 울타리 밑을 파고 기어 들어가 보기도 하였다. 그러다 붙잡혀 발길에 채우며 쫓겨나는 일도 있었으나 하여튼 우리는 무슨 수를 써서라도 기어코 구경을 하였다. 구경만 한 것이 아니라 어떤 장면들은 흉내를 내며 놀아보기도 하였다.

그 시기 연초공장 청년로동자들 속에는 중국 창시에 열중하여 창시놀음과 청룡도 쓰는 법을 배우는 자들이 많았다. (중략) 신한촌에는 '천도교관현악단'이 있어서 조선음악과 노래, 바이올린 독주, 로씨야 및 우크라이나 춤으로 작성된 곡목을 가지고 조선에 순회공연을 나갔던 일이 있으며 백의동포들의 큰 환영을 받았다고 한다. 이런 일들이 원동에 소비에트 주권이 서기 전에 있었던 신한촌 조선사람들의 예술문화생활의 일면을 보여주는 이야기들이다.[5]

이길수의 회상은 시베리아 내전 시기(1918~1922)에 연초공장의 청년 노동자들과 '천도교관현악단'이 활동하고 있었음을 전해주고 있는데, 이들이 바로 러시아 혁명 이전 시기에 활동했고 이후 등장하는 소

5 리길수, "회상기 신한촌," 『고려일보』, 1991년 8월 2일자, 4면.

인예술단의 원형이라 할 수 있다. 위로부터의 사회주의화가 진행되는 1920년대 후반 이후 1930년대 초에 걸쳐 러시아 원동의 한인 동포사회에서 '소인예술단'이라고 일컬은 많은 예술 서클들이 학교, 공장, 농촌, 어촌들에서 생겨났다. 콜호스에는 소인예술단이 생겨났으며 공장이나 탄광촌, 어촌에서도 문화 계몽사업의 일환으로 소인예술단들이 속출하였는데, 이들은 국가의 정책적 지원을 받았다. 아이들은 7년제, 10년제 학교에 다니며 방과 후의 학습의 장으로 문화회관에서 예술을 배웠으며, 학교에 다니지 않은 사람들은 콜호스 단위의 문화학교를 다니면서 합창, 체육, 미술 등의 취미활동을 하였다.

이길수는 일본군이 철수하고 시베리아 내전이 종결되는 1922년 말 이후 신한촌의 문화적 상황에 대해서도 매우 값진 회상을 남겨주고 있다. 이길수에 따르면, 블라디보스토크의 국립극장이나 원동공장 문화회관에서 매년 3.1절 기념행사가 열린 후에 소인연극이 상연되었다. 또한 신한촌의 스탈린구락부에서 연극이 자주 상연되었는데, 레완트 연초공장의 노동자들로 구성된 소인연극단(정후겸, 전워또르, 김익수, 리나제즈다, 최봉도 등), 9년제학교의 교원들과 학생들로 구성된 연예부(연성용, 최길춘, 김해운, 한영혜, 채경신, 이길수)가 출연하였다. 또한 신한촌에는 이인노겐치와 김니콜라이가 지도한 관현악단이 있어서 대중문화사업에 적극적으로 참가하여 군중의 사랑을 받았다. 이 관현악단 덕택으로 신한촌 사람들이 블라디보스토크의 시위행렬에도 자랑스럽게 참가할 수 있었고, 행진곡과 고전음악을 익힐 수 있었다. 이 관현악단은 신한촌 사람들의 생활을 한층 유쾌하게 해주었고 연극의 효과를 크게 하였다. 1928년 봄 신한촌 구락부에서 개최된 블라디보스토크 조선소인예술단연극경연대회에는 당시 주요한 한인 소인연극단이었던 스탈린구락부, 9년제학교, 당학교, 노동학원의 연예부 등이 참가하였다. 이 경연대회는 블라디보스토크에서 조선사람들의 연극운동이 활발해지며 소인배우들의 연기 수준이 높아져 직업적인 면모를 띠기 시작했음을

보여준 계기가 되었다.[6]

이들 블라디보스토크의 소인예술단에서 활동하던 소인배우들은 이후 모스크바 영화대학과 루나찰스키 극장대학에 유학을 가서 전문적인 연출가, 극작가, 배우 교육을 받고 돌아와 전문적인 직업적 극장인 고려극장의 주역들이 된다. 즉, 스탈린구락부 출신인 채영은 모스크바와 영화대학 연출학부에서, 9년제학교 연예부 출신인 최길춘은 같은 영화대학 배우학부에서, 최봉도와 이길수는 같은 대학의 배우학부에서, 연성용, 김영익, 전수라는 모스크바 루나찰스키 극장대학에서, 그리고 황니나, 리경희 등은 극장전문학교에서 공부하였다.[7]

고려극장의 극작가, 연출가로 활동하며 희곡 「홍범도」를 쓰게 되는 태장춘은 1926년 이후 신한촌 노동자들의 소인예술단인 '노동자구락부', '노동청년구락부'에 참여했던 소인배우 출신으로서 1931년에 '조선노동청년극장'에서 배우로 출연하였다.[8] 김진, 이함덕에 이어 카자흐스탄의 인민배우가 된 이장송은 어린 시절부터 노동을 하면서 삐오네르 소인예술단 사업에 참여하다가 고려극장에 극장미술가 조수로 들어와 직업적 배우가 된 경우이다.[9]

블라디보스토크가 아닌 다른 연해주 농촌지역의 소인예술단에서 활동하다가 직업적 배우로 성장한 이들도 있었다. 후일 카자흐스탄공화국 인민배우가 되는 김진은 수이푼 구역의 육성촌(뿌찔로프카 마을) 농민청년학교 내에 있던 소인예술단에서 소인배우로 활동하다가 1932년 가을 조선극장이 창립될 때 첫 번째로 찾아온 사람이었다.[10]

---

6 리길수, "회상기 신한촌," 『고려일보』, 1991년 8월 2일자, 4면.

7 위의 기사, 4면.

8 김빠웰, "배우, 극작가 태장춘," 『레닌기치』, 1986년 3월 29일자, 4면; 연성용 · 최봉도 · 박춘섭 · 리경희, "우리 극장무내의 첫배우," 『레닌기치』, 1981년 9월 29일자, 4면.

9 조정구, "인민배우 리장송: 카사흐공화국 인민배우 리장송 동무의 출생 60주년에 즈음하여," 『레닌기치』, 1975년 11월 27일자, 3면.

10 채영, "인민배우 김진," 『레닌기치』, 1973년 3월 14일자, 3면.

이와 같이 소인예술단은 고려인 문화예술활동의 중심역할을 수행하였고, 사회주의 체제의 산물로서 특별한 정책적 배려에 의해 일반대중들의 문화적 휴식은 물론 다문화사회에서의 민족적 정체성에 관한 인식을 일깨워주었다는 점에 주목하여야 한다.

2. 전문예술집단 고려극장

우선 고려인의 음악 공연예술의 핵심적 역할을 담당한 고려극장은 89년의 역사를 가진 한민족 역사상 가장 오래된 민족예술 공연단체이다. 1932년 9월 9일에 연해주 블라디보스토크 신한촌에 '원동변강 조선극장'이라는 명칭으로 설립되었다. 위의 글에서 설명한 바와 같이 소인예술단은 고려극장의 형성과 밀접한 관계가 있다. 소인예술단이 발전하여 고려극장이 생성되었기 때문이다. 고려극장의 전신인 원동변강 조선극장은 설립 후 몇 해 동안 극장 운영은 쉽지 않았다. 왜냐하면, 레퍼토리가 빈약했고, 연극배우도 충분하지 않았으며, 직업적 연기경험도 이론적 기반이 없었기 때문이다. 처음 몇 해 동안 극단은 도시와 촌락을 순회공연을 하면서 한민족의 새로운 양식의 예술을 전파하였다. 이 극장에서는 아마추어 연극 및 음악예술의 대표적인 예술가로서 태장춘, 연성용, 채영, 이길수, 김혜운, 김진, 리함덕, 최봉도 등이 활동하였다. 1935년부터 극장은 체계적으로 「춘향전」 같은 민족고전 작품과 소비에트 연극 예술작품을 소개했다.

러시아 연해주 원동 시기에 극장무대에는 한반도의 농민 봉기에 대해 이야기해준 연성용 작 「장환동의 횃불」, 집단화에 대한 연극인 태장춘 작 「밭두렁」, 채영 작 「노예」와 「심청전」 등이 상연되었다. 이 연극의 레퍼토리는 사회주의 혁명을 선전하기도 하지만, 형식은 민족적인 내용을 포함하였다. 고려인 자신들의 새로운 삶을 반영한 소설을 각색하여 연극을 공연하였다.

1937년 중앙아시아로 강제이주 이후 조선극장은 카자흐스탄 크즐오르다로 이주해 왔고, 극단은 중앙아시아에 살고 있는 고려인들을 위문해 주기 위한 순회공연단을 조직하였다.

중앙아시아 넓은 지역으로 이주한 고려인 극장은 고려인들이 살고 있는 집단농장을 찾아다니면서 위문공연을 하였다. 1년에 3개월은 공연 준비를 하고 약 9개월 동안 순회공연을 다녔다고 연성용의 딸 염클라라는 회고하였다.[11]

1937년 9월 극장단원들은 같은 열차를 타고 레닌기치 신문사와 함께 극장의 소도구와 연극자료 문헌들을 갖고 카자흐스탄연방공화국 크즐오르다에 1937년 10월에 도착하였다. 1942년 독소전쟁으로 격전이 벌어질 무렵 최전선이 카자흐스탄 국경에 가까워져 왔으므로 1942년 1월 13일 극장은 크즐오르다에서 우스토베로 옮겼다.[12] 1959년 5월 30일 딸띄고르간주 고려극장은 우스토베에서 다시 크즐오르다로 옮기게 되었다. 이때 '크즐오르다주 조선극장' 지위를 갖고 있는 고려극장은 소련 전체의 고려인을 위해 봉사하였다. 1962년 3월 22일 '조선음악 연극극장'으로 개명됐고, 1964년 1월부터 공화국 지위를 가진 주극장이 되었다. 1963년 알마타로 이주할 때 카자흐스탄 알마타 주정부에서 고려극장을 적극 유치하였다고 김블라지미르는 회고했다.[13] 사실 고려인 관객의 수요를 보아 집단농장이 많은 우즈베키스탄 타슈켄트가 더 적절하다는 생각도 했으나 알마타로 극장을 이주함으로써 극장의 지위도 승격이 되었고, '공화국 음악희극 조선극장'이라고 명칭을 바꾸게 되었다.[14]

---

11 염클라라, 김보희와 인터뷰, 알마타 2005년 6월.

12 정추, 김보희와 인터뷰, 알마타 2004년 6월(1958년 작곡가 정추는 우스토베의 고려극장을 방문하였는데, 시설이 형편없이 누추하여 마구간 같은 형상을 하고 있었다고 회고한다).

13 김블라지미르, 김보희와 인터뷰, 2006년 2월.

14 김겐나지, "고려극장: 어제, 오늘 그리고 내일," 『흐르는 강물처럼: 사진으로 보는 고려극장 66년(1932-1998)』(카자흐스탄 고려극장, 1999), 14-29쪽.

알마타에 이주한 이후 G. 무스레뽀브 작「꼬직 꼬르비스와 바얀슬루」, K. 무하메드좌노프 작「모자를 쓴 새끼 승냥이」, M. 아우에소브 작「까라고스」,「꼬블란듸」 등 카자흐 희곡작가들의 곡들이 상연됐다. 고려인들이 중앙아시아로 이주한 후에 카자흐인의 연극을 한글로 번역해 공연했다는 것은 집단농장에서 거의 고립된 생활을 했던 고려인들이 다문화를 경험한 소중한 기회였다.

1968년부터 고려극장 안에서 자립적인 콘서트 합주단 '아리랑'이 생겼다. 전문음악가들과 가수들, 민족무용가들이 함께 활동한 이 협주단은 모스크바에서 캄차트카, 테르메스까지 소련 방방곡곡을 순회공연을 하며 청중의 사랑을 받았다. '아리랑' 가무단의 주요 멤버로는 김블라지미르, 송게오르기, 김홍률, 최라리사, 이꼬마 등이 있다. 아리랑 가무협주단 초대 예술지도원으로는 김블라지미르가 맡았고, 총지휘자로는 에두와르드 보구셉스키가 활동하였다. 에두와르드 보그셉스키는 재즈음악가였고 훌륭한 편곡자였으므로 많은 재즈음악가들이 합류하여 활동을 하였다. 고려극장을 중심으로 재즈음악의 한 학파를 이루었고, 재즈음악의 즉흥창작을 경험하게 되었다. 재즈음악의 등장은 전통민족음악의 공연을 위축시키는 결과를 가져왔다. 오철암, 김빅토르, 김일, 정인묵, 윤뾰뜨르, 정추 등의 고려인 작곡가들이 장시간에 걸쳐 작곡해 왔던 작품들이 점차 극장무대에서 사라지게 되었다. 러시아어가 공교육에서 통일언어로 사용되었기 때문에 민족언어인 한글의 사용이 줄고 전통음악 유산과 민족악기(퉁소, 가야금, 장고, 북)를 이용할 수 없게 되었다. 이러한 환경은 고려인 반주음악(오케스트라)의 음향에 막대한 영향을 미치게 되었고, 이러한 환경에서 고려인 민족 노래를 지을 수 있는 작사가와 작곡가의 배출이 어려워졌다. 이 시기에 고려극장의 출연 종목은 주로 조선민요들과 현대 소련음악들로 이루어졌다.

1960년부터 고려극장에는 타슈켄트 극장대학을 졸업한 직업적 전문배우들과 연출가들이 진출하기 시작하였다. 카자흐스탄 인민배우 김블라지미르, 공훈배우들인 문알렉싼드로, 손올가, 박소피아, 림로자 그리고 관중의 사랑을 받은 정에두아르드, 박바씰리, 정아나똘리, 진표도르, 김이오시프 등이 활동하였다. 1975년 알마타 극장 예술대학은 고려극장 제3세 배우들을 배출하였는데, 그들은 현재 극장 총감독을 맡고 있는 리올레그와 감학년이다. 1970~1980년대 연극예술에 기여한 극작가 한진과 연출가 맹동욱, 빠스꼬브 알렉산드르가 있다. 맹동욱은 「춘향전」의 대본을 사회주의의 취향에 맞도록 고쳐서 공연하였다고 회고했다.[15] 레베르뚜아르(레퍼토리)에는 절대다수의 곡목이 조선음악과 무용, 노래들이었다. 키르기스스탄공화국 공훈배우 박니꼴라이는 리면상의 작곡으로 된 「산으로 바다로 가자」, 김워또르의 작곡으로 된 「무지개의 이슬」과 「꼬로베이니크」 등의 노래를 불렀다. 김홍률 자신의 작곡 「메제오」, 리면성의 작곡 「무지개」, 「봄노래」와 「가시어머니」를 그는 아름답고 유창하게 불렀다. 독창가수 김보리쓰의 출연이 청중에게 새로운 기쁨을 안겨주었다. 성량이 풍부하고 음색이 맑은 그는 「소나무」, 「새까만 눈동자」, 「좀 말해봅시다」 등의 노래를 훌륭히 불렀다. 독창가수 송게오르기는 연성용의 작곡 「날 두고 가신 님」과 「묻지 않은들 몰라요」, 김워또르의 작곡 「보고싶은 네 용모」 등의 노래를 정서 깊게 불렀으며, 특히 조선민요 「도라지」를 유창하게 불러 청중의 열렬한 환영을 받았다.[16]

1982년 극장 창건 50주년을 맞이하여 모스크바 순회공연을 하여 무대예술의 발전에 기여한 공로로 '명예훈장'이 표창되기도 하였다. 1989년에는 '아리랑' 가무단이 한국 공연을 하였다. 이처럼 생활고와 사회주의 체제의 과도기적 혼란 속에서 우리 민족의 언어와 문자를 지키며 우리말로 우리 민족의 고전을 상연함으로써 민족의 정체성을 환기시키고 모국어를 들을 수 있는 기회를 제공한 국립 조선극장의 역할은 지대하다.

15 맹동욱, 김보희와 인터뷰, 모스크바 2004년 2월.

16 최길준, "조선가무단 '아리랑'의 순회공연을 보고서," 『레닌기치』, 1974년 6월 13일자, 3면.

1990년 5월 고려극장은 서울 국립극장과 자매결연을 맺고 고려극장의 배우들이 한국에서 해마다 연수를 하면서 전문적 교육을 받게 되었다. 한명희(서울시립대학 교수)는 1991년부터 해마다 국악공연단을 이끌고 카자흐스탄, 우즈베키스탄의 방방곡곡 우리 교포가 사는 도시를 순회하며 우리의 전통음악을 소개했다. 한명희는 사물놀이를 소개하였으며, 이로 인해 고려극장에서 한블라지미르의 지도하에 민족 타악기 민속악단이 생겨났다.

1991년부터 1995년까지 한국소리얼연구회가 주최하는 여름국악학교를 개최하여 고려인들에게 한국의 전통음악을 교육하였다. 1991년에는 한명희, 안숙선, 김광숙, 김현숙, 송인길, 윤명원, 성기철 등의 저명한 예술인들이 음악강습을 하였으며, 1993년 7월에 알마타에서 한명희, 이재숙(가야금), 전정민(판소리), 최상화(대금), 전성희(민요) 등이 훌륭한 공연과 강습을 했으며, 1996년, 1997년, 2000년에는 한국-우즈벡 친선 예술공연을 하여 실크로드를 통하여 문화교류를 가져왔던 양국의 친선을 도모하였다. 우스토베(카자흐스탄)에는 청소년들로 구성된 사물놀이패가 있다. 이들은 2001년 한국-중앙아시아 친선 및 교민위로공연으로 우스토베를 방문 공연한 사물놀이 공연을 직접 보기 이전에 비디오를 보며 악기들을 배웠다고 한다. 시나위 연주, 민요, 사물놀이, 부채춤 등 한국공연단의 수준 높은 공연은 우리 교포사회에서 한국 전통음악의 우수성을 인식하게 되었으며, 민족 공동체의 정체성을 일깨워주게 되었다.

1991년 이후 한국과 빈번한 교류로 한국문화센터와 교육원이 설립되어 한국어 교육은 물론 한국 국립극장과 고려극장은 서로 교류하게 되었다. 그 이후 고려극장은 연극 대본을 읽을 때 남한의 서울말을 연극에서 사용할 것인지 아니면 평양말로 할 것인지, 육진방언인 함경도 사투리를 표준어로 쓸 것인지에 대한 고민을 하게 되었다. 현재 고려극장은 고려인 3~4세대 배우들이 한국말이 서툴러서 대본을 제대로 읽지 못하고 있다는 것과 발음이 정확하지 않다는 것에 대해 심각한 문제를 갖고 있다. 고려극장 배우들이 3개월씩 국립극장에 와서 교육을 받기도 했으나 이러한 교류보다는 한국에서 교사들을 파견하여 배우들의 한국어를 도와주는 것이 더욱 바람직하다고 본다. 고려극장의 문화활동을 역사적으로 정리하고, 대본을 수집 · 정리하는 작업부터 진행되어야 하며, 정리된 대본에 관한 언어학적 · 문학적 · 인류학적 연구가 지속되길 바란다.

Ⅲ. 고려인 디아스포라 음악의 정체성

인류학자 질베르 뒤랑은 '사회문화적 지형학'이란 개념을 제시하였다. 한 사회의 '의미의 물줄기' 가운데 어느 기간을 절단하여 그 기간의 상상적 총체의 단면을 지형학의 층위 개념으로 판별해 내리는 것이다. 그러므로 방법론적인 면에서 생물학적 메타포보다는 심리학적 메타포로 간주하는 것이 유리하다고 여긴다. 심리학적 메타포는 고려인 음악을 통해 가장 유사하게 나타난다. 노래 가사를 통해 고려인 삶의 애환과 기쁨, 희망 그리고 좌절을 노래하였다. 그 지형학의 맨 아래층에는 C. G. 융이 집단 무의식이라 부르는 것이 자리한다. 그것은 이내 원형적인 것과 표현의 옷을 입고 지역화된 문화적인 것의 두 갈래로 나뉜다. 고려인의 노래에는 원형적인 것인 무가로부터 시작하여 민요, 잡가, 타령의 전통가요가 창작가요라는 새로운 옷을 입고 21세기 중앙아시아 이주자의 노래를 부르고 있는 것이다. '집단의식'과 '초자아' 등 사회의 중층적인 양상들과 긴밀하게 맺어져 있는 그런 도식으로 쌓여 있다.[17] 해외 한민족은 거주 지역의 문화에 적응된 한국문화를 향유한다. 그 문화는 당연히 한반도 내외의 문화와는 어느 정도 다르고, 그들이 소속되어 있는 사회의 전체 문화 속에 존재한다. 따라서 이런 경우 한국인 문화는 그곳 전체 문화의 하위문화에 속하는 것이다. 또한 이들 문화는 한국문화의 범주에 들며, 한국문화의 특정 지역의 하위문화가 된다. 하위문화로서의 해외 한민족 문화는 이렇게 두 사회가 만나서 겹치는 부분이 있다. 한민족 문화의 보편성은 종교문화, 깨달음

17 조흥윤, 『동문선현대신서 91 한국문화론』(서울: 동문선, 2001), 248-249쪽.

문화, 놀이문화의 특성이 강하다고 문화인류학자 조흥윤은 설명하고 있다.[18]

고려인들은 1990년 개방개혁정책 이전에는 사회주의 국가 정책으로 종교를 용납하지 않았으나 그들은 조상을 숭배했으며, 유교문화인 제사를 지내며 저승과 이승의 세계를 인정해 왔다. 장례식에서 향도차를 불러 시신이 나갈 때 향도차 앞에서 절을 올리며 제사를 지내는 것은 엄숙하고 종교적이라 말할 수 있다. 또한 장지까지 따라간 조문객들에게 음식과 떡을 대접하며 우리 민족의 전통을 그대로 지키고 있다. 개방개혁정책 이후에 기독교인들이 급속히 늘고 있으나 이들은 유교와 무교의 연장선에서 교회를 나가는 신자들이 많다는 것이 특징적이다. 놀이문화의 특성으로는 소인예술단과 고려극장의 왕성한 활동으로 위의 글에서 설명하였다. 환갑, 결혼식, 돌집에서 노래를 부르며 춤을 추는 것은 『삼국지』「위지동이전」에서 "며칠씩 먹고 마시고 노래하고 춤춘다"라는 기록에서 한민족 놀이문화의 정체성을 대변해 준다.

고려인들이 언어와 문화가 정착한 사회에 동화되었음에도 불구하고 강한 민족정체성을 유지하는 데에는 소수민족으로 구별되고 다르게 대우를 받는 것에 기인한다. 또한, 개인의 민족성이 여권 및 각종 공문서에 기재되고, 교육 · 직업 · 이동의 자유 등 개인의 생활기회를 제약해왔으므로 본인이 원하든 원하지 않든 타민족 사람에 의해 고려인으로 인식되고 구별되어왔다고 윤인진은 주장한다.[19]

필자는 고려인들의 일상생활에서 가장 한국적인 것은 음식문화라고 생각한다. 모국어를 전혀 모르는 고려인 3~4세들은 한민족의 정체성을 쌀과 김치로 생각한다. 특히 밥을 물에 말아먹는 '밥에물이'는 고려인들이 주로 먹는 음식이며, 김치를 만들거나 시장에서 사 먹는다. 고려인 3~4세들이 모국의 언어를 상실했어도 음식문화와 제사, 혼인

---

18 같은 책, 22쪽.

19 윤인진, 『코리안 디아스포라』(서울: 고려대학교출판부, 2004), 147쪽.

예식, 돌잔치, 환갑잔치 등의 가족 행사와 의례에서 한민족의 정체성을 지키며 살아가고 있다고 본다. 독립국가연합 한인들이 자신을 '고려사람'으로 지칭할 때 자신들이 한국인도 아니고 북한의 조선인도 아니고 한민족으로서의 혈통을 지니고 있지만, 거주국의 국민 정체성을 갖고 있는 혼합된 이중 정체성을 표명하는 것이다.[20] 다시 말해 고려사람들의 민족정체성은 국적에 의해서가 아니고 혈통과 정착사회에 있어서의 집단적 경험의 결합에 의해 구성되는 것이라고 했다. 구소련이 해체되고 중앙아시아 국가들이 독립을 하는 상황에서 고려사람은 민족단체를 형성하고, 강제이주 문제를 재해석하고, 민족문화재생 및 권익보장을 위한 활동을 가속화하고 있다.[21]

구소련 한인 이주사에 대한 심도 있는 체계화는 물론, 그곳 한인들의 정체성 문제와 문화접변의 과정과 그 정도에 관해 종합적이고 역동적인 고찰이 필요하다. 그리고 한인 문제에 대한 정확한 진단과 이해를 위해서는 한인사회 자체의 정밀한 분석과 함께 영향을 주고받는 관계변수인 러시아 문화와 그 변화, 이슬람-투르크 문화의 특성과 그 변화를 상호 유기적으로 고찰하여야 한다고 이희수는 그의 책 『재소한인사』에서 강조하였다.[22] 우즈벡에 사는 고려인들 중에는 얼굴에 수건을 쓰거나 스카프로 얼굴을 감싼 할머니들을 꽤 많이 볼 수 있다. 이 모습은 한국에서 농촌의 아주머니들이 여름에 수건으로 햇빛을 가리며 일을 하는 모습을 연상케 한다. 또한 이슬람교를 믿는 무슬림 여성들이 얼굴을 검은 수건으로 가리고 다니는 모습과 민간인이 사는 마을에서 흔히 알록달록한 스카프를 얼굴에 쓰고 다니는 우즈벡 여자의 모습과 닮은 것이다. 이에 비해 카자흐스탄 도시에 사는 할머니들은 머리에 스카프를 하고 다니는 할머니가 거의 없다는 것이다. 이러한 농

20 장준희, "카자흐스탄 고려사람의 민족정체성 변화과정연구," 『재외한인연구』(서울: 재외한인학회, 1999), 제8호, 53-83쪽.

21 윤인진, 위의 책, 142쪽.

22 이희수, 『재소한인사』(서울: 일빛, 1999).

촌지역에서 사용하는 머리에 쓰는 수건문화도 지역에 따라 문화적 수용 양상이 달라지는 것을 알 수 있다.

고려극장 문예부장 최영근은 『레닌기치』 신문에서 「'가야금'아 울려라」라는 제목으로 가야금가무단의 공연에 대해 다음과 같이 논평하였다(1974년 7월 23일자).

> 타슈켄트조선가무단 '가야금'의 순회공연이 있었다. 이 집단이 1969년에 조직되어 바로 일 년이 지난 후 제일 큰 성과를 거두어본 적이 있었다. 그때 '가야금'은 전국 에쓰뜨라다 집단 콩쿠르에 참가하여 국내의 18개 우수한 에쓰뜨라다 배우집단들 중 하나로 계관인 칭호를 받았다. 가무단 배우들이 자주 교체되고 있다는 것을 보게 된다.
>
> 그가 부른 현대조선노래 「장미꽃」, 널리 알려진 M. 프랏긴의 노래 「너를 동토대에 싣고가겠다」, 우즈벡 작곡가 이싸리호브의 「늦어진 사랑」 등은 관람자들이 박수갈채로 받아들였다. '가야금' 음악연주는 보통 가야금의 연주로 시작된다. 가야금연주는 실로 음악연주곡목의 한 가지 장식으로 되고 있으며, 주도적 곡목 중 하나이며, 특히 조선 민족적 색채를 가져다준다. 가무단의 명칭도 이 고대민족악기에 의하여 생겼다. 그리하여 가야금연주는 제일 중요하며 책임적인 곡목이라고도 인정할 수 있다. 원래 이 민족 악기를 직접적으로 소유하며 동시에 가야금의 반주에 맞추어 노래도 잘 부르자면 특별한 음악적 재능과 많은 노력이 요구된다.
>
> 세 처녀들의 춤들과 김안나와 오아가사가 리면상의 작곡 「가야금이 울리네」와 김형내(이희수)의 작곡 「랭상모한 큰 애기」를 연주하였다. 김쓰워라는 김영도의 「노래하자 금강산을」과 현대조선노래 「나는 열일곱살이에요」를 불렀다. 다만 두 가지 작품 — 원도익의 「행복한 우리살림」과 박영진의 「동그랑 타령」밖에 없었다. 『레닌기치』 신문지에 발표되었으며 발표되는 가사들과 시들을 널리 이용하는 것이 좋다고 나는 생각한다. 그리고 될 수 있다면 곡목에는 관람자들이 즐겨 하

는 조선민요들이 많이 있어야 할 것이다.[23]

위의 글을 분석해 보면 1970년대 고려인 음악활동에서 나타난 고려인의 문화적 정체성을 파악할 수 있다. 우선 소인예술단에서 직업적 예술집단으로 발전된 '가야금' 가무단은 가야금연주로 공연을 시작한다고 했다. 그 외 우즈벡 작곡가 이싸리호브의 「늦어진 사랑」과 북한 작곡가 리면상과 김형내의 작곡이 연주되었음을 알 수 있다. 이들은 주변 국가의 음악은 물론 모국인 북한의 음악을 공연하며 한민족의 정체성 유지에 노력해 왔다. 1990년 개방개혁정책 이전에는 북한에서 한국어 교사와 가무단 지도자들을 파송하여 정기적으로 집단농장을 방문하여 노래와 춤을 가르쳐주었다. 그러므로 우즈벡 고려인들은 북한의 노래를 상당히 많이 알고 있었다. 가야금은 북한에서 가져온 악기로 가야금연주단의 활동에 활기를 불어넣은 악기였으나 가야금 선생님의 부재로 인해 1980년대 후반에 가야금연주의 전수는 중단되었다.

고려인의 노래는 1~2세들은 주로 조선 말기의 민요를 많이 불렀으며, 잡가를 부르던 전문인들이 부르던 노래를 배우거나 유성기 판으로 배운 일본풍의 유행가들을 듣고 그와 비슷한 노래에 새로운 가사를 부쳐 고려인 자신들의 노래를 불렀다. 이들은 일제하의 문화환경이 그들의 상상의 조국으로 각인되어 조국 하면 일제하의 노래가 그들의 조국의 노래로 알고 있다. 고려인 3~4세들은 러시아어에 익숙하며, 그들은 한국말과 노래를 거의 부르지 않고 있다. 그러나 그들이 음악활동을 할 때 아리랑과 리듬 앤 블루스, 트로트와 같은 복합적인 장르를 연주하며 「아리랑」 노래 리듬을 변형하여 연주하며 서양 재즈음악 리듬에 아리랑 선율을 얹어 잔칫집을 다니면서 노래를 불렀다. 이들은 어른들이 좋아하는 노래와 춤을 위한 반주를 했는데, 「노들강변」, 「도라지」, 「아리랑」의 변주곡을 만들어 즉흥적으로 연주하였다.[24]

---

23 최영근, "'가야금'아 울려라," 『레닌기치』, 1974년 7월 23일자, 4면.

24 샤샤, 김보희와 인터뷰, 2004년 6월. 한샤샤는 고려인 3세이다. 그는 고려인과 우즈벡

구소련권 독립국가연합[25]에 거주하는 고려인의 디아스포라 음악의 특성은 타국의 음악을 수용(accomodation)하면서 동화(assimilation)되지 않았다는 것이 필자의 박사학위논문에서 내린 결론이었다.[26] 베리 존(Berry John)은 문화변용론(Acculturation Theory)에서 접촉단계-갈등단계-해결단계로 이민자들의 문화적 정체성의 혼란 경험과 혼란을 극복하는 단계를 설명하였다. 또한 '자신들의 문화적 특성이나 관습의 유지를 얼마나 중요하게 여기는가?'를 지표로 삼아 문화사회적 적응 유형을 통합(integration) 동화(assimilation), 고립(isolation), 주변화(marginality)의 네 가지로 분류하였다.[27] 통합은 소수민족 이민자들이 주류사회에 활발히 참여하면서도 자신들의 고유한 전통과 문화를 유지하는 경우를 말한다.[28] 고려인사회에서는 세대 간의 차이는 있겠지만, 현지조사에서 나타난 이민 2~3세에 대한 디아스포라 음악의 특성은 통합에 가까운 결론을 가져온다. 고려인사회는 제도적으로 완전한 공동체-집단농장(콜호스)에서 생활하였으므로 모국어, 민족문화, 민족정체성을 유지하기는 용이하였으나 주류사회에 접근하기 용이하지 않았다는 점에서 동화가 이루어지지 않았다고 본다.

인들의 잔칫집을 다니면서 노래를 했다. 5~6명의 보컬그룹을 만들었던 그는 상당한 보수를 받고 공연했다고 한다. 그는 재즈음악의 선두주자가 되었고, 음악연주 방식은 주로 변주곡과 즉흥적으로 연주하였다고 한다. 자신의 음악은 우즈벡음악도 아니고 고려인의 음악이라고 강조한다. 왜냐하면 그들은 시대성에 맞게 한민족의 음악을 조금 바꾸어 놓았을 뿐이라고 주장했다.

25 독립국가연합은 1991년 구소련이 해체된 후 그해 12월 21일 러시아, 우크라이나, 벨라루스를 중심으로 발틱 3국을 제외한 12개 구소련 공화국들이 결성한 정치연합체이다. 외교통상부의 2001년 통계에 의하면 52만 1,694명의 고려사람들이 독립국가연합에 거주하는 것으로 나타났다. 윤인진, 『코리안 디아스포라』(2004), 87쪽.

26 김보희, 『소비에트 시대 고려인 소인예술단의 음악활동』(서울: 한울출판사, 2008), 283쪽.

27 Berry John, "Imagination, Acculturation, and Adaptation," *Applied Psychology: An International Review* (1997), 46(1), pp. 5-34.

28 윤인진, 『코리안 디아스포라』(2004).

Ⅳ. 맺는말

이 논문은 고려인 문화예술단체에서 활동한 고려인들의 음악활동을 중심으로 전문예술단체인 ‘고려극장’과 비전문예술단체인 ‘소인예술단’의 음악활동에 나타난 음악사회조직의 역할과 두 단체의 연관성을 살펴보았다. 고려인의 예술활동은 ‘소인예술단’이라는 비전문집단에서 활동하기 시작하여 높은 수준의 아마추어예술집난인 ‘인빈예술단’을 거쳐 전문적인 집단으로 발전을 하였다는 것을 확인하였다. 고려인 전문예술집단인 ‘고려극장’은 비전문집단인 ‘소인예술단’을 지도하여 그들이 높은 수준의 ‘인민예술단’으로 발전되도록 도움을 주었다. 1932년 러시아 연해주 원동에서 ‘원동변강 조선극장’이라는 명칭으로 설립된 이후 역사와 정치적인 이유로 극장 명칭이 다양하게 변해왔음을 알 수 있었다. 특히 1990년 개방개혁정책(페레스트로이카) 이후에 ‘고려극장’으로 바뀐 것은 ‘조선’이라는 용어를 쓰지 않는 남한과의 교류를 의식하고 남북한에 거주하는 한민족과 상대적으로 다른 자신들의 정체성을 나타내는 ‘고려사람’, ‘고려신문’, ‘고려극장’ 등의 용어를 사용했다. 1937년 이전 원동 연해주 시절의 고려인들의 음악활동은 1935년 「춘향전」 공연을 중심으로 민족예술에 관심을 갖고 모국의 문화를 전승하려는 강한 의지를 보여주었다. 1937년 중앙아시아로 강제이주 이후에 카자흐스탄공화국 크즐오르다에 자리를 잡은 ‘고려극장’은 1년에 3개월 연습을 하고 9개월씩 순회공연을 다니며 고려인들의 문화적 향수를 달래주었고, 비전문예술집단인 ‘소인예술단’에게 한국 전통적인 노래, 민요, 잡가 등의 노래와 춤을 전수해 주었다는 사실을 밝혀내었다.

이와 같이 고려인 문화예술단체들은 한민족 디아스포라 문화활동에서 중추적인 역할을 담당했음을 알 수 있다. 구소련 사회주의 국가에서 문화예술단체는 사회주의 이념의 실천과 공산주의 선전에 사용되었다. 연극, 음악을 통해 사회주의 이념을 교육했다. 소인예술단의 문화활동의 목적은 문맹퇴치운동과 '인민들의 문화적 휴식'이었다. '일과 놀이', 즉 인간생활에 필수적인 문화생활 공간을 국가가 고려인들을 위해 마련해 주고 예술교육을 장려함으로써 민족의 정체성(고려인으로서의 자부심)을 향상시켰다. 고려인과 다른 소수민족들을 비교해 볼 때 상대적으로 높은 교육열과 경제적 우위를 지킬 수 있었다는 사실은 고려인들이 자신들의 문화에 대한 우월감을 갖고 있음을 확인할 수 있었다. 1980년대 구소련 경제가 쇠락하자 고려인들에게도 그들의 문화가 위축되는 결론을 가져오게 되었다. 그들의 문화적 풍요는 경제생활과 상대적인 연관성을 나타내주며 민족정체성을 나타내는 언어와 문자는 고려인 문화예술단체 '소인예술단'과 '고려극장'을 통해 실천되고 전수하였음을 알 수 있다. 앞으로 고려극장의 역사와 희곡 문헌에 관한 조사연구가 필요하며, 고려극장에서 공연되었던 희곡 대본에 관한 국문학적 연구가 더욱 활발하게 진행되길 바란다.*

---

* 출전: 김보희, "해외 한민족 디아스포라 예술집단에 관한 연구: 독립국가연합 고려인을 중심으로," 『한국문학과 예술』(서울: 숭실대학교 한국문학과예술연구소, 2009), 제4집, 141-165쪽.

참고문헌

단행본

김보희. 『소비에트 고려민족의 노래』. 서울: 한울출판사, 2008.

____. 『소비에트 시대 고려인 소인예술단의 음악활동』. 서울: 한울출판사, 2008.

____. "해외 한민족 디아스포라 예술집단에 관한 연구: 독립국가연합 고려인을 중심으로." 『한국문학과 예술』(서울: 숭실대학교 한국문학과예술연구소, 2009), 제4집, 141-165쪽.

김보희 편, 국사편찬위원회 · 한양대 한국학연구소. 『정추 채록 소비에트시대 고려인의 노래』 제3권. 서울: 한양대학교 출판사, 2005.

반병률. 『우즈베키스탄 한인의 정체성』. 성남: 한국정신문화연구원, 2001.

연성용. 『신들매를 졸라매며』. 서울: 도서출판 예루살렘, 1993.

윤인진. 『코리안 디아스포라』. 서울: 고려대학교 출판부, 2004.

이희수. 『재소한인사』. 서울: 일빛, 1999.

전경수 편. 『까자흐스딴의 고려인』. 서울: 서울대학교 출판부, 2002.

조흥윤. 『동문선현대신서 91 한국문화론』. 서울: 동문선, 2001.

Cohen, Robin. *Global Diaspora: An Introduction.* Seattle: University of Washington Press, 1997.

논문

김보희. "고려인 사회 문화예술집단 소인예술단." 『한국음악사학보』(서울: 한국음악사학회, 2005), 제34집.

____. "소비에트시기 고려극장의 역사와 음악 활동 I : 원동시기를 중심으로." 『한국음악연구』(서울: 한국국악학회, 2009), 제46집.

반병률. "한국인의 러시아 이주사." 『한국사시민강좌』(서울: 일조각, 2001), 제28집.

____. "해설: 역사의 산 증인이 남긴 값진 선물." 『아무르만에서 부르는 백조의 노래』(서울: 지식산업사, 2005).

장준희. "카자흐스탄 고려사람의 민족정체성 변화과정연구." 『재외한인연구』 (서울: 재외한인학회, 1999), 제8호.

김겐나지. "고려극장: 어제, 오늘 그리고 내일." 『흐르는 강물처럼: 사진으로 보는 고려극장 66년(1932-1998)』(카자흐스탄 고려극장, 1999).

Berry, John. "Imagination, Acculturation, and Adaptation," *Applied Psychology: An International Review* (1997), 46(1).

신문

김빠웰. "배우, 극작가 태장춘." 『레닌기치』, 1986.3.29, 4면.

리길수. "회상기 신한촌." 『고려일보』, 1991.8.2, 4면.

조정구. "인민배우 리장송: 카사흐공화국 인민배우 리장송 동무의 출생 60주년에 즈음하여." 『레닌기치』, 1975.1.27, 3면.

채영. "인민배우 김진." 『레닌기치』, 1973.3.14, 3면.

최길준. "조선가무단 '아리랑'의 순회공연을 보고서." 『레닌기치』, 1974.6.13, 3면.

최영근. "'가야금'아 울려라." 『레닌기치』, 1974.7.23, 4면.

한진. "국립조선극장의 연혁: 극장 창립 60주년을 맞이하여." 『레닌기치』, 1992.8.28, 1면.

인터뷰

김블라지미르, 김보희와 인터뷰, 2006년 2월.

맹동욱, 김보희와 인터뷰, 모스크바 2004년 2월.

염클라라, 김보희와 인터뷰, 알마타 2005년 6월.

정추, 김보희와 인터뷰, 알마타 2004년 6월.

한샤샤, 김보희와 인터뷰, 2004년 6월.

[ABSTRACT]

A Study on Art Groups of the formal Soviet-Korean Diaspora

Gim, Ban Bohi *

This article aims to clarify cultural activities of Soviet Koreans through the musical activities of the former Soviet-Koreans and to compare the social structure and roles between the professional art group 'Koryo theatre' and the amateur art group 'soin yesuldan'. Soviet-Koreans musicians often start their career as a member of the amateur art group 'soin yesuldan.' After developing and demonstrating mastery of various musical techniques within this art group, they will receive certification from the Soviet government as an 'Inmin yesuldal'. After receiving this certification or through recommended by fine artists, can the musician become an artist of the professional art group 'Koryo theatre'.

In 1932, a Soviet-Korean's theatre was started in the Far East Russian city of Vladivostok called the 'Wondong Byungang Chosun Gukjang'. But the Soviet Koreans theatre name has been changed several times through the years due to various political or historical events. After 1990s, the Soviet-Korean theatre changed their name to 'Koryo theatre' due to closer relations with the South Korean's art group 'Gukrip Geukjang' (Korean National theatre). Especially after Perestroika, the Soviet Koreans identified themselves as 'koryoin', 'koryo theatre', 'koyro sinmun' or 'koryo saram'. In 1935, the Koryo theatre had performed the traditional Korean music drama "The Chunghyang".

* Guest Professor, Yonsei University

These performances were quite influential among Soviet Korean people who were often eager to transmit the culture of their homeland to their descendants. In particular after 1937, when the Soviet Koreans were deported from the Far East and some were moved to the Kzulorda city of the Kazakhstan Republic the Koryo theatre visited many different collective farms which placed in the republics of central Asia to comfort the many Soviet-Korean who were displaced. At this time, the theatre brought many Korean songs and dance to the Koryoin and also educated many in the amateur art group 'Soinyesuldan'. These Koryoin groups made many contributions as a center of cultural education maintaining not only the musical culture but in the transmission of their cultural identities to their descendants.

In the former Soviet socialist country, cultural and artistic organizations were used for the practice of socialist ideology and communist propaganda. The soviet government educated socialist ideology through theatre and music. The purpose of the soyin yesuldan performing arts group's cultural activities was the literacy movement and the "cultural break of the people." Improved national identity (pride as a Soviet-Korean) by providing a cultural life space essential to human life for the people of Korea and encouraging arts education. The fact that they were able to maintain a relatively high educational and economic advantage when comparing Koryoin(Soviet-Korean) and other minorities confirms that Koreans have a sense of superiority over their culture.

Although there are differences between generations in the Koryoin society as a study of Koryoin's cultural identity, the characteristics of diaspora music for immigrants 2-3rd generation of Koryoin, in my fieldwork bring to a conclusion that is close to integration. Since the Koryoin society lived in an institutionally complete community-group collective farm (kolhose), it was easy to maintain native language, national culture, and national identity, but it was not easy to access mainstream society, so it is believed that assimilation has not taken place.

북한춤의 해외전파: 일본과 중국을 중심으로

김채원*

이 연구는 북한춤이 해외 교포사회에 전파되는 과정과 그 발전양상을 살펴보는 데 목적을 둔 것으로, 해외에 거주하는 민족집단으로서의 재외동포들의 무용문화, 특히 재중 · 재일조선인들의 무용문화에 대한 관심과 연구의 필요성에서 시작되었다. 문헌연구 중심으로 살펴본 논점의 결과, 재일조선인사회와 중국 조선족자치구의 무용문화의 출발점에는 공통점이 발견되었다. 두 민족집단은 최승희로부터 직간접적으로 춤을 배우거나 작품을 전수받았으며, 최승희가 정리한 조선무용기본을 기초훈련으로 하여 무용을 습득했다는 것이다. 무용 전수 및 훈련기관은 재일조선인사회의 경우 북한의 체계와 같이 무용소조를 따로 두고 그곳에서 무용훈련을 통해 재능 있는 인재를 배출하여 전문예술단에서 활동하게 하는 시스템을 유지해 왔다. 이에 반해 중국 조선족자치구는 연변대학과 중앙민족대학 내에 무용학과가 배치되어 있어 그곳에서 조선춤을 전수 교육함으로써 재능 있는 무용인재들을 배출해 왔다는 점에서 한국의 무용교육체계와 유사한 면을 볼 수 있다. 무용기초훈련과 작품의 경우, 재일조선인사회에서는 북한에서 실천하고 있는 무용기초훈련과 기본훈련을 그대로 전수하고 있으며, 작품도

* 춤문화비교연구소 대표

북한춤을 대표하는 명무나 민속무용을 전수받아 공연하고 있다. 그러나 중국 조선족자치구에서는 최승희가 정리한 조선무용의 기초와 작품을 직접 전수받은 후 이를 발전시켜 중국 소수민족의 춤 기법 등을 접목하면서 중국 조선족만의 무용훈련체계를 세워 북한춤보다는 자유롭게 창작성을 가미한 중국 조선족 무용문화를 형성하게 되었다. 전수된 시기로 보면, 재일조선인사회는 1960년대부터 시작되어 1970년대에 들어와 직접 평양 방문을 통해 전수와 교육을 받았고, 1990년대에는 북한 무용가를 일본으로 초청하여 무용기초훈련을 교육받음으로써 북한춤에서 볼 수 있는 스펙터클한 양상을 재현해 내고 있다 하겠다. 중국 조선족자치구에서는 1950년대에 평양과 북경에서 최승희로부터 직접 지도를 받았고, 이후에는 북한예술단의 중국방문을 계기로 무용에 영향을 받으면서 1990년대 이후부터는 한국춤을 흡수하기 시작하여 중국 조선족만의 색다른 무용문화를 창조해 왔다. 같은 민족이면서도 살아가는 지역과 그 지역을 구성하는 민족집단의 구성체계 및 정치체제에 따라 북한춤의 전수과정 및 발전양상도 유사하지만, 각각의 아이덴티티를 보장하는 독자적인 특색을 지닌 무용문화를 형성하며 발전시켜 왔음을 알 수 있다. 결과적으로 재일조선인사회의 무용문화는 조총련의 통제하 강제적 문화접변에 의한 무용문화의 변동을, 중국 조선족자치구의 무용문화는 자발적 문화접변에 의한 자유로운 차용과 발전으로의 변동을 살필 수 있었다.

Ⅰ. 서론

1990년 11월과 12월에 한국에서 최승희와 안성희의 춤을 재현한 재중동포 무용가 이녹순과 진향란의 첫 공연이 있었다. 이후 남북 예술인들과 중국 교포 무용가들의 왕래가 잦아지면서 예술 공연과 학술교류가 진척되었다. 이어 2000년에는 남북친선음악회와 재일교포로 조직된 금강산가극단의 내한공연, 그리고 2002년 재일조선학생소년예술단 초청공연이 성사되면서 간접적으로나마 북한춤을 접할 기회가 늘었다. 그러나 해외동포의 무용문화를 대상으로 연구한 성과물은 찾아보기 힘들 정도이며, 그들의 춤에 대한 관심 역시 최승희와의 관련 속에서만 바라보는 정도로 그치고 있는 실정이다. 해외동포를 대상으로 한 연구는 '디아스포라'로서의 정체성과 민족집단으로서의 아이덴티티에 초점을 맞춘 것들로 이루어진다. 사실 재일동포사회의 무용문화의 경우 조총련계열은 북한춤을 조직적이며 체계적으로 전수받아 연구가 용이한 반면, 민단계열의 춤은 산발적이며 개인 위주의 활동으로 이루어져 전체적인 조망이 매우 어려운 실정이다. 중국 조선족자치구의 무용문화 역시 1980년대 이후에 한국춤의 전수가 이루어지면서 이전보다는 복잡다양한 현상으로 나타나고 있으나 그 이전에는 북한과의 긴밀한 관계 속에서 북한춤을 전수받아 활동을 펼쳤다.

분단 이후 북한은 조선무용 기법에 외래무용 기법을 결합하여 사회주의적 내용을 담아 발전시켜 온 무용예술을 세계 여러 나라에 보급·전파시켜 나갔다. 1970년대 이후 북한은 한국보다도 먼저 '해외교포교육사업'에 힘을 쏟았는데, 무용예술을 세계 각지의 교포사회에 보급·전파시켜 민족성 고취와 주체사상 구현의 일환으로 무용전문가

후배 육성을 적극 추진한바, 구소련의 고려인 자치구지역, 중국 조선족자치구, 일본과 미국의 우리 동포사회에 무용지도와 강습을 통한 직간접적인 보급을 통해 진행되었다.[1] 특히 중국의 경우는 일찍부터 국가 간의 상호이해와 교류를 통한 보급이 중국 정부의 지원을 받아 원활하게 이루어졌으며, 반면에 국교 수립이 없던 일본의 경우는 재일동포들의 외국 방문이 1973년부터 허용되었기 때문에 그 이전에는 무용자료나 비공식 루트를 통해 무용이 전수되거나 보급되었다.

지금까지 일본과 중국의 동포사회에서 펼쳐지는 무용문화를 대상으로 한 단행본으로 박정순(2000)의 『재일조선학생들의 민족성교양과 민족무용교육』, 최봉석(1996)의 『중국조선민족무용사』, 북경대학 조선문화연구소(1994)의 『중국조선민족 문화사대계: 예술사』, 김덕균(1992)의 『중국조선민족 예술교육사』가 있다. 박정순은 민족무용교육이 재일조선인 학생들의 민족성교양에 복무하는 기능에 대해 논하고 있으며, 최봉석, 북경대학 조선문화연구소, 김덕균은 조선족무용의 형성과 발전양상을 역사적으로 살피고 있다. 학술지 논문으로는 김채원(2007)의 「재일조선인 무용 연구: 금강산가극단을 중심으로」를 비롯해 최승희 춤을 통해 중국 조선족 무용에 접근한 여백(2000)의 「조-중무용에서 나타난 최승희무용의 영향 및 관련양상」과 최호욱(2000)의 「최승희무용 '기본'을 기조로 한 중국조선족무용기본」, 이애순(2010)의 「중국에서의 최승희무용 전승 및 발전실태」가 발표되었다. 김채원은 북한의 해외예술단 역할을 해내는 금강산가극단의 활동을 통해 북한춤이 재일조선인사회에 전파되는 과정과 무용체계 등을 고찰했으며, 여백은 최승희가 북한에서 이룬 성과와 중국무용에 끼친 영향을 살폈고, 이애순은 최승희의 동방무용 창조에 초점을 맞춰 중국에서의 발전양상을 고찰하였다. 김채원의 논문을 제외하면 북한춤의 전수와 전파

1 김채원, "재일조선인 무용 연구: 금강산가극단을 중심으로," 『대한무용학회논문집』(서울: 대한무용학회, 2007), 제53호, 51쪽.

에 대해 다룬 연구성과물은 찾아보기 힘들다. 그럼에도 불구하고 재중 조선족의 무용문화에 대한 연구보다 더 뒤늦은 것은 재일교포 무용문화에 대한 연구이다. 지금까지의 연구는 역사나 정치, 법적인 문제나 민족적인 편견이나 차별과 같은 인권 문제들이 주로 다루어져 왔다. 말하자면 생활을 즐기면서 사는 사람으로서가 아니라 억압받고 탄압받는 존재로서의 재일동포들만이 그려져 있다.[2] 즉, 재일교포들의 무용문화는 물론이고 민족문화 자체에 대한 연구가 전무하다고 보는 게 타당할 것이다.

중국 조선족자치구와 조총련계열의 무용문화의 기본이 북한춤에 있다는 것은 연구자라면 누구나 다 알 수 있는 사실이다. 하지만 북한춤이 어떤 과정을 통해 전수되고 각각의 토양에서 어떠한 발전을 이루어 왔는지에 대한 규명은 이루어지지 않고 있다. 오늘날 중국 조선족 무용관계자들과 재일조선인 무용가들의 한국방문이 잦아지면서 이들의 무용문화에 대한 문화사회학적 통찰은 한민족의 뿌리를 검토한다는 측면에서 매우 필요한 과제라 할 수 있다.

따라서 이 연구에서는 북한춤이 중국과 일본으로 전파되는 과정과 그 발전 형태를 살펴보는 데 목적을 두며, 이를 통해 해외에 거주하는 민족집단으로서의 재외동포들의 무용문화에 대한 관심과 연구의 필요성을 거론하고자 한다. 이는 남북한 무용문화의 통일적 방안 마련에 일말의 단서를 제공할 것으로 기대한다. 왜냐하면 재중 · 재일조선인들의 무용문화는 남북한 무용문화의 영향을 일정 정도 흡수하며 발전하고 있는 것으로 평가하기 때문이다. 이 연구는 문헌연구 중심으로 논의를 펼칠 것이며, 그동안 관심 밖에 있던 해외동포문화를 대상으로 함으로써 광의의 의미에서 해외의 우리 춤문화에 대한 학문적 연구의 기초를 제공할 것으로 기대한다.

---

2 고정자, “재일동포들의 민족문화 전승의 현황과 전망,” 『해외동포민족문화 · 교육발전과 연대를 위한 국제학술심포지움 자료집』(부산: 해외동포민족문화 · 교육네트워크, 2007), 17쪽.

Ⅱ. 해외동포사회의 형성과 무용

1. 민족집단과 문화전파의 개념

'재일조선인'과 '재중조선인'은 식민지 조선 시기에 일본과 만주로 건너가 정착한 '조선반도' 출신의 조선인과 그 자손을 가리키는 에스닉적 개념에서 디아스포라(Diaspora)로서의 민족집단이다.[3] '디아스포라'란 원래 유대인의 민족적 이산 상황을 뜻하는 용어로, 이산 · 이주자 집단을 의미하지만, 오늘날에는 전쟁 · 식민화의 역사나 경험과 깊이 결부된 난민 · 이민 상황을 가리키며, 본래의 의미보다 넓은 맥락에서 사용되고 있다. 저명한 인류학자 제임스 클리퍼드는 디아스포라를 "한편으로 국민국가/동화주의적 이데올로기와 긴장관계에 있으며, 동시에 토착적, 특히 자생적 주장과도 긴장관계를 갖는다"라고 지적했다. 요컨대 디아스포라는 끊임없이 현재 살고 있는 장소와 고향/고국 사이의 뒤엉킨 긴장관계를 내포하는 개념인 것이다.

재일조선인과 중국의 조선족은 '식민지'와 '분단'이라는 역사적 · 정치적 · 문화적 강압 속에서 3 · 4세대 이상 '민족의 정체성'을 지켜내기 위해 민족 고유의 언어, 문화, 풍습과 전통을 습득하고 발전시켜왔다.[4] 이들이 계승한 민족문화는 지리적 · 사회적 · 정치적 영향으로 전통의 전승이라고 하기보다는 다양한 문화적 변화를 수반하며 계승

3 권준희, "재일조선인3세의 '민족'정체성에 관한 연구: 조선학교 출신 '조선적'을 중심으로"(서울: 연세대학교 대학원 석사학위논문, 2002), 2-11쪽.

4 김채원, "재일조선인 무용 연구: 금강산가극단을 중심으로," 『대한무용학회논문집』(2007), 제53호, 40쪽.

되었다. 재일조선인과 중국의 조선족 사회는 민족집단의 형성 초기부터 북한과 긴밀한 관계에 있었다. 그렇기 때문에 이들이 지켜온 민족 고유의 문화에는 북한의 사상과 문화예술적 특징이 반영되어 있다고 해야 할 것이다. 즉, 문화사회학적 용어로 문화전파에 의한 무용문화의 수용으로 재일조선인의 춤과 중국 조선족자치구에서 계승되는 춤이 형성되었다고 할 수 있다.

문화전파란 문화변용과 함께 문화변화의 외적 요인으로 작용한다. 전파는 새로운 문화적 요소가 이입되는 것으로, 이문화의 문화요소가 전해져 해당 사회에 수용되는 것을 말한다. 이때 신요소가 구요소를 대신하거나 종래의 문화상에 구조적 변화를 강제하는 경우도 있다. 전파의 요소는 주로 생산품이나 생활용품이 많고, 관습, 관념 또는 제 요소의 독특하며 복합적인 종교나 제도도 전파한다.

외적 요인으로 파생되는 문화변화의 과정에서 일반적 경향을 지적하자면, 우선 신요소의 발명과 발견에 기초한 혁신이 내부에서 생기며, 둘째로 이것이 서로 다른 사회집단으로 전달 내지는 착용의 형태로 전파되며, 셋째 신요소의 수용이 개인의 차원을 넘어 타인과 공유된다. 즉 수용자의 내부로 전달, 침투하는 사회수용을 불러일으킨다. 넷째 다수의 정원에 의한 수용과 소수의 것에서는 수용사회의 전 생활양식의 재편성, 즉 통합하여 질적 · 양적인 차이가 생기는 것이다. 새롭고 독자적인 문화형성을 위한 해체와 통합이 동시에 진행되기 때문에 사람들은 일시적인 혼란을 맛보게 된다. 다섯째 그 후 균형상태를 회복하고 새로운 양식을 독자적인 문화로서 세대를 넘어 계승해 나간다.[5]

문화의 유형으로는 문화변동과 문화접촉이 있다. 전자는 일반적으로 문화가 변화임을 말하는 것으로, 그 가운데 다른 문화적 요인이 없으며, 문화 내부의 내재적 요인에 의해 일어나는 경우도 있다. 문화접

5 石川栄吉 · 梅棹忠夫 · 大林太良 · 蒲生正男 · 佐々木高明 · 祖父江孝男, 『文化人類学事典』(東京: 弘文堂, 1994), 673-674쪽.

촉은 타 문화로부터의 영향이 동기가 되어 문화가 변동하는 경우이다. 이러한 '외적 요인, 특히 민족 간의 직접적인 접촉에 기인하는 문화변동의 한 형태', 즉 '2 또는 그 이상의 자립적인 문화체계가 상호 간의 계속적인 접촉에 의해 생기는 문화변동'을 말한다.[6]

일본 내 디아스포라로서의 재일조선인사회와 중국 소수민족으로서의 조선족자치구의 문화적 특성은 한반도의 전통적 양식 위에 각각의 민족집단 속에서 형성된 문화와의 접촉으로 새로운 민족문화를 발전시켜 왔다. 이 가운데 특히 민속문화를 고수하려는 경향이 농후하다는 것은 이들이 현재 계승하고 있는 춤문화를 보면 쉽게 이해할 수 있을 것이다. 그렇기 때문에 이들의 춤문화가 본래의 문화를 전승하는 포크로어(folklore)인지, 아니면 또 다른 전승과 존재방법을 보여주는 민속주의적 문화로서의 포크로리즘(folklorismus)인지에 대한 규명도 필요할 것이다. 예를 들어 유럽에서의 이민이 많은 캐나다와 미국에서는 출신지의 아이덴티티를 보장하는 수단으로서 민속음악이 중요한 역할을 해냈다. 그것도 전통적인 민속음악이라고 하기보다는 민속주의적 음악이라고 해야 하는 것이었다.[7]

우리 민족으로 끌어안아야 할 재일 · 재중조선인들이 자신들의 아이덴티티를 지켜내기 위해 계승 · 발전시켜 온 춤문화의 동태를 문화내적으로 일어난 '혁신'인지, 아니면 외면적 변화인 '문화변용'인지에 초점을 맞춰 본 논의를 풀어나가고자 한다.

2. 재일조선인사회

해방 이전 많은 조선인들이 강제징집으로 끌려가거나 조국에서 삶

6 徳丸吉彦, 『民族音樂學』(東京: 放送大學教育振興會, 1991), 88쪽.

7 같은 책, 124쪽.

의 터전을 잃은 사람들이 살길을 찾아 도일함으로써 고된 삶을 시작했으나 해방이 되자 고국으로의 귀환을 꿈꿨다. 그러나 그조차 쉽게 이행되지 않았다. 이 시기에 일본에 남은 조선인들의 대중조직인 재일본조선연맹(朝連, 1945~1949 해산)은 조선인들이 고향으로 돌아가는 것을 뒷바라지하는 귀국사업과 조국에 돌아갔을 때를 대비한 자녀들에 대한 민족교육을 중요 과제로 삼았다. 이때 제일 중요시한 것이 "조선인의 손으로 조선인을 교육하는 것"이었다. 생활이 어려운 시기임에도 불구하고 조선학교를 세우는 데 노력했다.[8]

하지만 불행히도 조국이 한국전쟁을 겪으면서 남북으로 분단되는 상황을 맞게 되자, 일본에 사는 동포들도 남북으로 갈라지게 된다. 그 결정적인 변화의 계기는 1955년 재일본조선인총연합(이하 조총련)의 결성이었다. 본래는 두 조국을 인정할 수 없다 하여 분단 이전의 '조선'이라는 국호를 그대로 고수하였던 재일본조선인총연합회에 소속되어 있었으나, 대한민국 정부의 수립으로 국적을 '대한민국'으로 바꾼 교포집단에 의한 조선인거류민단(이하 민단)이 결성되면서 교포사회도 두 개의 진영으로 갈라지게 된 것이다.[9] 이러한 양분화 현상으로 교포집단의 무용문화도 조선춤(북한춤)은 조총련계열에서, 한국춤은 민단계열에서 선호되면서 각각 독립적인 활동을 펼쳤다.

조총련은 결성 후 그동안 일본 땅에서 활동하던 모든 예술가들을 집결시켜 6월 25일 재일본조선인중앙예술단(이하 조중예)을 창단했다. 당시 일본에서 활동하던 예술가라고 해야 한국에서 기생학교를 나오거나 일본 소재의 예술학교에서 서양음악을 전공한 사람들과 발레를 전공한 사람들이었다.[10] 조중예에 결집한 문화예술인들은 조총련의 방

---

8 고정자, "재일동포들의 민족문화 전승의 현황과 전망," 『해외동포민족문화 · 교육발전과 연대를 위한 국제학술심포지움 자료집』(2007), 18-19쪽.

9 김채원, "재일조선인 무용 연구: 금강산가극단을 중심으로," 『대한무용학회논문집』(2007), 제53호, 41쪽.

10 고정자, "재일동포들의 민족문화 전승의 현황과 전망," 『해외동포민족문화 · 교육발전

침을 전파하기 위한 활동을 펼쳤으며, 조총련은 북한의 방침을 철저히 따르는 해외공관이었다.

1945년 9월 일본에 체류하던 조선인들은 잃었던 민족성을 되살리기 위해 '국어강습소'를 세워 우리말과 글을 배우려는 운동을 전개하였고, 조총련 결성 후에는 민족문화와 전통, 조선의 역사와 지리 등의 과목을 강화해 나갔다.[11] 재일조선인들의 민족교육사업은 조중예가 결성되기 전에는 문화선전대나 문화공작대를 꾸려 산발적인 활동을 벌였으나 조중예의 결성으로 보다 조직적인 계몽활동을 펼칠 수 있게 되었다.

1957년 4월부터 1966년 11월까지 북한은 22차에 걸쳐 무려 53억 원이 넘는 교육원조비를 조달하여 재일조선인의 민족교육권리 옹호투쟁을 지원했다.[12] 북한의 원조를 받으며 일본 정부의 탄압에 맞서 어렵게 지켜낸 민족학교는 우리말과 글뿐 아니라 북한의 사상과 문화까지도 교육하는 중심체 역할을 하였다. 어려운 시기 재일교포들에게 도움을 준 북한의 배려는 북한에 대한 믿음과 신뢰를 갖게 만든 결정적인 계기가 되었으며, 또한 재일조선인의 문화예술 역시 "재일조선예술인은 사회주의적 민족예술을 발전시켜야 한다"라는 김일성(1974년 6월 27일)의 제15차 재일교포조국방문단과의 담화에 의거한 활동을 펼쳐 나가게 되었다.

조총련 산하에는 많은 교육, 예술, 금융 단체들이 소속되어 있다. 교육에서는 조선소학교, 조선 중 · 고급학교, 조선대학교가 있으며, 예술단체로는 음악과 무용을 중심으로 공연활동을 펼치는 금강산가극단을 비롯하여 각 지방의 가무단, 지역 · 분회 · 학교 중심의 예술소조들이 있다. 조총련 산하의 각 예술단체 구성원은 학교 무용소조에서 성

과 연대를 위한 국제학술심포지움 자료집』(2007), 19쪽.

11 박정순, 『재일조선학생들의 민족성교양과 민족무용교육』(평양: 문학예술종합출판사, 2000), 35쪽.

12 사회과학원 역사연구소, 『조선전사 30』(평양: 과학백과사전출판사, 1982), 418쪽.

장한 재원들로 구성되며, 무용소조 활동은 조선무용 기초동작을 기본으로 하는 무용실기훈련과 북한의 명작 무용작품 및 민속무용, 그리고 창작무용작품의 훈련을 중심으로 이루어진다. 초급학교 4학년부터 시작되는 무용소조활동은 총련 애국사업에서 무용을 무기로 동포 대중을 묶어세울 수 있는 능력 있는 인재를 양성하고 총련 문화예술운동의 기수 역할을 수행하는 목적을 지닌다.[13]

위에서 언급한 조중예는 1974년 8월 29일 '금강산 가극단'으로 개편했으며, 단체의 목적은 조선노동당의 문예방침에 따른 다양한 예술활동을 통해 재일조선인을 주체사상으로 무장시키고 조국과 총련의 애국사업에 조직 · 동원하며 주체적인 군중문화예술을 발전시키는 데 있으며, 사회정치적 성격과 예술성을 지닌 조선민족무용을 토대로 일본 내외에서 적극적인 활동을 펼쳐왔다. 2006년에는 '조선무용 50년: 북녘의 명무'로 서울공연을 치러 화제가 되기도 했다.

1970년대에 들어 시작한 북한의 '해외교포교육사업'으로 재일조선인사회 무용예술기관의 조직화와 무용인재 양성이 가능했으며, 무용조직체계는 북한과 같은 조직체계를 갖추었고, 작품도 북한의 문예정책을 구현하면서 재일조선인사회의 역사를 주제로 담아내는 데 힘을 썼다.[14] 이처럼 재일조선인사회의 무용예술은 중앙기관인 '금강산 가극단'을 필두로 1970년대에 무용조직과 창작체계를 갖추면서 그 기틀을 마련하고, 1980년대 이후 적극적인 창작활동을 통해 조총련의 제반 사업에 적극 참여하며 재일조선인의 군중문화예술을 발전시키고 북한을 소개하고 선전하는 활동을 펼쳐왔다. 그뿐만 아니라 최근에는 남북한 무용예술 교류에서 교량 역할을 톡톡히 해내고 있다.

---

13 박정순, 『재일조선학생들의 민족성교양과 민족무용교육』(2000), 29-30쪽.

14 김채원, "재일조선인 무용 연구: 금강산가극단을 중심으로," 『대한무용학회논문집』(2007), 제53호, 51쪽.

3. 중국 조선족자치구

조선 민족이 중국으로 이주한 시기를 특정 짓기는 어렵지만, 그리 오래된 것은 아니다. 조선과 중국의 접경지에 정착하기 시작한 것은 조선과 중국이 왕권이 약해지는 19세기 이후이다. 1860년부터 1910년 경술국치 이전 시기에는 천재(天災)와 흉작 등으로 농업경제가 어려워진 조선 변방의 농민들이 살길을 찾아 중국 동북지방에 정착한 데서 발단한다. 이때만 해도 '계절이민'이라 해서 경작을 위한 이주를 의미했을 뿐이다. 중국으로의 이민이 본격화되는 것은 1910년 일본의 조선 침략과 이에 따른 정치적 · 경제적 변동으로 생활고에서 탈피하기 위한 정치적 망명이 1932년까지 진행되었으며,[15] 1932년부터 1945년 해방까지는 일제가 개체사업추진을 위한 농민이주정책을 펼침으로써 강제적으로 이주민이 늘어나게 되었다. 이민자의 대부분이 농민 출신으로 이중 삼중의 민족적 차별을 받고 있었기 때문에 민족의식, 계급의식은 강했고, 첨예화된 조선 독립운동의 대중적 기반으로서 정치적 색채 역시 강했다. 만주, 즉 북간도 지역이 독립군 항쟁, 항일 빨치산의 근거지가 된 것도 그러한 이유에서이다.

1945년 이전까지가 조선 민족의 중국으로의 이주기였다면, 1945년부터 1952년까지는 중국 조선족자치구가 성립되는 시기로 귀환하지 않은 조선 민족의 정착기에 들어선다. 1940년대 중반 이후부터 소수민족정책을 펼친 중국은 1949년 중화인민공화국을 성립하고 1952년 9월에 신중국 최초의 소수민족 자치구로서 연변조선족자치구를 인정하였다. 중국공산당에 의한 대륙통일과 더불어 하나의 민족으로 인정받아 조선 민족은 중국에 정착함으로써 중국 내의 조선족으로 규정되게 된 것이다.[16]

---

15 伊藤亞人 · 大村益夫 · 梶村秀樹 · 武田幸男, 『朝鮮を知る事典』(東京: 平凡社, 1986), 152쪽.

16 고지영, "중국 조선족 정체성 변화 분석"(광주: 전남대학교 석사학위논문, 2003), 26쪽.

황막한 땅을 개척하고 동북 변방을 개발하여 중국에 정착한 조선 민족은 1945년 조선 해방 이후에 중국의 사회주의 혁명과 건설을 위해 노력한 소수민족으로서 중화민족의 일원으로 오늘에 이르고 있다. 조선족자치구는 군사, 외교를 제외한 대부분의 분야에서 자치권을 행사하며 조선 민족으로서의 고유한 문화유산과 전통을 계승하면서 중국이란 새로운 사회정치적 배경, 문화환경과 생활방식의 영향을 받으며, 또 특수한 풍토지리 환경에 적응하면서 생성된 독특한 무용문화를 발전시켜 왔다.[17]

1950년대와 1960년대를 거치면서 중국의 소수민족정책으로 조선족 고유의 문화체계를 확고히 세우면서 사회, 문화와 교육의 전성기를 이루었고, 중국 56개 민족 중 문화교육 면에서 일약 앞자리를 차지하면서 문화민족으로 중국의 전역에 알려지게 되었다(김경일, 2007: 55). 1910년대부터 어느 민족보다 앞선 교육열로 문화민족의 기반을 다져온 중국 조선족은 1966년부터 10년간 지속된 '문화대혁명기'를 맞아 본토 문화와의 맥이 끊기면서 위축상태에 처하게 된다. 제반 중국문화의 쇠퇴와 함께 그 체계와 기능에서 퇴보상태에 빠지게 된 것이다. 하지만 문화대혁명이 막을 내리고 개혁개방이 이루어지면서 중국 조선족의 무용문화는 양적 · 질적으로 전례 없는 황금기를 맞게 된다.

중국의 동북지방에 자치구를 형성한 중국 조선족의 초기 이주 시기에는 전문가에 의한 무용이 연행되었다고 보기는 어려웠다. 무용이라고 해야 조선족들의 삶의 터전에서 연희되었던 민간, 민속무용으로 호미와 낫을 들고 노랫가락에 어우러지게 놀았던 것이 전부였다. 이주민들이 즐겼던 "노래와 춤은 망국민의 비참한 처지와 고향을 떠나온 사무친 그리움을 달래주었고 황폐한 처녀지를 땀으로 개척하면서 모진 풍파와 고통을 겪는 그들의 유일한 한풀이 형식으로 이루어지게 되었

17 최봉석, 『중국조선민족무용사』(서울: 현대미학사, 1996), 11-12쪽.

다".[18] 그렇게 해서 이주민들끼리의 집단의식을 강화하고 삶과 용기와 힘을 얻게 하면서 시작된 민속무용이 하나의 틀로 자리를 잡아가게 되었다.

항일무장투쟁 시기에는 항일혁명군 내에서 사기를 복돋기 위한 창작과 공연활동이 주로 펼쳐짐으로써 기동력과 혁명성을 갖춘 무용문화를 형성하게 되었다. 해방 이후에는 중국과 북한 등과의 왕래로 전문인들과의 교류가 진행되면서 전문적인 창작활동이 시작되었고, 1980년대 이후 그동안 중국 조선족이 실천해왔던 민족무용과 한족 위주의 소수민족무용, 외국무용, 북한무용, 구소련무용 등의 총체 예술형태로서의 무용문화는 한국과의 교류를 통해 한국적 창작무용 유형이 유입되면서 중국 조선족만의 독특한 무용문화를 형성하며 발전시켜 왔다고 하겠다.

현재 중국 조선족자치구에는 연변대학과 각급 학교에서 민족교육이 이루어지고 있으며, 북경의 중앙민족대학에서도 중국조선무용이 강의되고 있다. 예술단체로는 연변가무단이 있으며, 1940년대와 1950년대에 최승희의 직접 지도를 받거나 평양에서의 무용전수를 통해 조선무용을 습득한 많은 무용인재들이 중국의 여러 무용예술단체에서 활동하며 오늘에 이르고 있다.

18 최미선, "연변 조선족무용의 변천과정과 기본동작 구조분석: 상체동작을 중심으로"(서울: 명지대학교 박사학위논문, 2003), 12쪽.

Ⅲ. 해외동포사회의 북한춤

1. 재일조선인사회의 조선무용 전수와 발전

재일조선인사회에 북한춤이 전수되기 시작한 것은 1959년 12월 이후이다. 북한이 '귀국사업'을 추진하면서 북으로 가는 귀국선이 왕래할 수 있게 되자 이를 통해 북한의 자료들이 들어왔다. 당시 북한에서는 최승희가 왕성하게 활동하던 시기로, 1958년에 자신의 조선무용을 단련시키는 기본무인 『조선민족무용기본』을 고안하여 발행했다. 이러한 서적이나 조선무용 기본동작을 담은 무용영화 필름과 무대의상 및 소도구가 전해졌는데, 재일조선인 무용가로 인민배우 칭호를 받은 임추자는 필름이 닳아 끊어지도록 보면서 연습했고,[19] 얼마 후에는 귀국선 안에서 몇 명의 무용가가 북한에서 온 무용가들에게 전수를 받았다고 증언했다. 또한 같은 인민배우 리미남 역시 1961년에 북한에서 보내준 조선무용 기본동작을 수록한 영화필름을 보면서 조선무용의 가락을 배우고 장단을 익혀나갔으며,[20] 해마다 북한에서 보내주는 성과작 무용작품을 배우고 훈련하여 기량을 높여왔다고 밝혔다. 물론 이들의 초창기 전수는 비공식적으로 이루어진 것이었다.

1973년 3월 재일조선인에 대한 「출입국법안」의 입법화가 폐지되기 전까지 일본은 '조선' 국적의 재일조선인을 무국적자로 취급하여 외국에 나가면 다시는 돌아올 수 없도록 했기 때문에 조총련계 무용인

---

19 임추자, 『조선신보』, 2005년 2월 10일자.

20 리미남, "어버이의 그 품 한없이 따사로워," 『조선예술』 4월호, 1992, 50-51쪽.

들은 북한이 보내주는 무용자료를 보고 수련을 하거나 법망을 피한 비밀접촉을 통해 조선무용을 전수받았던 것이다.[21] 이 법안의 통과 후 공식적인 북한방문을 통해 조선무용의 직접 전수가 이루어지게 되었으나 그때까지는 무용단원들은 총 4회에 걸쳐 비밀리에 무용을 전수받았다.

1959년 1차 전수 때 「환희」, 「목동과 처녀」, 「진주의 무희」, 「바다의 노래」, 「물동이춤」, 「무녀춤」, 「부채춤」, 「농악무」의 습득을 시작으로 1963년 가진 2차 전수 때는 「북춤」, 「사당춤」, 「도라지」, 「벽화의 무희」, 「두레놀이 북춤」, 「검무」를 배웠으며, 3차 때는 「고난의 행군」, 「삼색춤」, 「양산도」, 「아리랑」을 전수 받았고, 1970년에 가진 4차 때는 북한의 4대 명작무용인 「눈이 내린다」, 「조국의 진달래」, 「키춤」, 「사과풍년」을 배웠다(중앙대학교, 1989). 1차, 2차 전수는 주로 최승희에 의해 창작된 민속무용 소품이 주를 이루며, 3차 때는 새롭게 창작된 민속무용과 현대적인 작품이 전수되었고, 1970년대에 있던 4차 때는 혁명적인 무용작품들이 전수되어 북한이 내세운 주체 문예노선을 따르고 있음을 알 수 있다.[22] 4차에 걸친 전수는 비공식 루트를 통해 주로 귀국선 안에서 이루어진 것으로, 조중예 소속의 무용수들이 북한에서 파견된 안무가들로부터 전수를 받아 재일교포사회에 보급 · 전파시키는 방식으로 진행되었다.

일본 내에서 공식적으로 전수가 가능해진 것은 1973년 북한의 '만수대예술단'이 3개월에 걸친 일본 순회공연을 하게 되면서부터이다. 재일조선인예술가들은 그 뒷바라지를 하면서 직접 전수를 받을 수 있었다. 무용배우는 물론이고 무대장치나 무대미술을 하는 사람들도 큰 영향을 받았다고 한다.[23] 이렇게 일본에서만이 아니라 그다음 해인

---

21 김채원, "재일조선인 무용 연구: 금강산가극단을 중심으로," 『대한무용학회논문집』(2007), 제53호, 46쪽.

22 같은 글.

23 고정자, "재일동포들의 민족문화 전승의 현황과 전망," 『해외동포민족문화 · 교육발전

1974년부터는 재일조선인예술단이 직접 북한에 들어가 2개월간 훈련을 받고 가무극 「금강산의 노래」를 완성하여 김일성 앞에서 공연했다. 이 공연을 계기로 조중예는 '금강산가극단'으로 명칭을 바꾼 것이다. 이후 재일조선인예술가들이 북한에 가서 직접 전수를 받는 것이 하나의 관례가 되어 지금에 이르고 있다.

작품 전수 외에 재일조선인사회에서 조선무용의 체계적인 기초훈련이 시작된 것은 1961년부터이다. 앞에서 리미남과 임추자의 증언에서 알 수 있듯 북한은 최승희에 의해 확립된 '조선무용기법'을 무용영화로 촬영하여 그 필름을 총련에 보냈고, 그 산하의 중앙예술단체였던 조중예의 무용부원들이 필름을 보면서 수련 · 학습하였던 것이다. 이때 활동했던 1세대 무용가들이 후진양성에 힘을 쏟는 한편, '2.16상개인무용콩쿨' 등을 주최하여 신인무용가를 발굴하면서 교포사회의 무용문화 발전에 박차를 가했다. 이 단체의 질적 전환은 1964년에 있던 동경국제올림픽 참가 조선대표선수단 환영공연을 준비하면서 이루어졌다. 무용의 내용을 민족무용으로 전환하면서 민족가무단으로 탈바꿈하게 된 것이다.

이처럼 조중예를 중심으로 한 전수를 통해 예술적 능력을 높인 재일조선인무용가들은 새로운 작품을 창작하여 재일조선인사회에 선보여 총련사업에 힘을 줌으로써 창작예술인의 예술적 능력을 재검토하고 재일조선인운동의 원동력 역할을 해나갔다. 이들이 전수 이후에 새롭게 창작한 작품은 「공화국 깃발을 목숨으로 지키리」, 「통일대행진에로」, 「우리자랑 이만저만 아니라오」, 「귀국의 뱃길」 등이 있다.

북한이 주체적이며 독창적인 문예이론과 방침을 내세우면서 주체예술과 민속무용의 대문예부흥기를 이룩하게 되는 1970년대 초 일본은 드디어 재일교포의 해외 방문을 허용하였고, 1974년에는 재일조선중앙예술단원들과 시방 가무단원들이 북한을 처음 방문하게 되면서

과 연대를 위한 국제학술심포지움 자료집』(2007), 20쪽.

공식적인 직접 전수가 시작되었다. 김일성 탄생 62주년을 기념하여 그해 4월에 평양을 방문한 조중예가 '금강산가극단'으로 개명하고 창작, 성악, 무용, 관현악, 무대미술 부문과 여러 관계부서들을 갖춘 예술창조집단으로 새롭게 조직되면서 '피바다'식 가극의 원칙과 형상방법에 의거한 여러 가지 창작 가극공연과 다양한 예술 활동을 펼쳐나갔다. 1974년에 이 단체는 '김일성 훈장'을 수여했으며, 이후 단체 내의 많은 예술인들이 공훈배우, 인민예술가, 인민배우 등의 명예칭호를 수여했다. 오늘날 금강산가극단은 북한의 해외예술단체로서 북한의 예술을 소개하고 선전하는 데 크게 이바지하고 있다.

금강산가극단이 중앙예술기관으로 그 역할을 맡았다면, 지방가무단은 소단위의 공연들을 지방을 중심으로 펼쳐가는 2인 3각의 협력관계를 유지하면서 서로의 역량을 높이고 자립해 나가는 활동을 펼쳤다. 기동성을 중시하는 지방가무단은 2~3명으로 조직되며, 예술소조와 학교의 무용소조에서 배출된 재원들에 의해 구성되었다. 특히 학교는 교육적 역할과 예술적 역할을 담당하는 기관으로서 재능 있는 인재를 발굴하여 전문예술인으로 육성하는 데 큰 역할을 담당하며, 무용소조는 민족무용교육의 중요한 거점이 되고 있다.[24] 1965년 동경조선가무단을 시작으로 전국에 창단된 9개의 지방가무단의 역할은 각 학교에서 육성된 후진을 선발하고 체계적인 강습을 실시하여 조직적으로 기량을 높이는 사업에 주력하면서 금강산가극단에서 전수받은 무용을 가지고 각지의 예술소조원들과 북한의 예술교육기관의 협력하에 활동을 전개하는 데 있다. 주된 활동은 조총련 주최의 공식적인 예술행사와 북한방문 공연, 조총련계 어머니회에서의 계몽활동, 그리고 조선청년회, 조선은행, 조선신용조합, 조선학교의 예술소조를 지도하는 일에 역점을 두고 있다.[25]

---

24 박정순, 『재일조선학생들의 민족성교양과 민족무용교육』(2000), 71쪽.

25 김채원, "재일조선인 무용 연구: 금강산가극단을 중심으로," 『대한무용학회논문집』(2007), 제53호, 43쪽.

예술소조는 최소단위의 예술단체나 모임을 말하는 것으로, 교포들이 모이는 계기를 만들어내고 있다. 특히 예술소조 가운데 학교소조는 교육적 역할과 예술적 역할을 담당하는 기관으로 재능 있는 인재를 발굴하여 전문예술인으로 육성하는 데 큰 역할을 담당하고 있으며, 조총련 산하에서 활동하는 무용소조의 강사와 책임자, 군중문화사업의 핵심일꾼과 무용교원들, 전문예술단체의 신진무용가, 안무가 등을 배출하는 산지 역할을 하고 있다.[26] 재일조선인사회의 예술소조는 1989년에 290개 정도가 꾸려졌다.[27] 재일조선인사회의 예술소조 활동은 교포사회의 연대감을 강화하고 조총련의 조직원을 양성하여 조총련 사업의 활성화를 촉진시키는 데 이바지하고 있기 때문에 조총련의 조직적 강화에 중요한 역할을 담당하고 있다고 할 수 있다.[28]

재일조선인사회에 북한춤이 공식적으로 전수되기 시작한 지 30여 년을 훌쩍 넘긴 지금도 재일조선무용가나 무용지도교사, 그리고 미래의 무용가를 꿈꾸는 학생들은 평양으로 들어가 무용연수를 받거나 무용지도자를 일본으로 초빙하여 강습회를 열면서 “언제나 민족의 고유한 풍습과 전통, 그리고 민족문화를 고수하고 발전시키기 위해 많은 힘을 들여왔다”.[29]

재일조선인사회의 무용교육 관계자들은 1981년경부터 매년 4회에 걸쳐 북한을 방문하여 무용지도 교사를 위한 강습회에 참가하여 무용표기법, 조선무용기본동작, 학생소년무용기본동작, 형상리듬집합동작, 기초훈련동작, 체육무용기본동작, 창작이론, 무용리듬창작실기 등

26 박정순, 『재일조선학생들의 민족성교양과 민족무용교육』(2000), 66-74쪽.

27 中央大学校, “民族文化を日本の地で継承しながら紹介していく団体,” 『中央大学新聞』, 1989.12.5.

28 김채원, “재일조선인 무용 연구: 금강산가극단을 중심으로,” 『대한무용학회논문집』(2007), 제53호, 44쪽.

29 손지원, “주체의 해외교포문학예술 창조와 건설에 대한 사상리론연구(1),” 『조선대학교 학보(조문판)』(동경: 조선대학교, 2001), 47쪽.

을 배웠다.[30] 또한 1984년부터는 조선학교 음악, 무용소조원 학생들이 평양음악무용대학의 통신수강생으로 매년 여름방학 기간을 이용하여 30일 동안 연수에 참가하여 문예정책, 조선민족무용, 음악과 기초, 발레기초 등 정규적인 음악, 무용수업을 습득하고 있다.[31]

평양으로 들어가 전수를 받는 한편 1996년에는 재일교포 무용교원 및 소조학생을 대상으로 북한의 피바다가극단과 평양음악무용대학의 무용지도자를 강사로 초빙하여 '조선무용 강습회'를 한 달간 개최하였다. 12가지 동작으로 구성된 조선무용 기본동작인 호흡, 율동, 몸방향, 팔동작 등을 이론적 · 실천적으로 보다 철저히 배울 수 있는 기회를 가졌다.[32]

"총련은 동포들 속에서 민족자주의식을 높이고 민족성을 살려 나가는 데 깊은 관심을 돌려야 합니다"라는 김정일(1995)의 교시대로 재일교포들은 "민족무용교육을 민족적 정서와 감정을 키워주는 효과적인 수단"[33]으로 규정하여 자기 민족과 조국, 그리고 민족의 풍습을 알고 지켜내기 위해 조선무용을 배워나갔고, 북한방문을 통한 무용의 이론적 · 실천적 훈련의 습득과 일본에서의 강습회 활동으로 조선무용의 질적 변화와 발전은 물론이고 민족교육을 강화하는 기초를 마련해내고, 나아가 재일동포의 민족적 단결을 굳게 하는 토대를 마련하면서 북한춤의 조직적인 전파를 가능하게 만들었다고 할 수 있다.

재일조선무용단체 및 무용가들에 의해 공연되는 연목을 보면 북한의 안무가들이 창작한 민속무용소품과 조국에 대한 향수와 수령에게

---

30 中央大学校, "民族文化を日本の地で継承しながら紹介していく団体," 『中央大学新聞』, 1989.12.5.

31 박정순, 『재일조선학생들의 민족성교양과 민족무용교육』(2000), 91쪽.

32 조선신보편집부, "조선무용강습회 큰 호평," 『조선신보』, 1996.8.8; "조선무용강습회 히로시마에서도 진행," 『조선신보』, 1996.8.22; "초대석: 조선무용강습회의 두 강사," 『조선신보』, 1996.9.2.

33 박정순, "재일조선학생들의 민족성 교양에서 민족무용교육이 가지는 중요성에 대하여," 『조선대학교 학보(조문판)』(동경: 조선대학교, 2001), 137쪽.

바치는 재일동포들의 충성스러운 마음을 담은 대작들로 이루어진다. 재일조선인들의 무용 역량이 대작을 창작할 만큼 높아진 것은 수차례에 걸친 북한춤의 전수가 있었기 때문이며, 지금도 평양을 오가며, 또는 일본에서의 강습회를 통해 그 예술적 역량을 높여내고 있다. 이들이 한국에서의 교류를 통해 선보인 작품을 보면, 2002년에 있던 재일조선학생소년예술단의 서울 초청공연에서는 창작무용「오북과 바라춤」,「희망은 가방 안에」,「우리 장단 좋을시구」,「회오리」를 선보였다.「회오리」는 치마저고리를 난자당했던 일본에서의 사건을 소재로 한 것으로 학생들의 민족의식을 담은 작품이다. 2006년 금강산가극단의「북녘의 명무」 공연에서는 최승희의 제자로 잘 알려진 김락영, 홍정화, 백환영, 김해춘 등이 안무한「금강선녀」,「샘물터에서」,「부채춤」,「북춤」,「사과풍년」,「도라지」,「쟁강춤」,「꽃등놀이」,「사랑의 치마저고리」,「우리의 금수강산」,「하나」,「장고춤」과 가극단의 공훈배우인 강수내가 창작한「고려삼신불」,「설죽화」를 선보였다. 또한 재일교포로서는 처음으로 인민배우 칭호를 받은 리미남이 1990년 신주쿠문화센터에서 가진 개인발표회는 안성희, 김락영, 홍정화 등이 안무한「진주의 무희」,「물동이춤」,「북춤」,「도라지」,「고난의 행군」을 비롯해 그녀 자신이 창작한「청춘가」,「칼춤」,「살풀이」,「장고춤」 등으로 구성되었다.

이처럼 재일조선인 무용가들은 북한에서 전수받은 조선무용과 이를 토대로 창작한 민속무용을 비롯해 항일혁명 투쟁 시기를 주제로 하거나 사회주의 조국의 현실과 재일동포들에게 베풀어 준 수령의 은덕을 칭송한 작품, 그리고 조총련과 재일동포들의 보람찬 삶과 투쟁을 반영한 소품 형식의 작품들을 공연했다.[34] 그뿐만 아니라 1974년 평양에서 직접 지도를 받은 대작 형식의 혁명가극「금강산의 노래」(1973)

---

34 김채원, “재일조선인 무용 연구: 금강산가극단을 중심으로,”『대한무용학회논문집』(2007), 제53호, 47-48쪽.

와 그 이전에 비공식적인 전수를 통해 지도를 받아 재일조선인 무용단체가 공동으로 참여한 「영광스러운 조국」(1968)을 비롯해 자체적으로 대음악무용서사시인 「조국의 햇빛 아래」(1966)와 「조국과 수령께 드리는 노래」(1967), 음악무용구성시 「불멸의 노래」(1968) 등을 창작하여 수령에 바치는 재일동포들의 충성의 송가를 올렸다.

이후 재일조선무용가들이 처음으로 창작한 가극 「어머니의 소원」(1983), 대음악무용서사시 「5월의 노래」(1985), 「칼춤」(1986), 「강강수월래」(1987), 「바라춤」(1993), 「탈놀이」(1995), 「금강산의 무희들 1」(1997), 「금강산의 무희들 2」(1998), 음악무용종합공연 「온 세상에 울려가라 우리의 노래」(1999), 무용조곡 「세월과 더불어」(2000), 「십오야 밝은 달아」(2005), 「가고파」(2006) 등 조총련과 재일조선인의 삶과 투쟁을 음악과 무용으로 엮어낸 종합예술형식의 작품이나 민속무용작품, 그리고 조국에 대한 향수와 통일에 대한 염원을 현대적으로 표현한 작품 등을 발표해 왔다. 덧붙여 1980년대 일본에서 한국의 사물놀이가 선풍적인 인기를 끌었는데, 이때 재일조선음악가들이 이를 전수받았다. 전수받은 사물놀이는 그 후 재일조선인예술단이 평양방문 시에 공연을 통해 선보였으며, 이것이 북한의 「장고춤」에도 영향을 끼친 것으로 보인다. 왜냐하면 이전의 「장고춤」이 춤을 위주로 한 것이었다면, 사물놀이가 공연된 이후의 「장고춤」에는 타악장단을 선보이는 장면이 추가되었기 때문이다.

조총련 산하 재일조선인무용가와 각 단체들에 의한 일본 각지에서의 공연 활동은 민족예술을 통해 동포들에게 민족적 긍지와 자부심을 심어주고 주체사상으로 교양하는 데 크게 이바지하였으며, 재일동포들의 민족적 권리를 옹호하고 투쟁하는 데 동포들을 고무 · 추동해 내고, 주체예술을 내외에 널리 소개 · 선전하여 북한을 알리는 데 적극 이바지해 왔다.[35] 재일조선인사회의 무용조직체계는 북한의 정책적 지

35 같은 글, 50쪽.

원으로 북한과 같은 조직체계를 갖추게 되었고, 작품 역시 북한의 문예정책을 구현하면서 재일조선인사회의 역사를 주제로 담아내고 있어 북한무용의 창작구성방식을 따르고 있다고 할 수 있다. 결국 일본에서 재일조선인들에 의해 추어지고 있는 조선춤은 북한의 문예노선에 입각한 내용과 형식이 그대로 전수된 것으로, 자연스러운 문화적 유입경로에 의하기보다는 북한 정부와 조총련의 의도된 계획 하에 직접적으로 전수되어 발전의 틀을 갖추게 되었다고 할 수 있겠다.

2. 중국 조선족자치구의 조선무용 전수와 발전

중국 조선족의 무용사료는 1920~1930년대부터 시작되며, 해방 이전에는 민간에서 행해진 농악이나 탈춤과 같은 민속무용과 간도 다방집의 예기들에 의해 추어진 권주춤들이 있었다. 당시 추어진 대부분의 춤들은 중국으로의 눈물겨운 이주역사와 생존을 위한 투쟁 속에서 재생된 것으로, 원초적이며 소박하고 자유스러우며 노동과 밀접한 관련을 지니고 있으나 오늘날까지 전승되지는 못하고 있다. 하지만 중국 조선족의 초기 무용문화 형태를 살필 수 있는 사료로서의 가치는 무시할 수 없다.

중국 조선족 무용의 급격한 발전양상은 해방을 전후로 하여 시작되는데, 예술무용으로서의 조선무용 전파와 무용교육에서 가장 획기적이며 직접적인 영향을 끼친 인물은 바로 최승희이다.[36] 최승희에 의해 '동방무용연구소'(1944)와 북경의 '최승희 무용연구반'(1951)이 개설되기 이전의 중국 조선민족 무용교육은 정규화의 체계를 갖추지 못하였으며, 주로 일본인이 꾸린 무용학교에서 지도를 받아 조선 민족의 특

36 북경대학 조선문화연구소, 『중국조선민족 문화사대계: 예술사』(북경: 민족출판사, 1994), 292쪽.

색을 강조할 수 없었다. 다만 무용예술의 대중적 이해를 돕고 금후의 조선 민족 무용의 발전을 유도해낼 수 있는 문화적 기초를 닦고 무용 교육체계를 이끌어내는 실천 경험을 제공해 주었다는 데 무용사적 의의를 지닌다.[37]

1950년대 초 중국에서의 최승희의 무용창작은 중국의 생활을 소재로 하거나 조선의 생활과 민간무용을 소재로 창작한 작품들, 그리고 1950년대의 6.25전쟁을 소재로 창작된 작품들이 주를 이루었다. 이러한 작품을 통해 중국 대륙에서 선보인 그녀의 춤들은 중국 조선 민족에게 민족예술의 긍지와 발전의 큰 추동력이 되었다.

1951년 북경 중앙연극학원에 '최승희무용연구반'을 개설하여 조선족과 한족 학생 110명을 대상으로 조선춤의 기본과 창작법을 가르쳤고, 중국 고전무용을 연구하여 기본동작을 정리하는 등 무용예술에 관한 지식을 전수하였다. 최승희 무용연구반은 중국 정부 수립 후 처음으로 꾸려진 무용교육기구로,[38] 중국 무용예술교육의 보급과 토대를 마련하고 교수실천 및 창작, 무용예술 실천, 인재양성에 힘써 중국 조선 민족의 무용체계를 확립하는 데 크게 기여하는 근거지 역할을 하였다. 연구반의 제자들로 중국의 무용무대에서 무용가로서 두각을 나타내는 활동을 벌인 최미선, 이인순, 안승자, 황옥숙 등이 있으며, 허명월, 이혜숙, 김예화, 박용원 등은 중국 조선 민족 무용예술의 교육, 훈련, 창작 및 조선 민족 무용예술체계의 확립에 크게 기여하는 제자들을 양성해 내었다.[39]

최승희의 1대 제자인 박용원은 최승희의 조선무용 기본체계와 훈련법을 계승 · 발전시켜 중국 조선족의 무용발전을 이루어낸 무용교육자이다. 1949년 초에 평양의 최승희무용연구소와 중국의 최승희무용

37 같은 책, 258쪽.

38 김덕균, 『중국조선민족 예술교육사』(연변: 동북조선민족교육출판사, 1992), 172쪽.

39 최봉석, 『중국조선민족무용사』(1996), 80쪽.

연구반에서 무용을 배웠고, 1952년 9월에 최승희를 따라 북한으로 나갔다가 1953년 3월에 연변에 돌아와 연변가무단에서 민족무용지도교원으로, 1957년 7월에는 연변예술학교가 건립되자 전근되어 1992년까지 정규적인 무용예술교육사업에 헌신했다.[40] 그뿐만 아니라 박용원은 1955년 6월부터 1956년 2월까지 연변가무단에 설치된 무용훈련반에서 조선민족무용을 가르쳤으며, 1956년 3월부터는 동북 3성 각지의 학원을 대상으로 무용강습반을 꾸려 1년 6개월여 동안 교수하였고, 후에 북한의 무용가 이달하도 연변가무단에 와서 발레와 조선무용을 지도하였다. 연변가무단에서의 이러한 무용훈련반 활동은 전문무용교육기구로서 교원양성과 교재내용, 교수체계 확립의 토대를 마련하게 되었다.

당시의 연변예술학교에는 박용원이 무용강좌장으로, 조선인민군협주단 출신의 최금성이 조선민족무용 교원으로, 최승희 무용연구반을 졸업한 이영애가 중국고전무용 교원으로 부임하여 교수하였고, 그 외에 민간예인 하태익과 김용욱이 조선민간무용 교원으로, 북경무용학교 출신의 이종만이 발레무용 교원으로 부임하였다. 조선민족무용은 주로 최승희의 입춤 기본과 민간무용으로 나누어 박용원과 최금성의 지도하에 이루어졌다.[41] 연변가무단 및 조선민족예술단체의 무용배우를 양성한다는 목적하에 세워진 연변예술학교에는 가무반, 무용반 등이 설치되어 있었다. 무용반에서는 조선민족무용, 발레기본, 소수민족무용, 한족고전무용, 창작기초지식, 음악 등을 가르쳤다. 학교설립 후 1958년에는 조선민족무용의 교수요강이 제정되었는데, 이는 최승희 무용교수체계를 바탕으로 한 것으로, 제1장은 각종 기본자세, 제2장은 입춤 기본동작, 제3장은 기교동작, 제4장은 전통무용기본동작으로 구

40 이애순, “중국에서의 최승희무용 전승 및 발전실태,” 『2010년도 무용학술 콜로퀴움: 무용가 최승희의 연구성과 및 전망』(강원무용연구회, 2010), 9쪽.

41 북경대학 조선문화연구소, 『중국조선민족 문화사대계: 예술사』(1994), 294-295쪽.

성되었다.[42] 1958년 발표된 최승희의 조선민족무용기본동작의 구성체계와 많은 유사성을 보이고 있다.

한편, 최승희무용연구반의 졸업생은 아니지만 최승희의 중국 조선족 제자로 유명한 이록순은 북한을 방문하여 예술교류를 가졌으며, 1954년 6월, 1959년 5월, 1962년 8월, 1965년 5월에 조선예술단을 비롯한 북한 각 지방의 예술단이 중국 연변에서 공연하여 북한무용을 전파하는 데 이바지하기도 하였다. 그녀는 '최승희 무용표현 풍격의 계승과 최승희 무용작품 유형의 재현'[43]에 탁월했다. 최승희무용연구반 출신의 최미선은 중앙가무단, 동방가무단 등에서 독무가로 활약한 무용가로 세계적인 무용대회에서 금상을 수상한 경력이 있으며, 중국예술단의 일원으로 1980년대 초까지 외국방문공연에서 조선족춤인 「장고춤」, 「희열」 등과 북한의 「소고춤」, 「기쁨」(쟁강춤), 「진주」 등을 우아한 무용자태와 멋들어진 율동으로 숙련된 솜씨를 자랑했다. 그녀 역시 이록순과 마찬가지로 최승희 무용의 재현과 표현풍격을 계승한 무용가로 인정받았다.[44] 이들의 활동으로 최승희의 조선무용 기본체계의 전수, 무용창작, 조선예술단의 중국 내왕과 예술교류는 중국 조선족 무용예술 발전에 커다란 영향을 끼쳤고, 1960년대 이후 오랜 기간 동안 중국 조선 민족의 무용은 그 훈련체계나 무용창작, 무대표현에서 북한의 경향을 따르는 국면을 면할 수 없었다.[45]

그러다가 1966년 5월부터 10년 동안 지속된 '문화대혁명'으로 조선 민족 무용예술은 일대 수난을 맞게 되었다. 그동안의 무용예술 성과들은 부정되고, 전통과 유산은 짓밟혔으며, 교육이나 자료수집 및 정리 작업은 물론, 민족 형식의 무용문화는 유린당하였다. 그런 가운

---

42 김덕균, 『중국조선민족 예술교육사』(1992), 173-174쪽.

43 이애순, "중국에서의 최승희무용 전승 및 발전실태," 『2010년도 무용학술 콜로퀴움: 무용가 최승희의 연구성과 및 전망』(2010), 9쪽.

44 같은 글, 8쪽.

45 최봉석, 『중국조선민족무용사』(1996), 73쪽.

데 박용원과 같은 무용인은 무용예술 교육의 과학성과 체계성을 확립하여 발전시키기 위한 교재를 편찬하거나 교원무용 강습회를 토대로 『조선민족 무용 기본교수 대강』, 『조선민족 무용기본 동작』 등을 편찬하였다.[46] 그럼에도 불구하고 '10년 동란' 시기의 중국 조선 민족의 무용은 창작의 일대 전락과 정치 종속론의 영향으로 내용 면에서 소재의 '단일화'와 주제의 '개념화', 형식 면에서의 민족색채의 '왜소화'를 빚어내었으며, 작품에 나타난 도식화와 격식화로 한계를 드러내고 말았다.

이런 수난의 시기가 끝나고 1978년 12월의 중국공산당 중앙위원회 제11기 제3차 전원회의와 1981년 6월의 11기 제6차 전원회의 등을 거치면서 중국은 사회주의 현대화 건설의 새 역사를 맞이하게 되었다. 조선 민족 학교나 예술교육 등은 민족의 특징을 살려 새롭게 꾸려졌고,[47] 무용예술도 국내외 무용과의 교류와 경쟁을 통한 발전단계에 들어서게 되었다. 특히 1981년부터 시작된 북한예술단의 중국공연은 높은 표현기교와 작품구성, 종합예술 형식의 무대공연으로 조선 민족 무용가들에게 깊은 영향을 끼치게 되었다.

반면에 연변예술학교 설립 이후 1980년 9월부터 시작된 중국 조선 민족 무용가들의 북한 예술단체와 음악무용대학에서의 학습을 통해 북한무용의 기본동작을 배우거나(김덕균 외, 1992: 184), 1992년과 1994년에는 평양에 가서 조선무용 표기법과 조선무용 교육, 무용창작의 실태를 배우고 이해하는 기회를 갖기도 하였다. 또한 1990년대에 들어서는 중국의 개혁개방 방침에 따라 한국과의 무용교류가 직접적으로 이루어지면서 안무가의 주장과 이념 추구가 뚜렷하게 반영되기 시작하였다.

북경대학 조선문화연구소(1994)에서는 중국 조선 민족 무용사를 4단계로 나누고 있다. 첫 시기는 중국으로의 이주로부터 1949년 중국

46 같은 책, 87쪽.

47 김덕균, 『중국조선민족 예술교육사』(1992), 17-18쪽.

정부 수립까지의 무용, 둘째 시기는 1949년부터 1966년까지의 무용, 셋째 시기는 문화대혁명 기간인 1966년부터 1976년까지의 무용, 마지막 시기는 1976년부터 1990년까지의 무용으로 분류하고 있다. 이러한 분류는 중국의 사회 · 역사적 발전단계와 조선족 역사발전의 특수성, 그리고 조선족 무용발전의 구체적 실태를 바탕으로 한 것이라고 밝히고 있다.

먼저 첫 시기에 즐겨 춘 작품을 보면, 조선의 농악이나 탈춤, 윤무 형식이 주를 이루며, 민간예술단체들이 「칼춤」, 「부채춤」, 「학춤」, 「승무」 등 조선의 전통적 민간, 민속무용을 선보였다. 또한 항일무장군 내에서는 「기병대춤」, 「붉은 수건춤」, 「총동원가춤」, 「재봉대원의 춤」 등이 추어졌고, 조선의용군 내에서는 「소고춤」, 「목각춤」(인형춤), 「노동자의 춤」, 「전선지원」, 소형무극 「참군」 등 문화선전대원들에 의한 창작춤이 추어졌다. 그뿐만 아니라 한성준, 조택원, 최승희와 같은 조선 무용가들의 공연 또한 민족 고유한 전통유산을 현대적 미감에 맞게 새롭게 창작해내는 창작정신을 보여줌으로써 중국 조선족 무용예술의 탄생과 발전에 큰 영향을 끼쳤다.

둘째 시기에는 "낡은 것을 버리고 새것을 발전시킨다"라는 문예방침에 따라 민족 대대로 전해진 민간무용을 발굴하여 배우고 정리하는 사업이 전개되면서 해방의 기쁨과 경제복구건설, 전선지원에 일어선 인민의 감정을 반영한 작품을 창작하였지만, 대부분 완전한 예술 형태를 갖추지 못한 단순한 작품들이었다. 「절구춤」, 「빨래춤」, 무용극 「영원한 평화와 행복을 위하여」, 「왕가물과 싸우는 처녀들」, 「향발무」, 「물동이춤」, 「장고춤」 등이 추어졌고, 북한에서 「사당춤」, 「뻐국새와 소녀」, 「장미꽃춤」 등을 전수받았다.

셋째 시기에는 민족의 정신과 형식이 반영된 문화예술이 '이국문화' 또는 수정주의적인 '독초'로 몰리면서 「반란무」나 「충성무」 같은 춤을 추지 않으면 안 되었다. 그러나 1970년대 들어 문화정책이 인민들로부터 강력한 반발을 사게 되자 부분적이나마 창작의 자유와 공연

활동이 허용되었다. 이 시기에 창작된 작품으로 「김치에 깃든 옹군의 정」, 「벌목공」, 「풍년을 경축하네」, 소형무극 「첫걸음」, 「쇠물꽃 튕기네」 등이 있으나, 내용의 '도식화'와 창작수법의 '격식화'를 면치 못하였다.

마지막으로 문화대혁명 이후 1990년대 중반까지의 시기에는 활발해진 대내외의 무용교류와 외래무용의 수용으로 조선 민족 무용예술은 전례 없는 발전을 이루고, 무용이론 연구와 평론도 활발히 전개되었다. 창작된 작품으로는 「주총리 우리 집에 오셨네」, 「새봄」, 「도라지꽃」, 「장백의 진달래」 등 새 시대를 맞은 기쁨과 혁명가들에 대한 추모와 존경을 그린 작품들이 있는가 하면, 사회주의 현실을 시대 감각과 현대적 미감에 맞게 그리거나 새 역사를 창조하는 인민의 참신한 면모와 개혁, 개방의 정세를 노래한 「논물관리원」, 「분배받은 기쁨」, 「푸른 숲 설레이네」, 「벼이삭 설레일 때」, 「참된 사랑」, 그리고 민속무용을 현대적으로 새롭게 재구성한 「명절의 바라」, 「풍년벌에 울리는 장고소리」, 「희열」, 「소고춤」, 「달놀이」, 「방울춤」, 「용사의 환락」 등의 작품이 있고, 안무가의 창조적 개성과 심미를 반영한 「눈꽃」, 「수양버들」, 「아, 단풍」, 「바다의 노래」, 「달빛 아래 서정」 등 표현예술로 발전된 창작품들이 대표적이다. 이상의 작품들은 북한의 무용작품과 그 주제와 양상에 있어 유사성을 보이고 있으며, 북한의 무용작품을 바탕으로 재창작된 것들도 눈에 띄어 사회주의 국가의 문예정책적 반영도 있겠지만 북한무용의 전수로 인한 영향을 충분히 엿볼 수 있다.

이와 같이 중국 조선족사회의 무용문화는 1950년대에 최승희무용연구반에서부터 기초를 조성하기 시작했으며, 북한에서의 전수를 통해 조선무용과 발레훈련으로 무용의 기초를 다졌다. 즉, 북한무용체계와 교수법을 토대로 중국 소수민족의 다양한 춤들을 수용하여 훈련하는 독특한 방식을 취해 왔다고 할 수 있다. 중국 조선족 무용가들은 민족적 형식에 사회주의적인 내용을 결합한 작품을 창작하면서 새 시대의 무용변혁을 가져왔는바, 무용체계의 확립 초기에는 북한의 무용

교수체계와 교수내용, 무용풍격을 대대적으로 받아들였고(김덕균 외, 1992: 182), 1990년대 개혁개방시대에 들어와서는 한국의 무용성과들도 받아들여 조선무용 기법을 바탕으로 사상적 표현의 자유를 구가하는 독특한 무용예술세계를 확립하기에 이르렀다고 할 수 있다.

IV. 결론 및 제언

북한춤은 중국과 일본의 교포사회에서 중심적인 무용문화를 이루면서 오늘에까지 이어져왔다. 그렇기 때문에 이 연구에서는 해외교포사회에 북한춤이 전파되는 과정과 그 발전양상을 살펴보았으며, 이를 통해 해외에 거주하는 민족집단으로서의 재외동포들의 무용문화에 대한 관심과 연구의 필요성을 생각해보고자 했다. 특히 재중 · 재일조선인들의 무용문화는 남북한 무용문화의 영향을 일정 정도 흡수하며 발전해 왔기 때문에 통일적 무용문화의 방안 마련에도 일정 정도 대안을 제시할 수 있을 것이며, 우리 춤문화에 대한 폭넓은 의미에서의 연구적 기초를 제공할 수 있을 것이다. 문헌연구 중심으로 살펴본 논점의 결과는 다음과 같이 정리할 수 있다.

첫째, 재일조선인사회와 중국 조선족자치구의 무용문화의 출발점엔 공통적으로 최승희춤이 있었다는 것이다. 재일조선인들은 최승희춤을 배운 북한의 무용가들로부터 작품을 전수받거나 최승희가 정리한 조선무용기본을 기초훈련으로 하여 무용을 습득해왔다. 중국 조선족들 역시 최승희무용연구반에서 춤의 기초와 작품을 습득했으며, 평양의 무용연구소에서 연수를 받고 이를 토대로 무용활동을 펼쳤던 것이다. 그렇기 때문에 두 사회의 무용문화는 최승희춤을 기초로 발전해왔다고 할 수 있다.

둘째, 재일조선인사회와 중국 조선족자치구의 무용전수 및 훈련기관을 보면, 전자는 북한의 체계와 마찬가지로 초 · 중 · 고 · 대학 내에 무용전공과목이 배치되어 있는 것이 아니라 한국의 방과후학습처럼 무용소조를 따로 두고 그곳에서 무용훈련을 통해 재능 있는 인재를 배출해 왔다. 또한 무용에 특별한 재능이 있는 사람들은 금강산예술단이나 동경가무단 등에 소속되어 전문가로서 활동을 했으며, 그 외에 지방예술단 활동 등을 통해 지역의 무용문화 발전에 이바지하는 시스템을 구축하고 있다. 이는 북한의 무용문화 및 기관의 구성체계와 똑같으며, 조총련을 북한의 해외공관으로 인정하듯 지역만 다를 뿐 북한무용의 전수 및 훈련기관의 분점과도 같은 것이다. 이에 반해 중국 조선족자치구를 보면, 중국의 소수민족답게 중앙가무단에서 여러 소수민족 춤의 하나로 추어지고 있거나 자치구의 연변가무단에서 재능 있는 인재들이 무용활동을 펼치고 있다. 재일조선인사회와는 달리 연변대학과 중앙민족대학 내에 무용학과가 배치되어 있어 그곳에서 조선춤을 전수 교육하고 있다. 이러한 체계로 볼 때 한국의 무용교육체계와 유사함을 알 수 있다.

셋째, 무용기초훈련과 작품의 경향을 살펴볼 때 재일조선인사회에서는 북한에서 실천하고 있는 무용기초훈련과 기본훈련을 그대로 전수하고 있다. 그것은 평양음악무용대학의 통신교육생으로 방문하여 전수를 받거나 무용필름을 활용하거나 강습회를 개최하여 북한 무용가들로부터 직접 교육을 받는 방식으로 진행되어 왔다. 그렇기 때문에 작품 역시 북한에서 명무화되었거나 북한춤을 대표하는 민속무용이 그대로 전수되어 공연되고 있으며, 재일조선인사회의 삶을 반영한 창작품이 간간이 발표되는 정도이다. 이는 재일조선인사회의 무용이 북한춤을 그대로 전승하는 데 주력해 왔음을 의미한다.

이에 반해 중국 조선족자치구의 경우는 좀 다르다. 최승희무용연구반에서 조선무용의 기초와 작품을 훈련받거나 평양의 무용연구소에서 전수받은 무용인재들이 중국 전역에서 활동을 펼쳤고, 북한의 예술단이 중국을 방문하여 공연을 펼치는 과정에서 무용에 영향을 받은 부분 역시 부정할 수 없는 사실이다. 하지만 그 후에는 재일조선인사회의 무용전수 과정과는 좀 다르게 진행되었다. 최승희의 제자들이 그녀의 무용기초를 발전시켜 중국 소수민족의 춤기법 등을 접수하면서 중국 조선족만의 무용훈련체계를 세워나갔다. 더욱이 1990년대 이후로는 한국의 무용문화가 소개되고 한국 무용가들이 직접적인 지도를 펼침으로써 북한춤의 성향을 벗어나 자유롭게 창작성을 가미한 중국 조선족 무용문화를 형성하게 된 것이다.

넷째, 북한춤이 직간접적으로 전수된 시기를 보면, 재일조선인사회는 1960년대부터 시작되어 1970년대에 들어서는 직접적인 평양방문을 통해 전수와 교육을 받았고, 1990년대에는 북한 무용가를 직접 일본으로 초청하여 무용기초훈련을 교육받았다. 그렇기 때문에 북한 무용정책의 영향을 벗어나지 못하고 북한춤에서 볼 수 있는 스펙터클한 양상을 그대로 재현하고 있다 하겠으나, 1980년대 이후 한국의 사물놀이가 일본에서 큰 반향을 불러일으키면서 재일조선인사회에도 일정 정도 영향을 끼쳤으며, 이것이 역으로 북한에까지 파급되는 현상을 엿볼 수 있다. 이에 반해 중국 조선족자치구에서는 1950년대에 평양과 북경에서 최승희로부터 직접적인 지도를 받기 시작했으며, 이는 재일조선인사회의 무용가들이 최승희의 직접적인 지도를 받지 못한 것과 대비된다. 이후에는 재일조선인사회에서처럼 북한 무용가들로부터의 직접적인 지도보다는 북한예술단의 중국방문을 계기로 무용에 영향을 받았다. 그리고 1990년대 이후에는 한국 무용가들의 노력으로 한국춤이 흡수되기 시작하면서 중국 조선족만의 색다른 무용문화를 창조하여 오늘에 이른다.

이처럼 같은 민족이면서도 살아가는 지역과 그 지역을 구성하는 민족집단의 구성체계 및 정치체제에 따라 북한춤의 전수과정 및 발전양상도 유사하지만, 각각의 아이덴티티를 보장하는 독자적인 특색을 지닌 무용문화를 형성하며 발전시켜 왔다. 이들 무용문화를 문화전파의 맥락에서 해석하자면 재일조선인사회의 무용문화는 북한춤을 그대로 전승하고 있으며, 중국 조선족자치구의 경우는 최승희춤을 기초로 하는 북한춤을 전수하되 중국적인 것과 결합시킴으로써 외적 요인과 본래의 것이 결합된 문화접변 현상으로 볼 수 있다. 다시 말해 같은 문화접변이라 할지라도 재일조선인사회의 무용문화는 조총련의 통제하 강제적 문화접변에 의한 무용문화의 변동이라 할 것이며, 중국 조선족자치구의 무용문화는 자발적 문화접변에 의한 자유로운 차용과 발전으로의 변동이라 할 것이다.

한국과 북한의 많은 무용연구가는 각기 자신이 속한 무용문화에 지대한 관심을 갖고 많은 연구과 성찰에 주력해 왔다. 그러나 같은 민족으로서 다른 지역에 민족집단을 형성한 공동체사회에 대한 연구는 아직도 미진하며 관심조차 기울이지 않고 있는 실정이다. 다행히 우리의 무용이 무대예술로서 발전하는 시발점엔 위대한 최승희라는 무용가가 있다. 그녀는 남북한은 물론이고 세계 여러 나라에 흩어져 살고 있는 우리 민족의 무용문화를 연결하는 매개고리로서 중요한 위치에 놓여 있다. 올해는 최승희 탄생 100주년이 되는 해이다. 그렇기 때문에 그녀에 대한 연구는 더욱 심도 깊게 진행되어야 마땅하지만, 그녀에 관한 연구 외에도 해외의 우리 교포 무용문화에 대한 연구 역시 그녀의 춤을 파헤치는 연구방법의 하나이며, 더불어 우리 민족의 춤이 어떤 역사과정 속에서 각 지역에 뿌리를 내리고 어떤 양상으로 발전해 왔는지를 해명하는 연구방법 또한 중요하다 할 것이다. 이에 필자는 많은 무용연구자들에게 최승희를 비롯한 그녀의 족적이 남겨진 해외의 우리 민족집단의 무용문화에 대한 폭넓은 관심과 다각적인 연구를 위해 노력해 줄 것을 진심으로 기대하는 바이다.*

---

* 출전: 김채원, “북한 춤의 해외전파: 일본과 중국을 중심으로,” 『공연문화연구』(부산: 한국공연문화학회, 2011), 제22호, 185-221쪽.

참고문헌

고정자. "재일동포들의 민족문화 전승의 현황과 전망." 『해외동포민족문화 · 교육발전과 연대를 위한 국제학술심포지움 자료집』(부산: 해외동포민족 문화 · 교육네트워크, 2007).

고지영. "중국 조선족 정체성 변화 분석." 광주: 전남대학교 석사학위논문, 2003.

권준희. "재일조선인3세의 '민족'정체성에 관한 연구: 조선학교 출신 '조선적'을 중심으로." 서울: 연세대학교 대학원 석사학위논문, 2002.

김경일. "중국조선족 사회 · 문화의 현황과 전망." 『해외동포민족문화 · 교육발전과 연대를 위한 국제학술심포지움 자료집』(부산: 해외동포민족 문화 · 교육네트워크, 2007).

김덕균. 『중국조선민족 예술교육사』. 연변: 동북조선민족교육출판사, 1992.

김정일. 『재일조선인운동을 새로운 높은 단계에로 발전시킬데 대하여』. 평양: 조선노동당출판사, 1995.

김채원. "북한 춤의 해외전파: 일본과 중국을 중심으로." 『공연문화연구』(부산: 한국공연문화학회, 2011), 제22호, 185-221쪽.

____. "재일조선인 무용 연구: 금강산가극단을 중심으로." 『대한무용학회논문집』(서울: 대한무용학회, 2007), 제53호.

리미남. "어버이의 그 품 한없이 따사로워." 『조선예술』 4월호. 1992.

박정순. 『재일조선학생들의 민족성교양과 민족무용교육』. 평양: 문학예술종합출판사, 2000.

____. "재일조선학생들의 민족성 교양에서 민족무용교육이 가지는 중요성에 대하여." 『조선대학교 학보(조문판)』(동경: 조선대학교, 2001).

북경대학 조선문화연구소. 『중국조선민족 문화사대계: 예술사』. 북경: 민족출판사, 1994.

사회과학원 역사연구소. 『조선전사 30』. 평양: 과학백과사전출판사, 1982.

손지원. "주체의 해외교포문학예술 창조와 건설에 대한 사상리론연구(1)." 『조선대학교 학보(조문판)』(동경: 조선대학교, 2001).

여백. "조-중무용에서 나타난 최승희무용의 영향 및 관련양상." 『2001국제학술회의논문집: 20세기 조선민족무용 및 최승희 무용예술』(연변: 연변대학교, 2000).

이애순. "중국에서의 최승희무용 전승 및 발전실태." 『2010년도 무용학술 콜로퀴움: 무용가 최승희의 연구성과 및 전망』(강원무용연구회, 2010).

임추자. 『조선신보』, 2005.2.10.

장광열. "연변에서 건너온 월북무용가들의 옛춤."『객석』(서울: 예음, 1991), 1월호.

조선신보편집부. "조선무용강습회 큰 호평."『조선신보』, 1996.8.8.

____. "조선무용강습회 히로시마에서도 진행."『조선신보』, 1996.8.22.

____. "초대석: 조선무용강습회의 두 강사."『조선신보』, 1996.9.2.

최미선. "연변 조선족무용의 변천과정과 기본동작 구조분석: 상체동작을 중심으로." 서울: 명지대학교 박사학위논문, 2003.

최봉석.『중국조선민족무용사』. 서울: 현대미학사, 1996.

최호욱. "최승희무용 〈기본〉을 기조로 한 중국조선족무용기본."『2001국제학술회의논문집: 20세기 조선민족무용 및 최승희 무용예술』. 연변: 연변대학교, 2000.

태희관.『조총련 연구: 역사와 성격을 중심으로』. 서울: 동국대학교 박사학위논문, 1998.

石川栄吉 · 梅棹忠夫 · 大林太良 · 蒲生正男 · 佐々木高明 · 祖父江孝男.『文化人類学事典』. 東京: 弘文堂, 1994.

伊藤亞人 · 大村益夫 · 梶村秀樹 · 武田幸男.『朝鮮を知る事典』. 東京: 平凡社, 1986.

曺賢美. "在日韓国 · 朝鮮人の集住地域の形成と実体: 神奈川県の池上 · 桜本 · 戸手 · 寿の3区域を事例として." 東京: お茶の水女子大学博士論文, 1998.

中央大学校. "民族文化を日本の地で継承しながら紹介していく団体."『中央 大学新聞』, 1989.12.5.

徳丸吉彦.『民族音樂學』. 東京: 放送大學教育振興會, 1991.

[ABSTRACT]

Overseas Dissemination of North Korean Dance: Focusing on Japan and China

Kim, Chaewon*

The purpose of this study is to examine the process and development of the dissemination of North Korean dance to overseas Korean society. This stems from the necessity of research and interest in the dance culture of overseas Koreans as an ethnic group residing abroad, with particular attention the dance culture of Koreans in China and Japan. The focus on literature study in my analysis demonstrated a commonality in the beginnings of the dance culture of Zainichi Korean society and Korean Autonomous Region of China. That is, the two ethnic groups received direct and indirect dance instructions from Choi Seung-hee, and learned the dance by using the Chosun Dance Basics organized by Choi Seung-hee as basic training.

In the case of the Korean Zainichi Korean society in Japan, dance training institutes have maintained a system akin to that of North Korea in which they train people in dance groups and then have talented dancers work in professional art troupes. In the case of the Korean Chinese Autonomous Region of China, on the other hand, there are dance departments in Yanbian University and Central National University that have taught Korean dance and produced talented dancers, which is a system similar to that of South Korea.

As for basic dance training and dance performances, the Zainichi

* Representative, Institute to compare dance cultures

Korean community has passed on the basic dance training and basic training methods exactly as practiced in North Korea. The performed dances also tend to be famous dances and folk dances representative of North Korea directly received from North Korea. The Korean Autonomous Region in China, however, directly received the basics and works of Chosun dance organized by Choi Seung-hui. They developed them, combined them with the dance techniques of other Chinese ethnic minorities, and established a dance training system unique to the Korean-Chinese, distinct from North Korean dance for its leeway for creativity.

In terms of the period of transmission, the Zainichi Korean community had access to North Korean dance since the 1960s and were directly educated by North Koreans through their visits to Pyongyang since the 1970s. In the 1990s, North Korean dancers were invited to Japan to provide basic dance training, enabling Zainichi Korean dancers to reproduce the element of spectacle in North Korean dance. Dancers in the Korean Autonomous Region in China, on the other hand, were taught by Choi Seung-hui herself in Pyongyang and Beijing in the 1950s. Afterwards, they were influenced by the North Korean art troupe's visit to China. Since the 1990s, they began to absorb elements of South Korean dance and have come to create an original dance culture unique to ethnic Koreans in China.

The transmission and development of North Korean dance are somewhat similar despite the differences in the political system of each area and the system in which each ethnic group is organized. And yet, both ethnic groups have formed and developed their own unique dance cultures that guarantee their respective cultural identities. In conclusion, it has been observed that the dance culture of Zainichi Korean society saw changes based on cultural assimilation enforced by Jochongnyeon, the pro-North Korean residents' league in Japan, while the dance culture of the Korean Autonomous Region in China saw changes based on voluntary acculturation through liberal appropriation and development.

사물놀이 세계화의 전개와 성격*

김희선**

1978년 풍물의 도시화 · 무대화 연행으로 등장한 사물놀이는 1982년부터 해외공연, 공연, 음반활동을 시작하여 이후 월드뮤직, 국제 메가 이벤트, 국제학계, 한인 디아스포라, 글로벌 사물놀이 연행자들의 적극적 매개와 개입으로 글로벌 장 안에 안착되는 브랜드를 구축하였다. 또한 이 과정에서 국가 및 세계 공연예술계 환경은 사물놀이의 세계화에 중요한 맥락을 제공하였다. 사물놀이의 글로벌 활동은 이전 국악해외공연의 성격과 상이했을 뿐만 아니라 사물놀이의 글로벌 브랜드 이미지는 국내 수용에도 영향을 미쳤고, 대표 국악 레퍼토리로 수렴되는 과정에도 주요한 기반이 되었다는 점에서 전개과정의 고찰과 성격 규명은 필요하다. 이 연구는 김덕수 패 사물놀이와 국립국악원 사물놀이를 중심으로 해외공연, 해외 출시 음반, 해외 사물놀이 교육, 한인 디아스포라의 사물놀이 수용, 영어권 사물놀이 연구를 고찰하고 사물놀이 세계화의 성격과 의미를 논의한다.

공연과 교육을 통해 사물놀이의 가능성을 타진하고 연주와 교육을 위한 정전을 구축한 사물놀이는 초기부터 세계화를 지향으로 삼아 국

---

* 이 논문은 "사물놀이 세계화의 전개와 성격," 『국악교육』(서울: 한국국악교육학회, 2017), 제44집, 29-66쪽을 이후 출판된 자료를 더해 일부 수정 · 보완하여 재게재함을 밝힙니다.

** 국민대학교 교양대학 부교수, 전 국립국악원 국악연구실장

제적 메가 이벤트, 국제 공연예술 페스티벌, 월드뮤직, 장르 간 협연 등 다층적 글로벌 공연 지형 안에서 사물놀이의 위치를 확보하였다. 또한 적극적인 해외 워크숍, 교육, 경연대회 등의 장치를 통해 글로벌 '사물노리언'을 구성하고, 본국 사물놀이와의 연계강화를 통해 종주국의 지위를 확보하고 다양한 미디어를 통해 소개되는 전략을 구사하며, 글로벌 장 안에 통용되는 보통명사 'SamulNori'로 브랜딩하였다. 또한 1984년 3월 구성되어 후발주자이지만 국립기관으로서의 정통성을 확보하게 된 국립국악원 사물놀이는 국가 간 문화외교, 국악교육, 국악해외보급의 차원에서 한국음악의 소개에 중점을 둔 공연, 교육, 워크숍, 연수활동을 전개하여 사물놀이의 세계화의 확장에 또 다른 중요한 축이 되었다.

더 나아가 해외 학계에서의 사물놀이에 대한 관심과 연구는 글로벌 장에서 사물놀이의 위치를 확보하고 확장하는 데 중요한 역할을 하였는데, 해외 사물놀이 연구자들은 학자, 연행자, 교육자의 위치를 갖는 매개자의 역할을 하면서 사물놀이의 글로벌 수용과 확장을 용이하게 하였다. 또한 해외 한인 디아스포라 사회에서 사물놀이는 해외 한인사회에 결속과 정체성 강화, 디아스포라 한인과 본국과의 연계, 거주국과의 관계설정 등에 유용한 역할을 함으로써 글로벌 지형 안에서 사물놀이의 생산과 수용의 새로운 국면으로 등장하였다.

사물놀이는 한국공연예술계에서 세계화를 견지한 가장 견고하며 대표적 한국 문화콘텐츠로 여겨진다. 사물놀이는 국가문화외교에서뿐 아니라 월드뮤직, 세계화된 관광문화 등에서도 중요한 역할을 한다. 시대성을 갖고 행위하며 국악현대사에 중요한 영향을 끼친 사물놀이의 글로벌 브랜드의 획득은 한국현대공연예술과 현대국악의 흐름을 변화시켰으며, 이는 사물놀이 탄생 40년을 맞는 시점에서 중요하게 기억될 필요가 있다.

Ⅰ. 들어가며

1978년 2월 소극장 공간사랑의 '제1회 공간 전통음악의 밤'에서 민속악회 시나위에 의해 김덕수, 김용배, 최태현, 이종대로 구성된 '웃다리 풍물 앉은반'이 풍물의 도시화 · 무대화된 최초의 사물놀이 연행으로 연주되었다.[1] 당시 소극장 공간사랑과 기획자 강준혁과 심우성 등이 당대 전통예술계 비제도권에 속한 굿, 지역의 전통춤, 풍물, 민요에 관심을 갖고 시도한 실험적인 공연기획이었으며, 대규모 프로시니엄을 벗어나 중소극장의 실내악 공연으로 재창조한 대표적 공연물이었다. 첫 연주 이후 김덕수와 김용배는 전문 타악 연주자들을 본격 영입하여 공간사랑에서 여러 차례 연주를 거듭하면서 경기, 전라, 경상 농악가락, 경기 무속악, 삼도농악 등을 차례로 더해 공연 레퍼토리를 확장하였다. 1980년 9월 김덕수, 김용배, 이광수, 최종실을 단원으로 「사물놀이 발표공연 '걸립패 풍물굿'」을 기점으로 연주단 사물놀이가 데뷔하였다. 풍물의 현대화 · 무대화된 장르명으로 작명된 '사물놀이'가 이를 연행하는 연주단의 명칭으로 공식화된 것이다. 특정한 방식으로 연행되는 현대화된 연행을 위해 창작된 용어 사물놀이는 이후 "풍물가락을 무대에서 연행할 수 있도록 재구성하여 앉아서 연주하는 형태"의 장르명 보통명사와 "사물놀이라는 음악형태를 창조하여 레퍼토

1 사물놀이의 첫 공연은 '민속악회 시나위'의 10회 정기연주회를 겸하여 개최된 연수회였으며, 민속악회 시나위의 멤버였던 김덕수(장고)와 김용배(꽹과리)가 주축이 되어 남사당패와 풍물의 웃다리 가락을 재해석한 「웃다리 풍물」을 발표하였다. 민속악회 시나위의 단원이었던 해금 연주자 최태현은 북, 피리 연주자 이종대는 징을 맡아 연주하였다.

리로 정착시킨 선구자적 네 명의 앙상블 팀"의 고유명사[2]를 동시에 지칭하게 되었다.[3]

사물놀이는 초기 의심과 염려의 시선과 논쟁[4]을 뒤로하고 국악 장르로 전례가 없을 정도의 대중적 인기를 누리며 레퍼토리와 공연양식을 정비해나간다. 1980년 9월 이후 문화원, 연극, 마당극, 경축 예술제, 국악제, 뮤지컬 등으로 공연무대를 넓히다 해외진출을 목표에 두고 1982년부터 해외 활동을 시작하게 된다. 또한 함께 원년 멤버로 활동했던 김용배를 중심으로 1984년 '국립국악원 사물놀이단'이 창단되었다. 이후 유사 혹은 후예 사물놀이 및 타악그룹의 해외 활동, 해외 '사물놀이언', 한인 디아스포라 사물놀이 활동 등으로 확장되며 사물놀이는 지난 40년간 전 세계의 다양한 맥락에서 유통되는 글로벌 장르가 되었다. 특히 사물놀이가 세계로 확장한 지난 40년은 한국과 세계의 다양한 정치 · 사회 · 문화적 환경이 변화하는 가운데 국가주의, 민족주의, 세계화, 공연예술의 세계적 재편, 글로벌 문화산업의 맥락은 사물놀이의 세계화에 주요한 기반이 되었다. 이러한 맥락하에 새로운 전통으로 등장한 사물놀이는 국가 주도의 문화외교, 국제교류, 글로벌 메가 이벤트에 등장하는 '국가대표 공연예술 장르'가 되었고 세계화

2 이 연구에서 사물놀이는 장르명으로, 연주단체인 사물놀이는 이후 등장한 사물놀이 연주단과의 구별을 위해 '김덕수 패 사물놀이'로 지칭할 것이다. 사물놀이 연구자 키스 하워드도 2015년 출판한 사물놀이 단행본에서 SamulNori는 김덕수패 사물놀이 연주단을, *samulnori*는 장르명을 지칭하였다. Keith Howard, *SamulNori: Korean Percussion for a Contemporary World* (London and New York: Routledge, 2016), p. 1.

3 김덕수, 『글로벌 광대 김덕수 신명으로 세상을 두드리다』(김영사, 2007); 강준혁, "전통예술의 현대적 계승사례 연구: 김덕수와 사물놀이를 중심으로," 『문화경제연구』(한국문화경제학회, 2001), 제4집; 이영미, "전통예술의 대중적 현대적 계승: 신민요와 사물놀이의 예를 중심으로," 『대중음악』(2007), 1호, 190-194쪽; 주재연, "사물놀이의 역사적 전개와 문화산업적 성과"(고려대학교 석사학위논문, 2010), 26쪽; 정재호, "사물놀이 형성과정에 대한 재검토," 『한국음악사 학보』(한국음악사학회, 2017), 189-230쪽.

4 이보형, "전통적인 부침새 부족한 사물놀이와 재즈," 『전통문화 10』(전통문화연구회, 1985), 146쪽; Alan Heyman, "Samul-nori (Quadrason) - Four Traditional Percussion Artists in Search of a Star," *Korea Journal* (유네스코 한국위원회, 1983), 21(12), pp. 43-45.

환경의 공연예술계와 글로벌 문화산업의 '성공적 한국형 문화콘텐츠', '20세기 한국예술의 고전'의 위치를 점하게 되었다.[5]

국악의 세계화를 연구한 선행연구에서는 사물놀이의 해외공연은 국가홍보, 문화외교, 교민 위로를 중심으로 진행되었던 이전의 국악 해외공연의 성격과 상이하였으며 국악 세계화 전개에서 중요한 위치에 있음을 고찰하였다.[6] 사물놀이의 세계화는 초기부터 목표로 설정되었다는 점과 리더였던 김덕수의 국제적 활동에 기반한 이전의 경험[7]을 바탕으로 구체적 실천전략과 방향이 제시되고 공연예술계와의 네트워크를 기반에 두면서 국내외의 다양한 매개자들이 개입되었다는 점에서 문화외교를 넘는 세계화의 과정을 보여준다. 또한 사물놀이의 글로벌 브랜드 이미지는 국내 사물놀이 수용과 국악에 대한 인식에도 중요

5 한국문화정책개발원, 『전통예술의 세계화 방안: 공연예술을 중심으로』(한국문화정책개발원, 1995); 주재연, 앞의 논문, 2010; 이도훈, "국가 이미지 제고를 위한 메가 문화 이벤트 컨셉 도출에 관한 이론적 고찰 포렉탈 이론의 적용을 중심으로"(홍익대학교 박사학위논문, 2007); 김용범, "전통공연예술의 글로벌 문화콘텐츠 개발전략」, 『문화예술콘텐츠"(문화예술콘텐츠학회, 2011), 7호, 5-29쪽; 김진우, "The Influence of Tourism on the P'ungmul Performance at Chongdong Theater," 『음악과 문화』(세계음악학회, 2003), 제8호, 145-159쪽; 김산효, "전통공연예술의 대중화 전략 연구: 사물놀이 사례를 중심으로," 『무형유산』(국립무형유산원, 2017), 제2호, 211-237쪽; 한국예술종합학교 한국예술연구소, 『20세기 한국예술의 고전을 찾아서』(한국예술종합학교 한국예술연구소, 2016).

6 김희선, "국악의 세계화: 2000년대 해외공연사례를 중심으로," 『공연문화연구』(한국 공연문화학회, 2013), 27집, 378쪽.

7 김덕수, 앞의 책, 2007; 강준혁, 앞의 논문, 2001. 1962년 창설된 어린이 공연예술단 '리틀엔젤스'는 주요 국제행사에서 한국공연예술을 선보였다. 리틀엔젤스는 1965년 미국 공연을 시작으로 이후 미국 에이전시와 계약을 맺고 세계적인 활동을 벌였고, 1976년까지 세계 일주 공연을 펼치게 된다. 김덕수를 비롯하여 이성진(Thomas Park), 최종실, 최병삼, 김상현, 양승렬, 남기문, 남기수, 김상철, 박은하가 남사당 출신의 단원으로 참여하였다. 또한 박성옥, 한범수, 최충웅, 김영재, 최경만, 박범훈, 이영희, 조운조, 박종대, 김정수, 박용호, 장덕화, 김방현, 지순자, 서용석 등의 민속악인이 이들의 반주자 및 교사로 세계공연에 동행하였다(김희선, "문화냉전기 국가프로파간다와 공연예술: 1960-70년대 리틀엔젤스 활동의 국제정치학," 『음악과 문화』(세계음악학회, 2019), 40호, 151-152쪽). 김덕수는 '한국민속가무예술단'의 해외공연에 지속적으로 참여하고 리틀엔젤스에 합류하여 전 세계의 공연계를 경험하였고, 이러한 경험이 훗날 사물놀이 세계화의 꿈을 갖게 된 것이라 진술하고 있다.

한 영향을 미쳤고, 국악의 주요 레퍼토리로 수렴되는 과정에도 주요한 기반이 되었다. 그러나 국악 현대화의 과정에서의 영향과 세계 무대에서 대표 국악 장르로서의 중요성에 비해 이에 대한 세밀하고 종합적인 고찰과 성격 규명은 여전히 과제로 남아있다는 점에서 사물놀이의 세계화 과정을 상세히 살펴볼 필요가 있다.[8]

이에 이 연구는 사물놀이의 첫 해외공연인 1982년 이후 글로벌 장에서 사물놀이의 전개를 가장 주요한 활동을 펼쳐 온 '김덕수 패 사물놀이'(사물놀이 한울림)와 '국립국악원 사물놀이단'을 중심으로 공연, 음반, 영어권 사물놀이 연구, 한인 디아스포라와 사물놀이, 교육, 글로벌 사물놀이의 영향으로 구분하여 고찰할 것이다. 또한 사물놀이 세계화가 펼쳐질 수 있도록 기능했던 정치 · 사회 · 문화적 맥락을 살펴 사물놀이 세계화의 성격과 의미를 논의하고자 한다. 연구는 사물놀이 관련 선행 저작물, 한울림 공연 연표, 해외 사물놀이 저작물, 국립국악원 공연 연표, 인터넷 자료, 면담, 기타 자료를 중심으로 사물놀이 세계화의

8 최근의 연구에 의하면 사물놀이와 관련한 학위논문은 900여 편, 학술지 논문 200여 편, 단행본 1,800여 편, 연구보고서 10여 편이 검색되는데, 1990년대부터는 사물놀이를 주제로 한 학위논문이 작성되기 시작하였다(주재연, 앞의 논문, 2010, 4쪽; 정재호, 앞의 논문, 2017, 190쪽). 사물놀이 연구의 주요 주제는 음악교육의 사물놀이 활용 혹은 교육적 효과, 장단 분석(지역별 장단 비교, 풍물과의 장단 비교, 사물놀이 사용 장단 분석), 공연방식연구(풍물과의 차이점 연구, 공연양식, 원리 및 구조, 사물놀이 창작곡 등), 음색연구 등이 주로 이루고 있으며 최근의 연구로 미디어와 인터넷 환경 관련 연구와 공연 마케팅과 정책에 관한 연구 등이다. 단행본은 사물놀이의 철학적 상징성, 한민족 정체성, 사물놀이의 등장과 한국사회에서의 중요성 등을 주제로 다루고 있으며, 대부분의 연구보고서는 성공적인 현대 공연물, 문화콘텐츠, 성공한 공연 마케팅 전략으로 사물놀이를 소개하고 있다. 그러나 사물놀이 연구가 주로 석사학위 연구에 집중되어 있다는 점은 주류 국악학계의 관심은 높지 않았다는 점을 반증한다. 현대화된 전통, 만들어진 전통, 선택적 전통으로서 사물놀이를 둘러싼 사회문화적 담론은 김상섭, 앞의 논문; 김묘신, "해외 한인공동체의 문화적 정체성 읽기: 하와이 한인농악단 활동을 중심으로," 『공연문화연구』(한국공연문화학회, 2021), 제42집, 321-356쪽; 전지영, "한국사회 상징으로서 사물놀이," 『한국예술연구』(한국예술종합학교 한국예술연구소, 2015), 제12호, 117-136쪽 등을 통해 논의된 바 있으나 세계화 과정에 대한 세밀한 연구는 없었다. 사물놀이의 해외진출과정은 김덕수, 강준혁, 주재연 등에 의해 소개된 바 있으나 이는 1인칭의 입장에서 진술된 것이고, 이를 종합적으로 판단하고 객관화하여 학술적으로 의미화하는 작업은 필요하다고 판단된다.

전개를 종합적으로 재정리하는 것을 목표로 한다. 특히 사물놀이 등장 40년이 되는 2018년을 맞아 지난 20세기와 21세기 전반부를 관통한 사물놀이 세계화의 과정과 성과를 학술적으로 조망한다는 점에서 의미를 찾고자 한다.[9]

9 주재연, 앞의 논문, 2010, 1쪽에는 2008년 창단 30주년 행사에 관한 자세한 내용이 기록되어 있다. 1986년 작고한 김용배를 제외한 사물놀이 창단 멤버인 김덕수, 이광수, 최종실을 중심으로 '사물놀이 탄생 30주년 기념 사업회'가 결성되었고 다양한 기념사업이 진행되었는데 서울, 주요 도시, 일본 5개 도시에서 창단멤버들의 기념공연은 성황리에 이루어졌다고 전한다.

Ⅱ. 사물놀이 세계화의 전개와 성격

1. 사물놀이 해외공연의 전개와 성격

사물놀이의 초기공연과 해외진출을 구체화하는 데 중요한 역할을 담당했던 김덕수, 강준혁, 주재연, 수잔나 삼스탁(Suzanna Samstag)[10]은 저작물을 통해 사물놀이의 해외진출은 사물놀이 등장 초기부터 구상한 세계화 전략에 기반하고 있었다고 전한다. 김덕수는 이를 두고 사물놀이의 뿌리인 남사당의 유랑연행을 세계유랑으로 확장시켜 사물놀이의 세계관이 되었다고 기술한다.[11]

사물놀이의 성공은 기본적으로는 해방 이후 지속되어 온 산업화 · 도시화 기반의 문화민족주의의 실천, 전통의 부흥에 관심을 갖고 있었던 사회적 분위기, 정권의 정당성을 전통과 민속예술의 발굴과 후원에서 찾고자 했던 정권, 사회적 주변화를 극복하고 제도화를 구축하고자 했던 국악계 내부의 노력 등의 다양한 맥락을 바탕으로 하고 있다.[12]

---

10 김덕수는 자서전에서 수잔나 삼스탁과의 만남과 세계화의 과정에서 매개자로서의 역할에 대해 진술한 바 있으며(김덕수, 앞의 책, 2007, 189-190쪽) 사물놀이 관련 연구자들도 수잔나 삼스탁의 매개자로서의 역할에 큰 비중을 두고 서술하고 있다. 평화봉사단으로 한국에 와 있던 수잔나 삼스탁은 1982년 사물놀이를 접한 이후 사물놀이의 해외진출의 중심역할을 담당하였는데, 해외 에이전트와의 서신교환, 자료정리, 영어 소개, 강의, 음반 속지해설 작성 등 다방면으로 사물놀이 초기 해외진출의 중심역할을 담당하였다.

11 김덕수, 앞의 책(2007), 188, 196쪽.

12 사물놀이 형성의 사회문화적 성격과 배경은 김상섭, "사물놀이를 통해 본 새로운 전통의 창출과 그 사회적 의미"(안동대학교 석사학위논문, 2000); 이영미, 앞의 논문, 2008 참조.

사물놀이가 초기부터 해외진출을 목적으로 삼고 활동을 시작한 데는 여러 이유가 있을 것으로 보인다. 우선 이러한 사회 분위기에도 불구하고 국악은 여전히 주변화된 장르였으며 사회적으로 매우 소외되어 있던 분야였다는 점, 국악의 대중화는 요원했기 때문에 연주자로서의 성공은 국내적으로만 한정하기엔 한계가 있었다는 점, 김덕수를 비롯한 초기 사물놀이 멤버들의 이전 해외활동의 선험적 경험이 있었다는 점을 들 수 있을 것이다. 이들이 인지한 세계화의 전략은 독창적 공연물과 장르 브랜드화, 글로벌 공연예술 네트워크 및 인적 네트워크의 확보, 매니지먼트의 역할, 교육과 워크숍을 통한 수용자 확대 등을 포괄하고 있었다.

김덕수 패 사물놀이의 첫 해외공연은 1982년(6월 29일~7월 2일)의 일본공연 투어였다. 일본 공연은 동경의 한국문화원, 민단, 국가 주도 행사(7.4 남북공동성명 기념행사), 음악대학 강의 등으로 구성되었다. 이어 석 달 후(10월 21일~11월 23일)에는 한 달여간 미국 투어가 진행되었다. 플로리다 올란도 디즈니월드 리조트 에콥 센터(Disney World Resort Ecop Center)의 개막식과 미국 텍사스 댈러스에서 열린 국제타악연맹학회 월드 쇼케이스 페스티벌(PASIC, Percussive Arts Society World Showcase Festival)의 초청이었다. 국제타악연맹학회 공연은 한국인 타악연주자 박동욱의 주선으로 이루어졌는데, 이 공연을 통해 국제적 공연예술계와 네트워크가 구축되었다. 여기서 만난 국제적인 아티스트인 스티브 리치(Steve Reich), 스티브 가드(Steve Gadd), 캐나다 타악그룹 넥서스(Nexus)는 이후 사물놀이의 글로벌 활동에 주요 네트워크의 역할을 하였다.[13] 또한 당시 미국 공연의 성격을 잠시 살펴보면 앞의 공연들을 제외하고는

13 김덕수, 앞의 책(2007), 194-195쪽; Ku Hee-seo, "SamulNori: Taking Korean Rhythms to the World," *Koreana* (1994), Autumn, p. 25; 강준혁, 앞의 논문, 2001. 특히 넥서스 그룹과의 만남으로 1986년 캐나다 밴쿠버의 세계 EXPO에서 사물놀이와 넥서스의 합동공연을 하게 되었고, 이후 이들이 조직한 World Drum Festival은 세계 여러 지역에서 개최된 EXPO의 주요 공연물이 되었다고 전한다.

한국문화원, 박물관, 신문사, 대사관, 재미한인단체의 주관으로 가진 뉴욕, 보스턴, 워싱턴 D.C., LA의 공연으로 여전히 교민 위로, 국가문화외교행사, 정부파견 행사의 성격을 갖는 것이었다. 한 달여간의 미국 투어 직후 바로 일본 공연을 한 번 더 진행하는데, 이 공연은 기본적으로는 문화교류의 성격을 가졌다고 보인다. 다음 〈표 1〉은 1982년 사물놀이의 해외공연을 정리한 것이다.

〈표 1〉 1982년 김덕수 패 사물놀이 해외공연

국가	주최	장소	공연행사명
일본 (6.29~7.2)	동경 한국문화원	동경 한국문화원	한국정통예술의 밤
	동경 아다치구 민단지부	아다치구 민단지부회관	한일 친선협의회 자매결연 경축공연
	히비야공원 야외	히비야공원 야외음악당	7.4 남북공동성명 기념 평화의 축제
	무사시노 음대 대학원	무사시노 음대 강당	한국전통음악 특별강의 및 연주
미국 (10.21~11.19)	디즈니	올란도 월트 디즈니	Ecop Center 개관기념
	정부파견	플로리다	World Show Case Festival
	뉴욕 한국문화원	Soundscape Theater	NY 체재 세계민속음악 전문가 초청공연
	뉴욕 한국문화원	뉴욕 워싱턴 스퀘어 가든	NY 젊은 미국인 및 관광객을 위한 특별공연
	뉴욕 매일신문	F.I.T. Amphitheater	뉴욕 매일신문 창간기념 및 독립기념관 모금을 위한 뉴욕 교포대상 공연
	보스턴 동양박물관	보스턴 동양박물관	동양박물관 재개장을 위한 개관기념 공연
	뉴욕 한국문화원	뉴욕 한국문화원	문화원 초청 뉴욕 문화인을 위한 공연
	포토맥 한인 J.C.	George Marchall 고등학교 강당	워싱턴 교민을 위한 공연
	주미대사관	미 국무성 애친슨홀	미 국무성 직원을 위한 공연

국가	주최	장소	공연행사명
	박물관 대사관	Merdian House International	수교 백주년 기념 민화전 감사 재공연
	IMF 조직위원회, 대사관	Duke Elington School of Performing Arts	International Music Festival 초청공연
	포토맥 J.C.	워싱턴 한인회관	포토맥 J.C. 초청 한인교포 앵콜공연
	LA 한국문화원	월트 디즈니 재단 California Arts 대학교	무용, 미술, 음악 전공학생을 위한 공연
	LA 중앙일보사	LA 아드모아공원 야외무대	LA 교민을 위한 공연
	LA 한국문화원	LA 한국문화원	이방자 여사 자선 전시회 개관기념 공연
	LA 한국문화원	라성 제일교회	LA 문화예술인을 위한 공연
	세계 타악인협회	댈러스 Stemmons Auditorium	P.A.S.I.C. (Percussive Arts Society International Convention) 82 세계타악인대회
일본 (11.21~23)	동경 법정대학 학생회	법정대학 학생회관	법정대학원 특별 초청공연
	준다이 고교	준다이 고교 강당	고등학교 음악교사 및 학생을 위한 공연
	Plan B. 극장	Plan B. 소극장	문화예술전문인을 위한 공연

첫해 국가, 민간, 문화, 국제기구, 국제공연계와의 접점을 갖게 된 사물놀이는 본격적으로 해외진출의 목표를 구체화하고 1983년부터는 적극적인 해외공연활동에 나서면서 장르명이자 단체명인 사물놀이를 소개하기 시작한다. 1982년 25회였던 첫 해외공연은 1983년에는 29회, 1984년 22회, 1985년 41회, 1986년 28회, 1987년 55회, 1988년 32회, 1989년 50회, 1990년 52회, 1991년 95회 등으로 점차 증가하였다. 특히 해외공연의 성격도 교민 위로나 문화외교보다 글로벌 공연예술계의 공연, 페스티벌, 투어 등으로 다변화 · 전문화되고 글로벌한 경험에 기반하여 정교화된 매니지먼트를 펼치기 시작하였

다. 다음의 〈표 2〉는 1983~1991년 사이 사물놀이의 주요 해외공연을 정리한 것이다.

〈표 2〉 1983~1991년 김덕수 패 사물놀이의 주요 해외공연[14]

연도	지역	주최 및 특징	공연행사명/ 기타
1983	미국	아시아 소사이어티	전통예술의 밤
	일본	10회 일본 투어	한일 전통 타악교류공연
	일본	큐사로호수 페스티벌	제1회 큐사로호수 재즈 페스티벌
	미국	스미스소니언 박물관 및 대학 순회강의 및 공연	N. W. State Universtity, U of Illinois, Queens College, 펜실베이니아 대학 등 첫 해외음반 출시
1984	캐나다	토론토 인터내셔널 페스티벌 Supercussion 슈퍼커션	세계 최초 프로젝트 타악그룹
		캐나다 투어-토론토, 오타와, 퀘벡	사물놀이의 밤
	미국	아시아 소사이어티 워싱턴, 뉴욕, 일리노이, 필라델피아, 하와이	해외 음반 녹음 모금-이후 워너브라더스 음반사 논서치 레이블로 공식음반 출반
	미국	뉴욕 Kool Jazz Festival 위원회	Kool Jazz Festival
1985	미국	아시아 소사이어티 초청 미국 투어 로스앤젤레스, 필라델피아, 휴스턴, 클리블랜드, 보스턴, 뉴욕	뉴욕타임스, 엘에이타임스 등 인터뷰 기사
	일본	후쿠오카	Asia Arts Festival
	영국	영국 전역 투어	아츠 월드와이드 프로모션, 유럽 공식 데뷔, BBC 다큐멘터리 제작 방영

14 주재연은 사물놀이의 사적(史的) 전개를 3기로 나누어 설명하고 있는데, 제1기는 1978~1980년대 중반으로 음악과 공연양식의 정리기, 제2기는 1980년대 중반부터 1992년으로 대중화와 해외시장진출, 제3기는 1993~현재로 공연양식의 다양화와 콘텐츠 개발로 구분하였다. 주재연, 앞의 논문(2010), 37-70쪽. 이를 바탕으로 1982년 해외진출 시작부터 1992년까지를 사물놀이 세계화의 중심 시기로 보고, 이 표에는 1992년까지의 해외활동을 정리하였다. 1993년에는 사물놀이 한울림이 사단법인화. 1983~1992년은 특히 해외공연이 많아 지면관계상 전체 공연을 소개할 수 없으므로 〈표 2〉에는 강준혁, 주재연, 김덕수가 소개한 주요 공연을 한울림 제공 연표를 바탕으로 재정리하였다.

연도	지역	주최 및 특징	공연행사명/ 기타
1986	미국	아시아 소사이어티	아시아 소사이어티 창립 30주년 특별초청
		스미스소니언 박물관	스미스소니언 박물관 한국관기금모금공연
	캐나다	월드 엑스포, 월드 드럼 페스티벌	World EXPO
		캘거리 동계올림픽 예술축제	Suppercussion
	일본	요미우리신문사 재즈 페스티벌	SXL Band 결성
1987	일본	Live Under the sky	SXL Band
	독일	Mega Drums 프랑크푸루트 오페라 하우스	Mega Drums Project Band 오스트리아, 브라질, 가나 등 타악인의 합동공연
	영국	영국 투어	영국 예술위원회 현대음악 네트워크 후원, BBC 라디오 인터뷰
	유럽	유럽 도시 투어-독일, 스위스 등 9개 도시	Contemporary Music Network 88 Olympic Travel Mission
1988	서울	서울올림픽	개막식
	독일	모레스(Mores) 제즈 페스티벌	볼프강 푸쉬닉의 레드 선 만남
1989	독일	레드 선 협연	빈(Vien) 페스티벌
1990	유럽	레드 선과 유럽 투어	SamulNori Red Sun 1990 유럽 투어
	일본	일본 타악그룹 고도와 협연, 도쿄 도마극장	사물놀이와 일본의 타악그룹 고도
	독일	슈투트가르트 공연, TV 생중계	사물놀이 레드 선 유럽 투어
1991	영국	에딘버러, 세계적 공연예술 페스티벌	에딘버러 인터내서널 페스티벌
	캐나다	세계 최대 월드뮤직 페스티벌	워매드 토론토
	아시아	일본, 인도네시아	자카르타 페스티벌 1991 등
	유럽	이탈리아, 영국, 핀란드, 스코틀랜드, 오스트리아, 스위스 등	워매드, 퍼시픽 뮤직 페스티벌 등
1992	미국	보스턴, 아이오와, 워싱턴 케네디센터, 스미스소니언 박물관, 하와이, 시애틀	사물놀이 초청공연, 사물놀이 캠프 등
	유럽 일본	폴란드, 체코, 오스트리아, 스페인, 포르투갈, 베를린, 카젤, 고베, 오사카, 교토	동구권 신수교국 문화교류 촉진, 한-오 수교 100주년 기념 25회 하계올림픽 문화축전 EC 의장국 대상 우리 문화소개 우리 예술인 유적지 방문공연 전위미술전 다큐멘타 92 Black Bear 합동공연
	홍콩	홍콩문화센터, 1,000명 참가 워크숍	The 14th Festival of Asian Arts Samulnori and red sun 1,000명 참가 워크숍

1983~1991년까지 사물놀이 해외공연 중 주요한 활동을 중심으로 살펴보면 미국의 아시아 소사이어티(Asia Society), 대학 및 박물관 초청, 일본 타악그룹인 고도(Kodo, 鼓童), 오스트리아 재즈그룹 레드 선(RED SUN)과의 협업, 일본 프리 재즈 피아니스트 야마시타 요스케, 전설의 스튜디오 드러머 스티브 가드(Steve Gadd)와의 협업, 글로벌 타악축제, 월드 엑스포, 월드뮤직축제 워매드(WOMAD),[15] 영국 아츠 월드와이드(British Arts Worldwide), 영국 예술위원회(British Arts Council), 글로벌 공연예술축제이자 플랫폼인 에딘버러 축제 등이 있었으며 이 과정에서 지속적으로 미디어(BBC, 뉴욕타임스 등)에 노출하며 사물놀이의 글로벌 브랜드를 강화하였다.[16]

1993년 김덕수 패 사물놀이는 '사단법인 사물놀이 한울림'을 설립하였으며, 앞서 구축한 다양한 글로벌 네트워크를 기반으로 한 해외공연을 펼쳤다. 무엇보다 이 시기는 글로벌 무대에 안착되어 대규모 메가 이벤트에 국가대표로 등장하기 시작하였다. 1993년 이전에도 1984년 교황 방문공연, 1988년 서울올림픽문화예술축전, 1990년 범민족통일음악회, 1991년 남·북한 UN 동시가입 경축공연 등에 출연하였는데, 이는 '글로벌 무대에서 인정받은' 사물놀이가 이미 국가 브랜드가 되었음을 보여주는 상징적인 공연들이었다. 1993년 대전 엑스포에서는 대규모 사물놀이 공연(1,000명)으로 기네스 세계기록에 등재되었고,

---

15 김희선, "재현되고 상상되는 아시아 월드뮤직의 구성과 재구성," 『음악과 문화』(세계음악학회, 2014), 제31호, 127-128쪽. 워매드 페스티벌(WOMAD, World Music and Dance)은 피터 가브리엘(Peter Gabriel), 토마스 브루만(Thomas Brooman), 밥 후튼(Bob Hooton)이 1982년 영국에서 시작한 세계 최대 규모의 월드뮤직 축제이다. 워매드는 페스티벌 외에도 공연, 음반유통, 교육 프로젝트를 진행 중이며 현재 영국, 호주, 오스트리아, 캐나다, 덴마크, 에스토니아, 핀란드, 프랑스, 독일, 그리스, 아일랜드, 이탈리아, 일본, 뉴질랜드, 포르투갈, 싱가포르, 스페인, 터키, 미국 등 27개국에서 160회가 넘는 페스티벌과 행사를 주최한다. 워매드를 통해 세계적인 월드뮤직 아티스트들이 배출되어 왔다.

16 1989년 오사카역 앞에서 펼쳐진 사물놀이 공연이 이후 신촌에 설립된 라이브하우스 '난장' 공간 탄생의 배경이 되었다고 전한다. 김산효, 앞의 논문(2017), 222쪽.

1994년 레드 선과의 음반 1, 2집 작업을 위한 유럽 투어, 백남준 뉴욕 데뷔 30주년 기념 공연, 호주 워매드 페스티벌(Australian WOAMDlaide), 브라질 월드 퍼커션 파노라마(World Percussion Panorama), 1995년 UN 초청공연, 스페인 동계유니버시아드 초청공연, 광복 50주년 기념공연, 1996년 스위스 바젤 페스티벌(Basel Festival), 베를린 난장 페스티벌, 애틀랜타 올림픽 및 남미 순회공연, 오케스트라 아시아 일본 공연, 1997년 그리스 데살로니키 유럽 문화수도 기념공연, 이스탄불 타악 페스티벌, 1998년 평양 윤이상 통일음악회, 베를린 호랑이의 해 기념공연, 리스본 엑스포 한국관 공연, Big Bang Drum from the World International Festival, 1999년 디즈니 에콥 공연, 독일 세계 문화의 집 개관 10주년 공연, 인도 뉴델리 엑스포 한국관 개관공연, 호주 The Beat It Festival, 2000년 프랑스 태양극장의 태양극단(Theater du Soléi)과의 '풀이와 놀이', 미국 우드스탁 페스티벌 '새천년 길놀이', 2002년 한일월드컵 개막축하공연, 2003년 에딘버러 페스티벌, 사물놀이 25주년 기념 일본 공연, 2005년 프랑스 태양극단의 파리 난장 공연[17]에 이르기까지 글로벌 주요 공연과 메가 이벤트에 가장 빈번히 초청받는 한국 대표 공연장르/단체가 되었다. 이 과정에서 고유명사 SamulNori는 글로벌 브랜드가 되었고, 2008년까지 50여 개국의 3천여 개의 공연무대에서 5,500여 회가 넘는 공연을 가졌다.[18]

해외공연의 성격은 사물놀이 단독초청공연, 레드 선, 고도,[19] 넥서스

17 태양극단과의 작업은 「둑 위의 북소리(Tambours su la Digue)」로 아리안 므느쉬킨(Ariane Mnouchkine)의 연출로 진행되었다. 이후 이 작업은 DVD로 출시되었다.

18 Nathan Hesslink, *Samulnori: Contemporary Korean Drumming and the Rebirth of ltinerant Performance Culture* (Chicago and London: University of Chicago Press, 2012), p. 3.

19 하야시 에이테츠(林英哲)는 일본 최고의 타악그룹인 '고도'와 '사도-온데코자(SADO-ONDEKOZA)'의 창단 멤버로 11년간 활동한 후 독립하였다. 일본의 다이코는 1981년 베를린 페스티벌을 통해 데뷔하여 사물놀이와 유사한 시기 국제무대에 등장하였다. 한국 사물놀이의 대표로 김덕수가 있다면, 하야시 에이테츠는 일본 다이코의 대표적 인물이다. 하야시 에이테츠와 김덕수는 초기부터 한-일 간 타악 음악교류에 앞장서서 1982년 한일 타악교류회를 구축하고 2005년 NHK 신년음악회에서 김덕수와 하야시

와 같은 국제적 아티스트 및 타 장르와의 컬래버레이션, 월드 뮤직, 세계타악축제 등의 페스티벌 등에 참여함으로써 초기에 비해 전문 공연장르로서의 성격이 강화되었다. 또한 관제행사와 국제 메가 이벤트에 등장하면서 사물놀이의 국가 브랜드화도 동시에 진행되었다. 또한 뉴욕 아시아 소사이어티, 링컨센터, 스미스소니언 박물관, 영국의 로열 앨버트홀 등 해외 주요 문화기관, 극장의 공연기획을 통해 해외 공연을 진행하여 아티스트와 문화매개자의 이미지를 구축하였다. 특히 축제와 다양한 행사 참가를 통해 구축된 전 세계적 네트워크는 사물놀이의 세계화에 용이한 지점들을 제공하였는데, 단발성 공연을 넘어 투어로 진행하거나 해외 아티스트와의 협업이 진행될 수 있었다는 점이다. 또한 일본, 미국, 유럽의 클래식, 록, 재즈 아티스트와의 협업 무대와 이후의 음반출시[20]는 사물놀이의 국제적 인지도를 높이는 데 주효하였다. 이를 통해 사물놀이는 지속적으로 공연무대를 확보할 수 있었고, 화제성 기사를 만들어 내고 내러티브를 성공적으로 구축하였다. 특히 재즈그룹 레드 선과의 협업은 사물놀이의 확장인 컬래버레이션의 예시로 음반과 방송으로 국내외에 소개되었고, 무엇보다 국내 퓨전국악의 모범적 사례로 소개되었다. 또한 사물놀이는 초기부터 해외 홍보에도 힘을 쏟았는데, "fantastic", "amazing", "mystical", "ecstatic", "totally astonishing" 등으로 소개된 해외 미디어의 찬사[21]는 해외 무대에서 사물놀이를 알리는 데 주요한 역할을 하였다. 이러한 사물놀이의 글로벌 수용에 대한 긍정적 평가가 국내에도 미디어를 통해 소개됨으로써 사물놀이의 국내외적 성공은 사물놀이의 확장에 크게 기여하였

에이테츠가 제일 첫 무대로 올렸던 작품 「일고화락」을 연주한 바 있고, 이후 "한 · 일음악제 2005 김덕수 meets 하야시 에이테츠" 등의 공연으로 꾸준히 교류하고 있다. 국제무대에서 다이코와 사물놀이는 서로 경쟁과 상생의 관계를 유지하고 있으며, 대표적인 아시아의 타악음악으로 세계화에 힘쓰고 있다.

20 다음 항에서 상세히 살펴볼 것이다.

21 Suzanna Samstang, 1988, pp. 45-47; Nathan Hesslink, 앞의 책, 재인용.

다. 또한 무엇보다 해외시장에 안착할 수 있었던 데는 초기부터 매니지먼트의 역할을 이해하고 활용하였기 때문이다. 수잔나 삼스탁과 이후 활동한 기획자 주재연, 이선철, 한울림 전환 이후 계약한 미국과 일본의 에이전트는 사물놀이의 글로벌 공연예술시장에서 전문적 활동의 기반을 제공하는 데 주효하였다.[22]

장르로서 사물놀이의 해외활동을 고찰하기 위해서는 1980년대에 신설된 '국립국악원 사물놀이단'의 활동도 함께 살펴볼 필요가 있다.[23] 국립국악원은 1984년 3월 사물놀이단을 창단하면서 곧바로 해외공연과 교육에 배치하기 시작하였는데, 정전화된 국악의 레퍼토리인 정악과 민속악의 갈래에 현대화 · 무대화된 사물놀이를 배치함으로써 국악의 갈래를 재배열하였다는 점에서 의미가 있을 뿐만 아니라 국립국악원의 해외활동을 통해 사물놀이가 글로벌 장에 더욱 빈번히 노출되고 국가대표로서의 역할을 하게 되었다는 점에서 중요한 사건이라고도 할 수 있다. 당시 사물놀이 원년 멤버였던 박은하의 증언에 의하면 1984년 창단 시절부터 해외공연에는 항상 사물놀이가 등장하였으며, 1984년부터 1986년 초반까지의 시기에는 해외 유수 페스티벌을 비롯한 외국 공연 참가로 반년 이상을 해외에 머물기도 하였다. 1986년 유고 공연 이후 국립국악원 사물놀이만의 단독공연이 빈번해졌는데, 1986년 홀트 아동복지회 주관 유럽공연(노르웨이), 1987년 한국관광공

22 강준혁, 앞의 논문(2001), 94쪽. 미국의 에이전트는 SamulNori U. S. Agnet(브로드웨이), 일본은 SamulNori Japan Agent(도쿄)이다.

23 당시 자료와 여러 증언에 의하면 국립국악원의 사물놀이단의 창단(1984년 3월)은 여러 논쟁을 낳기도 했다. 특히 사물놀이 원년 멤버인 김용배의 영입으로 기존 사물놀이를 해체시켰다는 부정적 시각과 국립국악원이 현대화된 연행인 사물놀이를 레퍼토리화하는 것이 적절한가에 대한 논쟁들이다.
1984년 창단멤버는 고 김용배(상쇠), 고 전수덕(장구), 방승환(현재 KBS 국악관현악단 단원, 북), 박은하(징, 짝쇠, 현 국립국악원 사물놀이 단원), 1986년 김용배 사망(1986년 4월) 직후 김정희(상쇠)가 국악원 사물놀이에 잠시 합류하였다가 남기문(장구), 김용배(쇠), 방승환(북), 최병삼(북), 박은하(징)으로, 1987년에는 남기문(장구), 조갑영(쇠), 최병삼(북), 백진석(징)이 합류하였다. 박은하는 1993년 재합류하였다.

사의 올림픽 유치 파견공연 동남아 순회공연(홍콩, 대만, 태국, 싱가포르), 1988년 제28회 항공총회(포르투갈), 1989년 프랑스 혁명 200주년 기념 타악기 페스티벌(파리), 호주 멜버른의 SPOLETO 축제, 1990년 이탈리아(로마 월드컵 대회 예술행사), 1993년 유럽 한국학 총회 기념연주회, 1997년 투누간 페스티벌 초청공연(필리핀), 1998년 대한민국 건국 50주년 기념 한국음악의 밤(모스크바), 1999년 북경국제박람회 한국주관행사(북경) 등이다.[24]

앞서 잠시 언급했듯 국립국악원의 사물놀이는 국립국악원의 주요 해외공연에 레퍼토리로 배치되어 전통적 연행이 아니면서도 정통적이고 적자적인 레퍼토리로서 사물놀이의 정전화에 기여하였다.[25] 이후 국립국악원의 사물놀이뿐만 아니라 수많은 전문 사물놀이 공연단체[26]가 구성되었고 그 외의 민간 국악 연주단체의 해외공연에서도 사물놀이를 피날레로 구성하는 것이 일반화되었다.[27] 이러한 과정을 거치면서 사물놀이는 글로벌 시대인 20세기 후반과 21세기 초반에 로컬의 문화표상을 갖는 '한국문화의 국가상징'이 되었으며, 이 과정에서 국립기관의 사물놀이단은 매우 중요한 역할을 하였다고 할 수 있다.[28]

---

24 김영희, "국제교류: 공연 및 강습," 『건원 1400년, 개원 50년 국립국악원사』(국립국악원, 2001) 발췌 재구성.

25 예를 들어 1999년 국립국악원 동북 유럽순회공연에는 36명의 공연단이 참가하였는데 「수제천」, 「춘앵전」, 「사물놀이」, 「살풀이」 등 8개 작품으로 공연을 하였다(김영희, 위의 글, 396쪽).

26 대표적인 사물놀이 단체로는 '뜬쇠', '풍물놀이 마당', '두레패 사물놀이', '광개토 사물놀이 예술단' 등이 있다. 사물놀이 원년 멤버인 이광수는 고향인 충남 예산에 사단법인 민족음악원을 설립하고 사물놀이 단체를 이끌며 공연과 교육을 진행하고 있다. 이들 사물놀이 단체에 대해서는 추후 상세한 연구가 필요하다.

27 이상룡, "유럽축제를 통하여 본 한국음악," 『한국전통음악학』(한국전통음악학회, 2003), 제4호, 335쪽.

28 김진우, 앞의 논문, 2003.

2. 사물놀이 해외음반의 성격

사물놀이 최초의 해외음반은 원년 사물놀이의 미국공연을 녹음한 「Samul-Nori: Drums and Voices of Korea」로, 1983년 미국 워너브라더스(Warner Brothers) 음반사의 논서치(Non-Such) 레이블을 통해 녹음 · 발매되었다.[29] 이 음반은 1983년 미국 아시아 소사이어티의 초청공연 시 이루어졌으며, 1988년 국내 레코드사가 본격적인 음반제작 제의를 하기 전까지 원년 사물놀이의 6개 음반은 모두 해외에서 제작 · 발매되었다.[30] 국립국악원 사물놀이의 최초의 음반도 베를린 호라이즌 '85 페스티벌의 일환으로 1985년 발매되었다. 공교롭게도 이 두 음반 모두 국내에 앞서 해외에서 처음으로 발매된 사실이 흥미롭다.

이후 CBS, Sony, Polygram, CMP, ECM, Real World 등 월드뮤직의 주요 음반사를 통해 CD 15종, LD 3종, 기타 2종 등의 영상과 음반이 제작되었다.[31] 이들 사물놀이 해외음반은 대부분 월드뮤직 레이블 전문의 다국적 메이저 음반사에서 발매된 것으로 사물놀이가 월드뮤직계로 진입하는 데 일정 부분 도움이 되었다고 보인다. 그러나 한편 사물놀이는 '선율 없는 타악' 음악이기 때문에 감상을 위한 음반보다는 현장성이 중요한 축제와 공연이 장르적으로 유리할 수 있는데,

---

29 이 음반은 원년 멤버인 김덕수(장고), 이광수(북), 최종실(징), 김용배(꽹과리)의 연주로 이들 연주실황의 최초 음원이자 유일한 음원이다. 음악적 분석은 정재호, "최초 사물놀이 음반소재 웃다리 풍물 장단 분석연구: 1983년 넌서치 음반을 중심으로," 『한국악기학』(2017b), 14호, 117-188쪽 참조. 이 음반은 이후 오아시스레코드사(10LW348, 72093-1, 84-606, 1984.10.15, 1984 녹음 1985.4.25 제작, 심의번호 84110-L5123-L5126)에서 재발매되었다.

30 강준혁, 앞의 논문(2001), 91, 93쪽; 주재연, 앞의 논문(2010), 48쪽. 아시아 소사이어티의 초청공연으로 워싱턴, 뉴욕, 일리노이, 필라델피아, 하와이까지 미국 문화계 인사들에게 사물놀이를 소개한 후 마지막 공연이 끝나자 청중이 즉석에서 음반제작을 위한 모금을 하여 기금으로 워너브라더스(Warner Brothers)의 논서치 레이블(None-Such)로 음반이 출시되었고, 5년 후 국내에 이 음반이 오아시스사의 라이선스로 역수입되었다. 오아시스사의 음반은 공식적 첫 번째 라이선스 음반이다.

31 한국문화정책개발원, 앞의 보고서(1995).

이런 점에서 볼 때 사물놀이의 음반은 대부분 실황녹음이었다는 점을 중요하게 기억할 필요가 있다. 또한 사물놀이 음반은 그 자체로 음반 시장에서 상업적 성공을 위해 기획되었다기보다는 글로벌 크로스오버 컬래버레이션의 결과물로 이해할 필요가 있다. 이와 관련하여 영국의 음악인류학자 키스 하워드는 "밀레니엄 세대를 전후로 사물놀이 한울림은 크고 작은 다양한 공연에서 '김덕수 패 사물놀이'로 불리기 시작하였고, 1996년 출시된 김덕수 패 사물놀이 명칭으로 출반된 김덕수 사물놀이 결정판(King Records SYNCD-114 SYNCD-115)의 국내외 매체노출로 김덕수는 그 자체로 '브랜드'가 되었다"[32]라고 고찰한다. 고유명사 SamulNori는 한울림, 김덕수, 난장 컬처스로 대표되는 사물놀이 그룹을 지칭하게 되는데, 브랜드화에 힘을 쏟았던 김덕수와 그의 그룹의 전략이 성공적이었다고 말할 수 있는 근거가 될 것으로 보인다. 더 나아가 사물놀이의 음반은 사물놀이를 학습하는 애호가 및 아마추어 음악가들에게 정전의 역할을 하였음은 물론이다. 이 연구를 위해 정리한 사물놀이 해외음반 연도별 목록은 다음의 〈표 2〉와 같다.

32 Howard, 앞의 책(2016).

〈표 2〉 사물놀이 해외음반[33]

연도	지역/음반사/주최	음반제목/연주자	레이블/시리즈/포맷/기타
1984	미국 Nonesuch	Samul-Nori: Drums and Voices of Korea[34] 김덕수 패 사물놀이 (원년 사물놀이)	Elektra/Asylum/Nonesuch Explorer Series 72093-1 LP
1985	독일 베를린 호리존테 페스티벌	Horizonte '85 Festival[35] 국립국악원 사물놀이단	카세트테이프 독일 호리존테 페스티벌 참가작 녹음
1986	일본 CBS/SONY	SamulNori 김덕수 패 사물놀이	SONY 32DG64 1986년 일본 투어 중 녹음
1987	일본 CBS/SONY/Terrapin	SXL: Live in Japan[36] 김덕수 패 사물놀이	Sony 32 DH824
1987	일본 Celluloid	SXL: Into the Outlands[37] 김덕수 패 사물놀이	CELD5017

---

33 〈표 3〉의 음반목록은 Hesslink, 앞의 책(2012), 151-155쪽; 정창관의 국악음반세계(http:www.gugak.kr/index/htm); 한국문화정책개발원, 앞의 보고서(1995); 음반회사의 웹사이트; Howard 앞의 책(2016), 9-10쪽; 강준혁, 앞의 논문(2001), 93쪽을 토대로 작성하였다. 음반목록은 김덕수 패 사물놀이가 연주한 것 외에도 '사물놀이'라는 제목으로 음원이 실려 출반된 해외음반과 '들소리', '푸리'의 해외음반도 함께 정리하였다. 그러나 해외음반이라 하더라도 음반의 생산과 유통과정, 성격, 목표, 지향, 음반회사의 성격이 같지 않아 이는 향후 연구를 통해 보완되어야 할 것으로 보인다. 어떤 음반은 공연실황을 라이브로 녹음하기도 하였고, 어떤 음반은 "전 세계 사물놀이언에게 교육용 소프트웨어의 역할"[한국문화정책개발원, 앞의 보고서(1995)]을 하였기 때문이다.

34 이 음반은 처음에는 LP로 출시되었다가 이후에 한국에서 오아시스음반사에 의해 1985년(OLW-348, OLW 348, 72093-1), 1991년(ORC-1041, 1991)과 월드뮤직의 주요 음반사인 논서치에서 1999년(The Legendary Recording by Original Members in 1983, 레이블 Nonsuch 7559-72093-2, 시리즈 Explorer Series) CD로 재출반되었다. Howard(2015), 9쪽. 음반정보는 https://www.discogs.com/Samul-Nori-The-Legendary-Recording-By-Original-Members-In-1983/release/5919577 참고(검색일 2017.12.10)

35 이 음반은 1986년 4월 서울에서 사물놀이(지구레코드 JCDS-0050) 타이틀로 재출반되었다. Howard, 앞의 책(2016), 9쪽.

36 SXL은 함께 참여한 연주자의 이름에 모두 S와 L이 들어간다는 데서 착안한 공연명이다. 즉 S와 L을 합한다는 뜻으로 SXL로 작명되었다[김덕수, 앞의 책(2007), 243쪽]. 음반해설은 https://en.wikipedia.org/wiki/SXL_Live_in_Japan 참고(검색일 2017.12.10)

37 음반해설은 https://en.wikipedia.org/wiki/SXL_Live_in_Japan 참고(검색일 2017.12.10)

연도	지역/음반사/주최	음반제목/연주자	레이블/시리즈/포맷/기타
1987	독일 Scott Music Intuition	Megadrums: Coreana[38] 김덕수 패 사물놀이	INT 2116 2
1988	독일 CMP Records	SamulNori Record of Changes[39] 김덕수 패 사물놀이	CMP CD 3002
1988	미국 Columbia Stereo	PEN-NORI 김덕수 패 사물놀이	카세트 AH-991
1989	오스트리아 Amadeo	Red Sun/SamulNori[40] 김덕수 패 사물놀이	Amadeo 841 222-1 LP
1989	일본 Rhizome Sketch	SamulNori Record of Changes[41] 김덕수 패 사물놀이	RZF 1002
1992	영국 Real World	A Week in the Real World Part 1[42] 김덕수 패 사물놀이	Real World CDRW 25
1994	독일 ECM Records	Then Comes the White Tiger[43] 김덕수 패 사물놀이	ECM-1499
1995	오스트리아 Amadeo	Wolfgang Puschnig: Mixed Metaphore 김덕수 패 사물놀이	Amadeo 527 266-2

38 Herbie Hancock, Bill Laswell, Lavi Shanker 등이 협연한 음반으로 1987년 스위스 Rubingen 실황녹음이며, 유러피안 메가드럼 투어 시 녹음하였다.

39 뉴욕 파워스테이션 녹음, 프로듀서 Bill Laswell, 제이슨 코사로, 이 음반의 속지 해설은 수잔나 삼스탁, 사진은 시미즈 이치로가 담당하였다. 음반해설은 https://www.discogs.com/Samulnori-Record-Of-Changes/release/723126 참고(검색일 2017.12.10)

40 이 음반은 1997년 폴리그램에서 리마스터링되었다. Polygram DZ-2433 Howard, 앞의 책(2016), 9쪽.

41 앞서 1988 CMP의 음반과 같은 내용이다. Howard, 앞의 책(2016), 10쪽.

42 13번 트랙이 사물놀이이다. 음반정보는 https://www.discogs.com/Various-A-Week-In-The-Real-World-Part-1/release/2485434 참고(검색일 2017.12.10)

43 알토 색소폰에 볼프강 푸니쉬(Worfgang Puschnig), 인성(人聲)에 린다 샤록(Linda Sharrock), 피아노에 울리 쉐러(Uli Scherer), 일렉트릭 베이스에 자말라딘 타크마(Jammaaladeen Tachma), 사물놀이에 김덕수, 이광수, 최종실, 강민석이 참여하였다.

연도	지역/음반사/주최	음반제목/연주자	레이블/시리즈/포맷/기타
1995	한국 킹레코드	Nanjang: A New Horizon[44] 김덕수 패 사물놀이	King, KSC-4150A
1996	한국 킹레코드	Kim Duk-soo SamulNori: The Definite Edition 김덕수 사물놀이: 결정판	SYNCD-114 SYNCD-115
1996	미국 Essential Media Group	Korean Folk Music Four Thousand Years 연주자 미상	2010, 2011 재발매
1997	Polygram	Red Sun·SamulNori 김덕수 패 사물놀이	Polygram DZ-2433 1989년 발매된 Amadeo LP의 CD 리마스터 재발매
1997	한국 Samsung	From the Earth, to the Sky[45] 김덕수 패 사물놀이, 난장	SCO-123NAN
1997	한국 Samsung	Mr. Janggo-KIM DUK SOO with his Friends	STM 0047
1999	독일 Scott Music Institution	The World is Full of Rhythms: 15 Years of Megadrums[46] (track #6) 김덕수 패 사물놀이	INT 3225 2
1999	영국, 미국 ARC	Traditional Music from Korea (Track #8 사물놀이) 천웅 전통앙상블(Chun-Woong Ensemble)	2013 재발매 EUCD-2465
1999	일본 YOU-WHOO	Korea Super Percussion '푸리(Puri)'	J*YW-P001

44 1995년은 김덕수 프로덕션이 '난장'이란 타이틀을 갖게 되었던 해로 같은 타이틀의 첫 음반이다. 이 음반은 한국의 킹레코드에서 출반하였으나 레드 선(Red Sun)과 린다 샤록(Linda Sharrock)을 비롯한 국제적 컬래버레이션의 결과물이며, 믹싱을 서울과 런던에서 작업한 국제적 음반의 성격을 갖는 것이라 판단하여 이 표에 함께 작성하였다.

45 이 음반은 난장 스튜디오의 두 번째 작품으로 삼성뮤직에서 출반하였으나 볼프강 푸쉬식(Wolfgang Puschnig)이 프로듀서로 참여한 글로벌 컬래버레이션 작업의 성격을 갖고 있어 해외음반으로 분류하여 이 표에 작성하였다.

46 1987년 동명 음반의 재발매 음반

연도	지역/음반사/주최	음반제목/연주자	레이블/시리즈/포맷/기타
2001	미국 Northwest Folklife Records	Musical Traditions of Korea Han Madang 김덕수 패 사물놀이	#12, 김덕수 사물놀이 비나리
2010	미국 Regacy Collectables Records Corp	Four Thousand Years Korean Folk Music 연주자 미상	1996년도 동 타이틀 재발매 음반
2011	미국 Essential Media Group	Korean Folk Music Four Thousand Years 연주자 미상	1996년도 동 타이틀 재발매 음반
2012	영국, 미국 ARC	Korean Drums 'Dulsori' Binari: Well Wishing Music 들소리	EUCD2366

이 음반 중 1985년 Horizonte '85 Festival은 국립국악원 사물놀이팀의 페스티벌 공연 일부로 제작된 카세트테이프이며, 2010년과 2011년에 동 타이틀로 재발매한 1996년의 「Korean Folk Music Four Thousand Years」는 연주자 미상 공연물의 실황녹음이다. 1999년 「Traditional Music from Korea」는 단국대학교 연주팀 천웅(Chung Woong) 전통 앙상블의 1999년 7월 캐나다 「Festival Mondial de Folklore」 공연의 실황녹음으로 전통음악장르와 함께 사물놀이(8번 트랙)가 녹음되어 있다.[47] 1999년 일본에서 출반된 「Korea Super Percussion Puri」는 타악그룹 푸리의 음반이며, 2012년 ARC에서 출반한 「Korean Drums Dulsori Binari: Well Wishing Music」는 문화마을 들소리의 음반이다. 이들 음반을 제외한 해외음반은 모두 김덕수 패 사물놀이의 녹음이다.

김덕수 사물놀이의 주요 해외음반들은 해외 월드뮤직 음반사에서 출반되어 유통된다는 점 외에도 모두 해외 아티스트들과의 컬래버레이션의 결과물이었다는 점에서 유심히 살펴볼 필요가 있다. 우

47 Chun-Woong Traditional Ensemble은 단국대학교 학생들로 구성한 해외공연팀의 명칭으로 Chun-Woong Traditional Ensemble은 1996년 창단되었다. 이상룡, 앞의 논문, 337-338쪽.

선 1987년 두 장의 음반인 「SXL Live in Japan」(Terrapin), 「SXL: Into the Outlands」(Celluloid)와 1989년의 「Red Sun/SamulNori」(Amadeo)는 재즈와의 컬래버레이션의 결과물이다. SXL 음반은 1987년 일본에서 이루어진 크로스오버 공연에서 시작되었는데, 베이스 연주자이자 레코드 프로듀서인 빌 라스웰(Bill Laswell)의 초청으로 열린 「Live Under the Sky」 공연에서 SXL의 명칭으로 연주한 것이다. 여기에는 빌 라스웰 외에도 쉔커(Shankar, 남인도 바이올린 연주자), 로널드 섀넌 잭슨(Ronald Shannon Jackson, 미국 재즈와 펑크 드러머), 알립 디엥(Aïyb Dieng, 세네갈 타악연주자) 등이 함께 참여하였다. 이 공연의 라이브 음반이 소니를 통해 발매되었으며, 다른 공연의 음반이 「SXL: Into the Outlands」라는 타이틀로 소니를 통해 발매된 것이다.[48] 같은 해인 1987년 서유럽 연주에서는 오스트리아 타악주자인 라인하르트 플라티쉴러(Reinhard Flatischler, 오스트리아 타악연주자)와 함께 「International Ethnic Percussion Project Megadrums」 프로젝트 투어를 진행하였는데, 여기에는 두두 뚜치(Dudu Tucci, 브라질 콩가 연주자), 아자 애디(Aja Addy, 가나 돈도 토킹 드럼 연주자), 볼프강 푸쉬닉(Wolfgang Puschnig, 오스트리아 알토 색소포니스트)와 라인하르트 플라티쉴러(Reinhard Flatischler)가 참가하였는데, 오스트리아, 독일, 스위스, 브레멘, 빈 등의 도시 투어를 진행하면서 라이브 레코딩을 진행한 것이 1987년 독일 Intuition에서 발매한 「Megadrums: Coreana」이다. 또한 오스트리아의 재즈그룹 레드 선과의 10년 가까운(1988~1997) 컬래버레이션의 작업은 가장 널리 알려져 있는데, 유럽과 한국에서 각각 두 장의 음반작업을 하여 1989년(LP를 1997년 CD로 재발매) 「Red Sun SamulNori」와 1994년의 「Then Comes the White Tiger」, 1995년의 「Nanjang: A New Horizon」, 1997년의 「From the Earth, to the Sky」라는 음반으로 오스트리아, 독일, 한국에서 발매되어 전 세계적으로 유통되었다.

---

48 Hesslink, 앞의 책(2012), 109-110쪽; 김덕수, 앞의 책(2007), 243쪽.

3. 영어권 사물놀이 연구[49]

국내 학계에서 사물놀이가 정통성과 전통성의 논의에 머물러 연구 주제로 인지되지 못하고 있는 동안[50] 국제학계에서 사물놀이는 진지한 연구의 주제로 일찍이 주목받아 왔다. 국제학계 연구의 대상으로서의 사물놀이는 다양한 주제로 접근되어 왔는데, 이들 연구는 사물놀이의 국제적 관심에 대한 방증이기도 하지만 동시에 사물놀이의 글로벌 유통을 용이하게 해주는 매개의 역할을 하였다. 여기서는 사물놀이에 앞서 연구된 농악, 풍물의 저작물과 사물놀이 등장과 관련하여 해외용 전문잡지 등에 소개된 영문 기사도 함께 고찰할 것이다.

해외 한국음악의 연구가 본격화되는 시점인 1970년대에 로버트 프로바인(Robert Provine)의 개인 출판물인 *Drum Rhythms in Korean Farmers' Music*이 한국의 풍물/농악을 소개하는 첫 영문서로 1975년 출판되었다. 프로바인은 1982년과 1985년에도 한국의 풍물을 소개하는 글을 각각 독어와 영어로 출판하였고, 김영자는 한국의 남사당을 소개하는 논문을 1981년 출판하였다.

사물놀이가 본격적으로 글로벌 무대에 진출하는 시기인 1980년대에 한국문화를 소개하는 영문기사와 논문이 문화예술계간지로 한국학 전문학술지인 *Koreana*(국제교류재단 문화예술 계간지)와 *Korea Journal*(유네스코 코리아 학술전문지)에 소개되기 시작하였다. 1983년 유네스코의 학술전문지 *Korea Journal*에 실린 알란 헤이먼(Alan Heyman)의 기사는 사물놀이를 소개한 최초의 영문기사였으며 키스 하워드는 같은 해 농

49 영어권 사물놀이와 풍물연구 저작은 부록으로 정리하여 수록한다.

50 이는 오래된 국악학계의 관례로 '전통'의 라벨을 획득하지 못한 장르는 국악학의 연구 주제로 여겨지지 못했다. 일례로 각 대학의 이론전공자 중 사물놀이를 진지한 연구의 대상으로 삼은 학위논문이 타 장르에 비해 비교적 최근의 일이다. 그러나 흥미롭게도 사물놀이는 국악교육의 대표적 장르로 자리 잡아 국악교육과 사회문화예술 교육의 틀 안에서는 비교적 초기부터 학교 및 사회의 다양한 음악교육 현장에 활용되어 음악교육 관련 논문이 비교적 많이 발표되었다.

악과 장구, 장구놀이를 같은 저녁에 소개하였다. 1988년에는 *Art Space Publication*에서 일본의 사물놀이 사진작가 시미즈 이치로(清水一郞)의 작품을 기반으로 기획자이자 사물놀이의 글로벌 매개자이자 매니저 역할을 담당했던 수잔나 삼스탁이 영어로 번역한 *SamulNori*가 출판되었다. *Koreana*는 1988년에는 수잔나 삼스탁의 글을, 1989년에는 구희서(Ku Hee-seo)의 사물놀이 10년을 기념하는 글을 수록하였다. 1989년에 키스 하워드는 풍물을 포함한 한국민속음악을 소개한 영문 단행본을 출판하였다. 1990년대에 들어서도 초반에는 한명희와 송혜진이 쓴 사물놀이와 풍물 소개 글이 영문으로 번역되어 *Koreana*와 *Korea Journal*에 소개되었다.

사물놀이의 해외 노출이 10년이 되는 시점인 1990년대에는 본격적인 학술논문, 학위논문, 영문 교육자료가 출판되기 시작한다. 사물놀이 연구의 주요 학자인 키스 하워드는 1990년대 들어 본격적으로 국제학술지에 사물놀이와 풍물을 주제로 논문을 기고하였고, 키스 하워드의 제자인 네이선 헤슬링크는 1998년 런던대학교 SOAS에서 풍물을 주제로 한 최초의 박사학위논문 *A Tale of Two Drummers: Percussion Band Music in North Chŏlla Province, Korea*를 제출하였다. 현재 캐나다 UBC대학의 음악인류학과 교수로 동 대학에서 풍물패를 지도하고 있는 네이선 헤슬링크는 이후에도 계속하여 풍물과 사물놀이를 주제로 1990년대 말부터 최근까지 다양한 주제의 논문과 두 권의 단행본을 출판하여 사물놀이와 풍물의 중심학자이자 대표학자가 되었다.[51] 1990년대의 주목할 만한 사물놀이 영문자료는 김덕수와 그의 제자인 김동원이 집필하여 영문으로 번역 · 출판한 사물놀이 교재와 워크북이

51 Hesselink, Nathan, *P'ungmul: South Korean Drumming and Dance* (University of Chicago Press, 2006); Hesselink, 앞의 책(2012). 네이선 헤슬링크 교수가 사물놀이와 인연을 맺게 된 것은 1994년 국립국악원의 하계국악연수를 통해 박은하 선생에게서 사물놀이를 배우면서이다. 이후 런던 SOAS대학 재학 시 세계 사물놀이 겨루기 대회에도 참가하였다.

다(1992, 1999). 이 교재는 사물놀이 10년간의 작업 끝에 만들어진 것으로 일본어판과 영어판으로 발간되었고 카세트테이프와 비디오로 발매되었으며,[52] 사물놀이의 이론화 · 레퍼토리화 · 정전화에 주요한 역할을 하였다. 또한 이 외에도 미국 대학의 출판물로 사물놀이의 교재가 출판되었는데, 이는 음악인류학 연구에서 인도네시아의 가믈란 음악을 해외학자들이 주도하면서 가믈란이 미국을 중심으로 각 대학에 앙상블로 자리 잡고 다시 교육용 자료들이 출판되었던 상황과 유사하며, 이를 통해 사물놀이가 한국 발신의 단계를 넘어가고 있음을 보여준다.

2000년대가 되면 사물놀이는 본격적으로 해외 학계의 주요 연구 주제로 등장한다. 풍물과 사물놀이의 정체성 연구,[53] 투어리즘과 풍물 공연,[54] 판의 공간과 음악연구,[55] 미국, 일본 한인 디아스포라의 음악연구,[56] 미국 한인 디아스포라의 풍물과 사물놀이,[57] 사물놀이와 한국의 문화정책,[58] 사물놀이의 젠더연구[59] 등이 학위논문으로 발표되었다. 학위논문 외에도 키스 하워드와 김인숙은 한국의 사물놀이 교육을 주제

---

52 김덕수, 앞의 책(2007), 198쪽.

53 Park Shingil, "Negotiating Identities in a Performance Genre: The Case of P;ungmul and Samulnori in Contemporary Seoul"(피츠버그대 박사학위논문, 2000).

54 Kim Jin-woo, "Twentieth-Century Discourses on Korean Music on Korea"(미시간대 석사학위논문, 2002).

55 Donna Kwon, "Music, Movement, and Space: A Study of the Madang and P'an in Korean Expressive Culture"(버클리대 박사학위논문, 2005).

56 Yu Youngmin, "Musical Performance of Korean Identities in North Korea, South Korea, Japan and the United States"(UCLA대 박사학위논문, 2007).

57 Kim Su-jin, "Diaspora: P'ungmul in the United Stages: A Journey between Korea and the United States"(오하이오주립대 박사학위논문, 2011).

58 Katherine In-young Lee, "Encounters with Samulnori: The Cultural Politics of South Korea's Dynamic Percussion Genre"(하버드대 박사학위논문, 2012).

59 Choi Yoon-ja, "Gendered Practices and Concepts in Korean Drumming: On the Negotiation of "Fmininity" and "Masculinity" by Korean Female Drummers"(뉴욕대 박사학위논문, 2014).

로 각각 논문을 발표하였고,[60] 앞서 소개한 네이선 헤슬링크의 단행본 두 권이 음악인류학의 주요 저작물의 출판사인 시카고대학 출판사에서 출판되었으며, 키스 하워드가 저술한 사물놀이 단행본은 영국 러트리지사(Routledge)에서 출판되었다. 캐서린 인영 리의 트랜스내셔널 사물놀이 주제의 박사학위논문도 최근 단행본으로 출판되었다.[61] 사물놀이의 해외연구는 한국음악 관련 연구주제 중 가장 학위논문의 수가 많은데, 이는 사물놀이 장르의 국제적 인지도와 영향력과도 관련이 있다. 더 나아가 이들 해외 학자들은 사물놀이의 문화번역의 '매개자'가 되고 있으며, 연구물들은 해외에서 사물놀이의 지속적인 확장에 주요한 역할을 하고 있다.[62]

4. 해외 한인 디아스포라와 사물놀이

국내에서 현대적 연행으로 구성된 사물놀이는 무대화된 양식이었고 대중화된 국악의 새로운 성공적인 양식이었으며 글로벌 장에서 한국 전통음악을 소개하는 중요한 레퍼토리였다면, 조국을 떠나 해외에 거주하는 한인 디아스포라에게 사물놀이는 다층적 의미로 존재한다. 1980년대 해외연주와 교육으로 사물놀이는 해외 한인사회에 널리 알려졌으며, 한인사회 각지에는 이후 사물놀이/풍물팀이 구성되어 활동

60 Keith Howard, "Teaching SamulNori: Challenges in the Transmission of Korean Percussion," *Cultural Diversity in Music: Education,* edited by Patricia Shehan Campbell, Brwon Hills, Old: Australian Academic Press, 2005, pp. 113-140; Kim In-suk, "Research on Samulnori Education in Schools," *SOAS-AKS Working Papers in Korean Studies* (London: SPAS, University of London, 2012), No. 26.

61 Katherine In-young Lee, *Dynamic Korea and Rhythmic Form* (Wesleyan University Press, 2018).

62 Katherine In-young Lee는 김덕수 패 사물놀이의 해외 공연기획자(overseas coordinator) 역할을 담당하기도 하였다.

하고 있다.[63]

한인의 이주는 19세기 후반부터 자발적 · 비자발적으로 시작되었다. 대부분의 해외 한인은 거주국에 정착한 지 2~3세대를 거쳤기 때문에 거주국의 문화에 동화되어 살면서도 본국인 한국문화를 지속하고 다음 세대에 전달하며 살아간다. 이때의 한국문화는 음악행위와 같이 상징성, 참여성, 공동체성을 갖는 문화전통이 유리하며 이 과정에서 전통음악의 수용이 이루어진다. 특히 현대화된 전통인 사물놀이는 수용하는 디아스포라의 맥락과 입장에 따라 각기 다른 방식으로 의미화되어 왔는데, 풍물과 사물놀이는 거주국 안에서 한국인이라는 민족적 정체성을 드러내는 문화적 연행[64]이거나 때로 사물놀이의 연행으로 디아스포라 한인의 혼종적 정체성「코리안아메리칸, 자이니치 코리안」 구성을 협상하고,[65] 본국 문화와의 관계, 초국적 유통의 텍스트로서 복합적인 문화정치학을 드러내 주는 장이 되기도 한다.[66] 즉, 디아스포라 한인사회에서 사물놀이는 조국(본국)을 상징함과 동시에 디아스포라 한인 정체성 확립에 중요한 역할을 한다.[67]

---

63 박경화, "새 중국 성립이후의 조선족 전통음악 연주와 창작활동," 『한국전통음악학』(한국전통음악학회, 2005), 6집, 295-306쪽; 문화재청, 『해외전승무형문화유산 학술조사 연구』(문화재청, 2013); 허정주, "인류무형문화유산으로서 한국 농악/풍물굿의 해외전파 전승양상: 일본 현지조사 자료를 중심으로," 『비교민속학』(비교민속학회, 2016), 59집, 381-410쪽; 이지선, "재일 코리안의 한국전통예술 공연양상: 2000~2014년까지 일본 광동지방 공연을 중심으로," 『국악원논문집』(2016), 제34집, 177-242쪽; 이지선, "재일 코리안의 한국전통예술 공연 사례분석: 일본 관동지방 예술인의 공연을 중심으로," 『한국음악연구』(한국국악학회, 2017), 제61집, 231-259쪽; 이용식, "풍물굿의 해외문화이주 현상에 관한 연구: 캐나다 토론토의 풍물패 활동을 중심으로," 『공연문화연구』(한국공연문화학회, 2020), 제41집, 354-380쪽; 김묘신, 앞의 논문(2021), 321-356쪽.

64 Gwak Sonya, *Be(Com)ing Korean in the United States: Exploring Ethnic Identity Formation Through Cultural Practies* (Cambria Press, 2008).

65 Yu Youngmin, 앞의 논문(2007); Kim Su-jin, 앞의 논문(2011).

66 Katherine In-Young Lee, 앞의 논문(2012).

67 박혜란, "사물놀이 배우러 한국에 온 재독교포 2세 김보성씨: 내 안에서 노니는 장단에 솔직하게," 『월간 샘터 11월호』(샘터사, 2011), 32권 11호, 76-78쪽.

해외 한국인 원거리 민족주의와 음악의 관계를 연구한 유영민은 사물놀이가 재일한국인이 원거리 민족주의를 재현할 본국의 음악으로 구축되는 과정을 고찰하고 있는데, 일본에서 1세대 자이니치 코리안과 다른 디아스포라 정체성의 재구성에 사물놀이가 어떠한 역할을 하는지를 상세히 기술하고 있다. 특히 북한음악을 '본국'의 음악으로 디아스포라 정체성을 구성해 온 자이니치 코리안에게 '본국'의 새로운 상징 역할을 한 것이 1980년대부터 재일한인사회에 소개된 '남한'의 사물놀이였다. 특히 1982년 김덕수 사물놀이 해외공연이 일본에서 시작하였고, 이후 사물놀이는 재일한인사회에서 많은 인기를 끌었다. 특히 민단의 한국 교포들은 사물놀이 단원들을 초청하여 워크숍을 개최하기도 하였는데, 민단 주최의 워크숍이지만 금강산가극단의 단원들도 참여하는 등 조총련과 민단의 경계를 넘게 만든 것이 사물놀이였다. 이러한 과정을 통해 사물놀이를 배운 금강산가극단의 젊은 단원들이 민족학교 학생들에게 사물놀이를 가르치기도 하면서 재일조선인은 '코리안 디아스포라'로서의 정체성을 재구성하기 시작하였다는 것이다.[68] 일본에서 사물놀이는 1990년대 후반에는 재일조선인 학생예술경연대회에 타악소조 부문이 신설되어 학교별 타악 합주 경연이 열리거나 금강산가극단 연주에서도 젊은 연주자 주축으로 사물놀이 공연을 할 정도로 관심이 높아지면서 북한뿐 아니라 남한도 자신들의 조국으로 생각하게 되고 코리안 디아스포라의 정체성이 재구성되기 시작한 것이다.[69]

유사하게 미국과 캐나다에서 한인들은 다문화사회의 거주국에서 '한국적'인 것을 보여주기 위해 전통음악을 연행하면서 원거리 민족주

68 유영민, "경계를 넘나드는 디아스포라 정체성과 음악: 자이니치 코리안의 음악을 중심으로," 『음 · 악 · 학』(한국음악학학회, 2001), 19권 1호, 21쪽; 유영민, "디아스포라 음악과 정체성: 재일조선인 음악을 중심으로," 『낭만음악』(낭만음악사, 2009), 21권 4호, 72쪽.

69 이지선, 앞의 논문(2017), 231-259쪽.

의를 실천하고 코리안 아메리칸, 코리안 캐네디언의 정체성을 구성하기 위해 풍물과 사물놀이를 연행하는데,[70] 지역별로 워싱턴 사물놀이, 케임브리지 사물놀이, 신바람 사물놀이 등은 미국 내에서 비교적 널리 알려져 있고 활동이 활발한 단체들이다. 일본과 미국 외에도 해외 한민족 디아스포라[71]에 조국의 상징으로 역할 하는데, 특히 디아스포라 사회가 관계를 맺는 두 개의 조국 남한과 북한의 관계에서 사물놀이는 기존 디아스포라 사회에 알려진 북한음악에 비해 역동적 · 긍정적 · 선진적 · 경제적으로 발전한 현대적이고 세련된 남한문화의 상징으로 연행되고 있다.

5. 사물놀이 해외교육의 전개

로컬을 벗어난 사물놀이는 글로벌 무대에서 공연뿐 아니라 해외 한인과 현지인 대상 워크숍과 교육 프로그램의 체계화에도 주력하였다. 특히 교육 프로그램을 통해 대학, 한인, 지역 커뮤니티에서 사물놀이 교육이수자와 애호가가 배출되기 시작하면서 각각의 단위에서 사물놀이패와 풍물패와 같은 그룹들이 구성되었다. 초기의 렉처 데몬스트레이션은 점차 이수자의 수의 증가에 맞추어 교육 수준과 내용을 정교화하였고, 원년 멤버는 해외 축제 참가 시마다 교육 프로그램과 워크숍

70 유영민, "로스엔젤레스의 한인음악, 코리언 어메리칸 정체성 만들어가기," 『낭만음악』(낭만음악사, 2005), 통권 69호, 19-37쪽; 이용식, 앞의 논문(2020), 354-380쪽; 김묘신, 앞의 논문(2021), 321-356쪽.

71 김보희, "해외 한민족 디아스포라 예술집단에 관한 연구: 독립국가연합 고려인을 중심으로," 『한국문학과 예술』(숭실대학교 한국문학과 예술연구소, 2009), 제4집, 152쪽. 카자흐스탄의 고려인들에게 1990년대 이후 한국에서 사물놀이를 전파하여 현재 사물놀이단이 구성되어 있음을 보고한 바 있다. 그 외에도 연구자가 만난 한국-독일 문화관련 전문가는 독일 출신 한인 디아스포라로 독일에서 사물놀이를 공부하고 연주자로 활동을 하면서 한국문화에 관심을 갖게 되었다고 진술한 바 있다. 그 외에도 박경화, 앞의 논문(2005), 296-306쪽.

을 병행하였으며 점차 지역도 다변화하였다. 보고에 의하면 미국 뉴욕과 로스앤젤레스, 일본의 도쿄, 오사카, 나고야, 히로시마, 독일, 오스트리아, 카자흐스탄, 러시아, 스위스, 영국 등에서는 현지인에 의한 자발적 정기캠프가 개최되어 현지인을 통한 신규 회원 확보와 교육이 진행되면서 이들을 일컫는 '사물노리언(SamulNorian)'이라는 신조어를 만들어 냈다. 김덕수 사물놀이는 1991년 법인 한울림으로 전환한 이후인 1994년 충남 부여군에 폐교된 초등학교 건물을 임대받아 한울림 부여 교육원을 개원하였다. 사물놀이 한울림은 1998년 정식으로 건물을 매입하고 교육원에 100명 이상 합숙이 가능한 시설을 건축하여 2000년 개원하여 매년 평균 2천 명을 교육하고 있는데, 이 교육원은 국내 학생뿐 아니라 글로벌 사물노리언들의 교육장소로도 활용하고 있다.[72] 더 나아가 사물놀이 한울림은 1989년부터 글로벌 사물노리언의 축제로 세계사물놀이 겨루기 대회를 시작하였다.[73] 초기에는 국내 그룹 중심으로 참가하다가 이후 미국, 러시아, 영국, 스위스, 독일 등지의 사물놀이 애호가들이 참가하는 축제가 되고 있다. 하워드는 사물놀이 겨루기 대회를 사물놀이의 경연대회일 뿐만 아니라 사물놀이 축제로 정의하면서 이를 통해 사물놀이가 공연의 단계를 넘게 되었다고 평가한다.[74] 사물놀이를 경험한 이들의 팬덤으로 시작하여 부여 한울림 사물학교에서 학습하고 본국으로 돌아가 글로벌 사물노리언으로 활동하게 되면서 한국은 사물놀이 '종주국'으로 브랜딩되고 문화발신지가 되는데, 글로벌 사물노리언의 구성과정은 여러 연구를 통해 지속적으로 보고되고 있다.[75]

---

72 강준혁, 앞의 논문(2001), 92-93쪽; 김덕수, 앞의 책(2007), 198쪽.

73 사물놀이 한울림 웹사이트.

74 자신도 사물놀이 연주자인 하워드는 대회 두 번째 해인 1990년 자신들의 영국 학생들을 이끌고 대회에 참가하기도 하였다[Howard, 앞의 책(2016)]. 첫해에는 동경 한국 YMCA가 우수상을 수상하였다. http://www.samulfestival.co.kr/festival/festival_ 02_04.asp.

75 캐서린 인영 리의 논문과 케이스 하워드의 저작에서는 나미 모리스(Nami Morris), 네

또한 앞서 잠시 언급한 국립국악원 사물놀이도 국악원과 해외 문화원이 운영하는 해외문화학교를 통해 지속적으로 사물놀이 강사를 파견하고 있다. 국립국악원은 1991년부터 재외동포 대상 강습인 해외국악문화학교를 운영하고 외국인 대상 강습인 외국인 문화학교에서도 1995년부터 사물놀이 강습을 시작하여 현재에도 진행 중에 있다. 해외국악문화학교의 지역은 중국(연변)에서 시작하여 1998년부터 '해외국악문화학교'로 명칭을 변경한 이후 중앙아시아, 미국, 캐나다, 호주, 러시아, 남미 지역까지 확대되었다.[76]

해외 사물놀이 교육에서 중요하게 살펴볼 지점은 앞서 소개한 해외 학자들을 매개로 한 교육이다. 특히 런던대학교의 키스 하워드 교수와 그의 제자인 캐나다 UBC 대학의 네이선 헤슬링크 교수는 각각 해당 대학에 사물놀이 관련 과목을 개설하고 학내뿐 아니라 해당 도시와 국가에 사물놀이를 소개하는 역할을 담당해왔다. UBC 대학에서는 지난 2014년 사물놀이 35년을 기념하는 대대적인 행사를 기획하고 개최하기도 하였는데, 여기에는 대학에서 사물놀이를 교육하고 사물놀이패를 운영하는 네이선 헤슬링크 교수의 역할이 주효했다.[77]

해외 대학 중에서는 칼테크(California Institute of Technology), 에모리

이선 헤슬링크, 스위사물(Swissamul), 스위스 출신의 사물놀이 연주자 헨드리케 랑게(Hendrikje Lange), 아라사(러시아), 한대풍(일본), '더 엑스팻츠 사물놀이팀'(일본, 네덜란드, 태국, 벨기에, 캐나다), CANTO DEL CIELO(멕시코), 와세다 대학교 사물놀이 동아리 SHINAWI(シナウイ) 등의 사례가 소개되고 있다.

76 김영희, 앞의 글, 397쪽. 또한 박은하와의 면담에 의하면 1999년부터 2009년에 이르는 시기 동안 LA 재미 국악원, 폴란드 바르샤바 대학, 아담미츠키에비츠 대학, 미국 위스콘신 대학, 오하이오 주립대학 등에서 국립국악원 사물놀이가 파견되어 강의를 하였으며, 그 외에도 국립국악원의 연주단의 일환으로나 개인 사물놀이 공연자의 자격으로 미국 Other Minds Festival과 Pacific Rim Music Festival, Indo-Korea Traditional Art Festival 등의 초청으로 공연을 하였다. 또한 전통공연진흥재단의 최근 보고서에 의하면, 국립국악원과 해외한국문화원에서 운영하는 해외문화학교에서 가장 빈번한 강습을 하는 종목은 사물놀이다.

77 관련하여 다양한 행사로 한국영화 상영(「왕의 남자」), 한국음악관련 강의(김희선), 사물놀이 공연(김덕수 패 사물놀이)를 한 달여에 걸쳐 진행하였다.

대학(Emory University), 토론토 대학(University of Toronto), 브리티시 컬럼비아 대학(University of British Columbia), 케임브리지 대학(University of Cambridge), 워싱턴 대학(Washington University in St. Louis), 미시간 주립대학(Michigan State University), 조지타운 대학(Georgetown University), 매릴랜드 대학(University of Maryland), 인디애나 대학(Indiana University), 오하이오 주립대학(Ohio State University), 미시간 대학(University of Michigan), 런던대학 소아스(University of London의 SOAS) 등에 풍물과 사물놀이패가 조직되어 정기적으로 학내와 커뮤니티를 위한 공연활동을 지속하고 있다. 또한 하와이 대학(University of Hawaii at Manoa), UC 샌디에이고 대학(UC Califonia, San Diego), UC 산타크루즈 대학(UC California, Santa Cruz)에서는 학점이 인정되는 사물놀이 강좌가 개설되었거나 개설되고 있다.[78]

6. 글로벌 사물놀이의 영향

앞서 살펴보았듯 사물놀이의 세계화는 초기부터 체계적으로 준비된 전략을 바탕으로 추진되어 왔으며 공연, 교육, 축제, 워크숍 등을 통해 사물놀이 수용자를 글로벌 사물놀이 연행자로 참여하게 함으로써 글로벌 기반을 구축하였다. 즉, 민간연행인 풍물의 무대화된 버전인 사물놀이는 글로벌 무대에서 예술성과 동시에 풍물의 참여적 성격을 품는 가장 현대적인 공연 장르로 전환된 것이다. 더 나아가 전 세계 공연계가 글로벌 체제로 재편되고 월드뮤직이 구성되던 시점[79]에 사물놀

78 한국문화정책개발원, 앞의 보고서(1995); Howard, 앞의 책(2016)에서 기술한 대학명을 종합한 것이나 추후 종합적인 리스트는 보완이 필요하다.

79 오은이 · 김희선, "월드뮤식 컨텐츠 연구: 그래미 어워즈 최고 전통 월드뮤직 음반을 중심으로," 『한국음악사학보』(한국음악사학회, 2011), 제47집, 147-196쪽; 김희선, "월드뮤직의 문화번역: 한국적 월드뮤직의 전개와 성격," 『음악과 문화』(세계음악학회, 2014), 제30집, 5-56쪽; 김희선, "재현되고 상상되는 아시아: 아시아 월드뮤직의 구성

이가 한국의 대표 브랜드로 구축되었다는 점도 관심을 갖고 지켜볼 만한 지점이다.

해외무대에서 사물놀이는 거의 같은 시기인 1981년 세계무대에 등장한 일본의 다이코[80]와 경쟁 · 공존관계를 구축하였다. 이후 대만의 십고격악단(Ten Drum Art Percussion Group, 十鼓擊樂團)[81] 같은 아시아 후발 타악 장르의 활동에도 영향을 주었다. 사물놀이와 다이코는 서로 영향을 주고받았으며, 국제 타악계에 아시아 공연의 흐름을 구축하고 미국과 유럽의 아시아 디아스포라 정체성의 구성에도 중요한 역할을 하였다. 국내적으로 국악계에는 정전화된 대중적 공연의 레퍼토리를 제공하였고, 현재 김덕수 패와 국립국악원의 사물놀이 외에도 다수의 사물놀이 그룹이 국제적으로 활동할 수 있는 토대를 구축하였다. 사물놀이는 그 자체로도 매력적인 공연물이었지만, 이후 사물놀이는 일본의 다이코를 모방하였다고 여겨지는 하위 장르인 모듬북과 같은 형태로 진화하기도 하였고 사물놀이에서 뻗어져 나온 사물놀이 후예들의 탄생을 지켜보기도 하였다. 해외무대에서 활동하였거나 현재 활동 중인 '푸리', '이광수와 예산족 민족음악원', '문화마을 들소리', '노름마치', '공명', '소나기 프로젝트', '두드락', '연희집단 더 광대' 등의 그룹은 사물놀이가 구축한 다양한 사물놀이의 브랜드에 기반하여 글로벌 월드뮤직계와 공연예술계에서 활동하고 있다.

과 재구성," 『음악과 문화』(세계음악학회, 2014), 제31집, 121-155쪽.

80 일본 다이코에 관해서는 Bender Shawn Morgan, "Drumming between Tradition and Modernity: Taiko and neo-folk Performance in Contemporary Japan"(Ph.D. University of California, 2003) 참고.

81 십고격악단은 2000년에 결성된 대만의 드럼 그룹으로 2008년부터는 전 세계에서 5천여 회 이상의 공연을 해왔으며, 2010년에는 제52회 그래미 어워드 월드뮤직 음반상 후보로 노미네이트되었다. 에딘버러 페스티벌, 남아프리카 밀리터리 타투 페스티벌, 시드니올림픽, 밴쿠버 문화 올림피아드, 2002 월드컵, 상하이 월드 엑스포, 아비뇽 축제, 세계타악인대회 등에서 공연을 펼쳤으며 사물놀이가 1980~1990년대를 거치며 걸어온 길과 매우 유사하다는 점에서 한국의 사물놀이, 일본 다이코의 뒤를 잇는 아시아 타악 장르로 세계무대에서 주목받고 있다. 십고격악단의 연행은 사물놀이에서 발전한 한국의 모듬북이나 일본 다이코 연행의 대만 버전이라 부를 만큼 유사한 방식으로 연행된다.

1993년 원일, 장재효, 민영치, 김웅식에 의해 구성된 '푸리'[82]는 기본적으로 사물과 한국 타악을 바탕으로 구성된 그룹으로 한국뿐 아니라 일본에서도 활동을 주목받아 공연과 더불어 음반도 발매하였다. 오랫동안 각자 활동에 주력하던 '푸리'는 2014년 국립극장 여우락 페스티벌 무대에 서기도 하였고, '푸리'의 멤버들은 개인 예술가의 활동으로 주목받는 예술가들이 되었는데, '푸리' 초기 일본 중심의 해외활동은 사물놀이의 일본 활동과 연장선상에서 진행되기도 했다.

1984년에 창단한 '들소리'는 사물놀이에 기반한 공연그룹으로 대형 모듬북 공연과 기타 국악의 요소를 볼거리 중심의 쇼 스테이지로 구성한 본격적 해외용 그룹이다. 일본, 미국, 홍콩, 우크라이나, 싱가포르, 뉴질랜드, 오스트리아, 네덜란드, 벨기에, 영국, 아프리카 등에서 투어를 진행하였고, 2005년 영국 WOMAD 축제에, 2007년에는 싱가포르, 호주, 스페인, 포르투갈 워매드에서 공연하기도 하였다. 2009년 코펜하겐에서 열린 WOMEX 쇼케이스에 선정되고, 2012년 영국 ARC 레이블로 음반을 발매하기도 하였다. '들소리'의 해외진출은 오리지널 사물놀이 그룹이 구축한 세계화의 길을 그대로 계승한 측면이 있다.

사물놀이를 기본으로 퍼포먼스를 가미하여 공연을 구성하는 '노름마치', '공명', '소나기 프로젝트'는 2009년 이후 각각 월드뮤직 엑스포인 워맥스(WOMEX)의 쇼케이스에 선정되고 국내 해외진출용 플랫폼인 서울아트마켓(PAMS Choice)을 통해 해외 극장과 축제 등에 계속하여 초청받아 해외시장을 중심으로 성장 중인 그룹들이다.[83] 또 다른 사

82 이후 한승석(판소리), 정재일(대중음악)이 합류하면서 타악그룹에서 월드뮤직그룹으로 성격이 바뀌었다. '푸리'의 음악이 직접적으로 사물놀이인지에 대해서는 모호하다고도 할 수 있으나 기본적으로 멤버들은 국립국악고등학교에서 사물놀이를 접하며 성장한 세대이며, 기본적으로 네 명의 타악 연주자라는 점에서도 '푸리'의 음악은 사물놀이를 근간으로 하고 있다는 점은 명백하다.

83 김희선, "월드뮤직 장의 한국전통음악: 탈경계 실천의 궤적과 의미," 『동양음악』(서울대학교 동양음악연구소, 2016), 제40집, 12-40쪽.

물놀이의 후예로 세계무대에 등장한 난버벌 작품 「난타」(1991)[84]는 현재까지 한국작품으로 세계화에 성공한 문화예술콘텐츠로 꼽힌다.[85] 이후 등장한 넌버벌 작품 「두드락」(1998), 「도깨비 스톰」(2001), 「점프」(2003), 「비빔 인 서울」(2011), 「대장금」(2012) 등도 글로벌 공연예술시장과 관광공연시장에 등장한 사물놀이의 후예라 할 수 있다.

84 공연의 영어제목 Cookin, 김덕수가 예술감독으로 참여하였으며, 초연 당시에는 사물놀이 한울림의 단원들이 직접 출연하였다.

85 최진아 · 조우석, "(주)PMC 프로덕션 난타의 성공과 해외진출," *The Korea Business Review* (한국경영학회, 2006), 9(2), 178쪽.

Ⅲ. 나가며

초기부터 로컬과 글로벌의 복수적 지향을 가졌던 사물놀이는 글로벌 시장개척에 성공한 한국공연예술의 블루오션 개척사를 제시하고 전통의 재포장과 레퍼토리의 발굴과 개발 등 재가공을 통해 표준화된 현대적 레퍼토리, 교육 프로그램, 공연물을 생산해 내고 글로벌 브랜딩에 성공하고 국가의 필요에 따라 호출이 가능한 '국가대표'의 라벨을 획득하였다. 사물놀이 등장 시기 한국 사회와 전통문화에 대한 정권적 관심은 사물놀이의 대중화와 세계화에 주요 동인이 되었지만, 동시에 기존 국악 장르가 갖지 않았던 단일하고 파워풀한 콘텐츠, 체계적 세계화 전략, 네트워크 구축, 장르의 글로벌 브랜딩은 사물놀이의 세계화에 더욱 중요한 요소였다. 또한 사물놀이의 세계화에는 사물놀이가 활동을 전개하던 당시 세계 공연예술계의 움직임도 주요한 역할을 하였다. 특히 아시아 소사이어티(Asia Society)가 상징하는 미국 내 아시아 문화에 대한 관심 증대, 국제 메가 이벤트의 성장과 이에 따른 공연물의 필요성, 국제 음악 페스티벌 및 세계화를 기반한 공연예술시장의 성장, 워매드(WOMAD)로 대표되는 월드뮤직의 글로벌 제도화, 탈경계 글로벌 컬래버레이션 협업의 증가 등 사물놀이의 세계화 과정에는 다양한 글로벌 공연예술환경의 변화가 있었다. 즉 글로벌 환경의 공연예술계와 월드뮤직계는 새로운 장르, 공연물, 스타의 성장과 발굴을 기대하고 있었으며 이런 점에서 한국의 대표적인 사물놀이는 세계시장에서 기다리던 새로운 아시아의 스타였을 것이다.

또한 1990년대 후반부터 시작한 세계화는 한국에서도 국가적 단위에서 세계화를 국가의 주요 어젠다로 설정하였으며, 이때 글로벌 생산-소비의 사물놀이는 한국을 문화수출국으로서의 자부심을 갖게 할 뿐만 아니라 글로벌 브랜딩에 성공한 문화산업의 대표상품으로 수렴되는 데 주요한 역할을 하였다. 즉, 사물놀이는 이전의 국악에 비해 상품성이 높았을 뿐만 아니라 사물놀이 '종주국'으로서 발신자의 위치에 설 수 있게 됨으로써 한국문화의 자부심을 높이는 국가대표 공연예술이 된 것이다.

사물놀이가 걸어 온 지난 40년을 되돌아보면 과연 사물놀이만큼 시대성을 갖고 행위하며 살아있는 시대의 민속의 역할을 한 장르가 있는가 싶다. 세계화의 과정에서도 사물놀이는 보편적인 타악이라는 장르 안에 로컬의 가치를 담아 국가대표 브랜드로 성장하였다. 특히 사물놀이의 세계화 과정은 이후 월드뮤직계에 등장한 한국음악 후속세대들의 활동에 많은 영감을 주며 선도적 역할을 하였다. 사물놀이의 다자성의 실험, 탈경계 컬래버레이션 활동, 적극적 시장 진입의 방식은 매우 앞선 움직임이었다. 이러한 활동은 이후 글로벌 월드뮤직계에서 사물놀이, 한국 타악, 한국 전통음악이 본격적으로 등장할 수 있는 중요한 기반이 되었으며 글로벌 한국음악 후속세대에게 유익한 물질적 · 정신적 자산이 되었다. 글로벌 장에서 사물놀이의 등장과 전개는 한국 현대공연예술과 현대국악의 흐름을 변화시켰으며, 국악 세계화의 과정에서 선도적 역할을 감당하고, 무엇보다 한국 전통음악의 조망과 공간을 글로벌로 확장한 점은 사물놀이 탄생 40년을 맞는 시점에서 중요하게 기억할 필요가 있다. 또한 사물놀이 세계화는 로컬의 대중화를 기반으로 진행되었으며, 로컬과 세계를 동시적 지향으로 삼았음도 중요한 지점이다. 특정 장르나 단체의 세계화는 기본적으로 로컬을 기반으로 하고 있음은 글로벌 월드뮤직의 특징이기도 하며, 이는 사물놀이 세계화에서도 드러나고 있다.

국가대표 공연 장르가 된 21세기 사물놀이는 그럼에도 불구하고 여러 과제를 갖는다. 우선 연행의 표준화와 획일화에 따른 식상함과 기능중심의 공연형식이 되어버린 사물놀이가 스스로 전형을 넘는 독창적이고 창의적 예술세계를 구출할 수 있는가의 문제다. 두 번째는 일본 다이코 유사공연물인 모듬북과 같은 형태의 과잉 스펙터클 쇼 중심의 공연물의 정체성이다.[86] 이는 세 번째 문제인 세계화 시대 유사한 타 장르들 혹은 아시아 타악 장르들과의 경쟁으로 연결되는데, 앞서 두 가지 문제와도 관련이 있다. 즉 서구 중심의 통합의 논리에서 벗어나 각 로컬의 자생적 · 다원적 창발의 창의력을 전 세계 예술감상자들에게 전달하면서 세계문화 다양성에 기여할 수 있을 것인지를 고민하는 일은 사물놀이뿐 아니라 현재와 미래의 국악계에 남겨진 중요한 과제가 될 것이다.*

86 이에 대해 전지영은 사물놀이의 네 가지 모습인 무대화, 장르 구축, 타자모방, 양식적 획일화에 대해 비판적 입장을 취하고 있으며, 특히 모듬북 연행을 '다이코 베끼기'로 규정한 바 있다. 전지영, 앞의 논문(2015), 126-127쪽. 앞서 이영미는 1980년대 사물놀이의 성공과 현재의 위축을 사물놀이 연행자의 기량 문제만으로 해석할 수 없으며, 사물놀이 성공의 바탕에는 당대의 사회문화적 환경이 자리하고 있었나는 섬을 지적한 바 있다. 이영미, 앞의 논문(2007), 189-184쪽.

* 출전: 김희선, "사물놀이 세계화의 전개와 성격," 『국악교육』(서울: 한국국악교육학회, 2017), 제44집, 29-66쪽.

참고문헌

강준혁. “전통예술의 현대적 계승사례 연구: 김덕수와 사물놀이를 중심으로.” 『문화경제연구』(한국문화경제학회, 2001), 제4집, 88-95쪽.

김덕수. 『글로벌 광대 김덕수 신명으로 세상을 두드리다』. 김영사, 2007.

김묘신. “해외 한인공동체의 문화적 정체성 읽기: 하와이 한인농악단 활동을 중심으로.” 『공연문화연구』(한국공연문화학회, 2021), 제42집, 321-356쪽.

김보희. “해외 한민족 디아스포라 예술집단에 관한 연구: 독립국가연합 고려인을 중심으로.” 『한국문학과 예술』(숭실대학교 한국문학과 예술연구소, 2009), 제4집, 141-165쪽.

김산효. “전통공연예술의 대중화 전략 연구: 사물놀이 사례를 중심으로.” 『무형유산』(국립무형유산원, 2017), 제2호, 211-237쪽.

김상섭. “사물놀이를 통해 본 새로운 전통의 창출과 그 사회적 의미.” 안동대학교 석사학위논문, 2000.

김영희. “국제교류: 공연 및 강습.” 『건원 1400년, 개원 50년 국립국악원사』. 국립국악원, 2001.

김용범. “전통공연예술의 글로벌 문화콘텐츠 개발전략.” 『문화예술콘텐츠』(한국문화콘텐츠학회, 2011), 제7호, 5-29쪽.

김진우. “The Influence of Tourism on the P’ungmul Performance at Chongdong Theater.” 『음악과 문화』(세계음악학회, 2003), 8호, 145-159쪽.

김헌선. 『김용배의 삶과 예술: 그 위대한 사물놀이의 서사시』. 풀빛, 1998.

____. 『김헌선의 사물놀이 이야기』. 풀빛, 1995.

____. 『풍물굿에서 사물놀이까지』. 귀인사, 1991.

김희선. “국악의 세계화: 2000년대 해외공연사례를 중심으로.” 『공연문화연구』(한국공연문화학회, 2013), 27집, 369-411쪽.

____. “월드뮤직의 문화번역: 한국적 월드뮤직의 전개와 성격.” 『음악과 문화』(세계음악학회, 2014), 제30호, 121-155쪽.

____. “사물놀이 세계화의 전개와 성격.” 『국악교육』(서울: 한국국악교육학회, 2017), 제44집, 29-66쪽.

____. “문화냉전기 국가프로파간다와 공연예술: 1960-70년대 리틀엔젤스 활동의 국제정치학.” 『음악과 문화』(세계음악학회, 2019), 제40호, 143-183쪽.

____. “월드뮤직 장의 한국전통음악: 탈경계 실천의 궤적과 의미.” 『동양음악』(서울대학교 동양음악연구소, 2016), 제40집, 12-40쪽.

문화재청. 『해외전승무형문화유산 학술조사연구』. 문화재청, 2013.

박경화. "새 중국 성립이후의 조선족 전통음악 연주와 창작활동." 『한국전통음악학』(한국전통음악학회, 2005), 6집, 295-306쪽.

오은이 · 김희선. "월드뮤직 컨텐츠 연구: 그래미 어워즈 최고 전통 월드뮤직 음반을 중심으로." 『한국음악사학보』(한국음악사학회, 2011), 제47집, 147-196쪽.

유영민. "로스엔젤레스의 한인음악, 코리안 아메리칸 정체성 만들어가기." 『낭만음악』(낭만음악사, 2005), 통권 69호, 19-37쪽.

____. "경계를 넘나드는 디아스포라 정체성과 음악: 자이니치 코리안의 음악을 중심으로." 『음 · 악 · 학』(한국음악학학회, 2011), 19권 1호, 7-37쪽.

____. "디아스포라 음악과 정체성: 재일 조선인 음악을 중심으로." 『낭만음악』(낭만음악사, 2009), 통권 84호, 59-79쪽.

이도훈. "국가 이미지 제고를 위한 메가 문화이벤트 컨셉 도출에 관한 이론적 고찰: 포렉탈 이론의 적용을 중심으로." 홍익대학교 박사학위논문, 2007.

이보형. "전통적인 부침새 부족한 사물놀이와 재즈." 『전통문화 10』(전통문화 연구회, 1985).

이상룡. "유럽축제를 통하여 본 한국음악." 『한국전통음악학』(한국전통음악학회, 2003), 제4호, 331-359쪽.

이영미. "전통예술의 대중적 현대적 계승: 신민요와 사물놀이의 예를 중심으로." 『대중음악』(한국대중음악학회, 2007), 1호, 179-197쪽.

이용식. "풍물굿의 해외문화이주 현상에 관한 연구: 캐나다 토론토의 풍물패 활동을 중심으로." 『공연문화연구』(한국공연문화학회, 2020), 제41집, 354-380쪽.

이지선. "재일 코리안의 한국전통예술 공연양상: 2000~2014년까지 일본 관동지방 공연을 중심으로." 『국악원논문집』(국립국악원, 2016), 제34집, 177-242쪽.

____. "재일 코리안의 한국전통예술 공연 사례분석: 일본 관동지방 예술인의 공연을 중심으로." 『한국음악연구』(한국국악학회, 2017), 제61집, 231-259쪽.

정재호. "사물놀이 형성과정에 대한 재검토." 『한국음악사학보』(한국음악사학회, 2017), 제58집, 189-230쪽.

____. "최초 사물놀이 음반소재 웃다리 풍물 장단 분석연구: 1983년 넌서치 음반을 중심으로." 『한국악기학』(한국퉁소연구회, 2017), 14호, 117-188쪽.

주재연. "사물놀이의 역사적 전개와 문화산업적 성과." 고려대학교 석사학위논문, 2010.

최진아 · 조우석. "(주)PMC 프로덕션 난타의 성공과 해외진출." *The Korea Business Review* (한국경영학회, 2006), 9(2), 175-189쪽.

하야시 에이테츠(林英哲). "사물놀이의 일본 활동을 통해 본 한일문화교류의 성과." 『사물놀이』(난장컬쳐스, 2009).

한국문화정책개발원. 『전통예술의 세계화 방안: 공연예술을 중심으로』. 한국문화정책개발원, 1995.

한국예술종합학교 한국예술연구소. 『20세기 한국예술의 고전을 찾아서』. 한국예술종합학교 한국예술연구소, 2016.

허정주. "인류무형문화유산으로서 한국 농악/풍물굿의 해외전파 전승양상: 일본 현지조사 자료를 중심으로." 『비교민속학』(비교민속학회, 2016), 59집, 381-410쪽.

Bender, Shawn Morgan. "Drumming between Tradition and Modernity: Taiko and neo-folk Performance in Contemporary Japan." Ph.D. University of California, 2003.

Hesslink, Nathan. *Samulnori: Contemporary Korean Drumming and the Rebirth of ltinerant Performance Culture.* Chicago and London: University of Chicago Press, 2012.

Heyman, Alan. "Samul-nori (Quadrason) - Four Traditional Percussion Artists in Search of a Star." *Korea Journal* (1983), 21(12), pp. 43-45.

Howard, Keith. *SamulNori: Korean Percussion for a Contemporary World.* London: Routledge, 2015.

Ku, Hee-seo. "Samul Nori: Taking Korean Rhythms to the World." *Koreana* (1994), 8(3), pp. 24-27.

Samstang, Suzanna. "Samulnori." *Koreana* (1988), 2(3), pp. 43-49.

Yu, Youngmin. "Musical Performance of Korean Identities in North Korea, South Korea, Japan, and the United States." Ph.D. diss. University of California, Los Angeles, 2007.

면담 및 기타 자료

박은하 2015년 1월 3일

한울림 사물놀이 연보, 미출판 한울림 자료(제공 한울림)

한울림 웹사이트 https://www.samulnori.xyz/home

〈부록〉 영문 사물놀이/풍물 저작 목록

Bussell, Jennifer L. "A Life of Sound: Korean Farming Music and its Journey to Modernity." B.A thesis, University of Chicago, 1997.

Choi, Yoonjah. "Gendered Practices and Concepts in Korean Drumming: On the Negotiation of "Femininity" and "Masculinity" by Korean Female Drummers." PhD dissertation, The City University of New York, 2014.

Dilling, Margaret. "The Script, Sound, and Sense of the Seoul Olympic Ceremonies." *Contemporary Directions: Korean Folk Music Engaging the Twentieth Century and Beyond.* edited by Nathan Hesslink. Berkeley: Institute of East Asian Studies, University of California, 2001, pp. 171-234.

_____. "Stories inside Stories: Music in the Making of the Korean Olympic Ceremonies." *Korea Research Monograph* 29. Berkeley: Institute of East Asian Studies, University of California, 2007.

Han, Myung-hee. "SamulNori: Providing a Musical Release." *Koreana* (Korea Foundation, 1993), 7(4), pp. 34-35.

Hesselink, Nathan. "Of Drums and Men in Chŏllabukto Province: Glimpses into the Making of a Human Cultural Asset." *Korea Journal* (Korean National Commission for UNESCO, 1998), 38(3), pp. 22-36.

_____. "A Tale of Two Drummers: Percussion Band Music in North Chŏlla Province, Korea." Ph.D. dissertation, SOAS, University of London, 1998.

____. "Two Sides of a Similar Coin: a Common Origin Hypothesis in Honam Region Percussion Band Music/Dance." *Tongyang Ŭmak* (Journal of the Asian Music Research Institute, 1999), Vol.21, pp. 175-225.

____. "On the Road with 'Och'ae Chilgut': Stages in the Development of Korean Percussion Band Music and Dance." *Contemporary Directions: Korean Folk Music Engaging the Twentieth Century and Beyond.* edited by Nathan Hesslink. Berkeley: Institute of East Asian Studies, University of California, 2001, pp. 54-75.

_____. "'P'ungmul is Played with Your Heel!' Dance as a Determinant of

Rhythmic Constructs in Korean Percussion Band Music/Dance." *Eumakgwa Munhwa* (Korean Society for World Music, 2001), No. 4, pp. 99-110.

____. "Modernization, Urbanization, and the Re-emergence of the Professional Korean Folk Musician." *Hangukumakhakbo* (The Society for Korean Historico-Musicology, 2002), Vol. 29, pp. 717-746.

____. "SamulNori as Traditional: Preservation and Innovation in a South Korean Contemporary Percussion Genre." *Ethnomusicology* (Society for Ethnomusic ology, 2004), 48(3), pp. 405-439.

____. P'ungmul. South Korean Drumming and Dance. Chicago: University of Chicago Press, 2006.

____. (trans.) "The Formation of Namsadang Troupes: Chapter One A Study of Namsadang Troupes." by Sim Woosung, Translated, edited, and with an introduction by Nathan Hesslink. *Acta Koreana* (Keimyung University, 2006), 9(2), pp. 31-57.

____. "Taking Culture Seriously: Democratic Music and Its Transformative Potential in South Korea." *Worlds of Music* (Geor August University Göttingen, 2008), 49(3), pp. 75-106.

____. "Yongdong Nongak: Mountains, Music, and the SamulNori Canon." *Acta Koreana* (Keimyung University, 2009), 12(1), pp. 1-26.

____. "Rhythm and Folk Drumming (P'ungmul) as the Musical Embodiment of Communal Consciousness in South Korean Village Society." *Analytical and Cross-Cultural Studies in World Music.* edited by Michael Tenzer and John Roeder. New York: Oxford University Press, 2011, pp. 263-287.

____. *SamulNori: Contemporary Korean Drumming and the Rebirth of Itinerant Performance Culture.* Chicago: University of Chicago Press, 2012.

____. "The Ethnomusicologist and a Composer." *Eumakgwa Munhwa* (Korean Society for World Music, 2014), No.31, pp. 31-44.

Heyman, Alan C. "Samul-nori (Quadrason) - Four Traditional Percussion Artists in Search of a Star." *Korea Journal* (Korean National Commission for UNESCO, 1983), 21(12), pp. 43-45.

Howard, Keith. "Nongak, the changgu, and Kim Pyŏngsŏp's Kaein Changgo Nori." *Korea Journal* (Korean National Commission for UNESCO, 1983), 23(5), pp. 15-31.

____. "Nongak, the Changgu, and Kim Pyŏngsŏp's Kaein Changgo Nori." *Korea Journal* (Korean National Commission for UNESCO, 1983), 23(6), pp. 23-34.

_____. *Korean Musical Instruments: A Practical Guide.* Seoul: Se-kwang Music Publishing, 1988.

____. *Bands, Songs, and Shamanistic Rituals: Folk Music in Korean Society.* Seoul: Korea Branch of the Royal Asiatic Society, 1989. Second edition, 1990.

____. "Why do it that way? Rhythmic models and motifs in Korean percussion bands." *Asian Music* (Society for Asian Music, 1991), 23(1), pp. 1-59.

____. "Samul Nori: A Re-Interpretation of a Korean Folk Tradition for Urban and International Audiences." *Tradition and Its Future in Music: Report of SIMS 1990 Osaka.* edited by Yoshijiko Tokumari et al. Osaka: Mita Press, 1991, pp. 539-546.

____. "Folk Music and Folk Bands." *Korean Cultural Heritage: Performing Arts.* edited by Jungwon Kim. Seoul: Korea Foundation, 1997, pp. 58-63.

_____. "Nongak(P'ungmul Nori)." *Garland Encyclopedia of World Music, 7, East Asia: China, Japan, and Korea.* edited by Robert C. Provine, Yosihiko Tokumaru and J. Lawrence Witzleben, eds. New York: Routledge, 2001, pp. 929-940.

_____. "Teaching SamulNori: Challenges in the Transmission of Korean Percussion." *Cultural Diversity in Music Education.* edited by Campbell and Patricia Shehan, Bowen Hills. Qld.: Australian Academic Press, 2005, pp. 133-140.

____. "Imploding the Percussion Gestalt: SamulNori and Emerging Korean Tradition." *Acta Koreana* (Academia of Koreana, Keimyung University, 2006), 9(1), pp. 13-33.

____. *Preserving Korean Music: Intangible Cultural Properties as Icons of Identity.* Aldershot: Ashgate, 2006.

____. *Creating Korean Music: Tradition, Innovation and the Discourse of Identity.* Aldershot: Ashgate, 2006.

____. "Professional Music: Instrumental." *Music of Korea.* edited by Byong Won Lee and Yong-Shik Lee. Seoul: National Gugak Center, 2007, pp. 127-141.

____. *SamulNori: Korean Percussion for a Contemporary World.* SOAS Musicology Series. London: Ashgate, 2015.

Kang, Jun-hyuk. "The Faces of SamulNori." *SamulNori.* edited by SamulNori, 135. Seoul: Art Space Publication, 1988.

Kim, Dong-Won. "What is SamulNori?." *SamulNori Textbook:* 1-5. edited by Kim Duk Soo. Seoul: Overseas Koreans Foundation, Korean National University

____. "Chungbae, Its Structure and Flow." *Kim Duk Soo: Spirit of Nature*. Unpaginated Booklet to CD, Nanjang TE004-01, Seoul: Nanjang Music, 2001.

Kim Dong-won and Ju Jae-yeon. "Liner Note." *On the Road: The 50th Anniversary of Kim Duk-woo's Debut*, (CD recording). translated by Yang Jong-sung, supervised by Suzanna Samstang, NSC-175, 2007.

Kim, Duk Soo. "Author's Introduction" and "Preliminaries." *Korean Traditional Percussion: Samul Nori Rhythm Workbook 1, Basic Changgo*. Korean Conservatorium of Performing Arts, SamulNori Academy of Music (Kim Duk Soo, Lee Kwang Soo, Kang Min Seok). Seoul: Sam-Ho Music Publishing, 1992, pp. 7-11, 15-28.

_____. ed. *SamulNori Textbook*. Seoul: Overseas Koreans Foundation, Korea National University of Arts, 1999.

____. ed. Kim Dong-won(writer), and Pak Shingil(translator). *Samulnori Textbook*. Seoul: Overseas Koreans Foundation, Korean National University of Arts, 1999.

Kim, In Suk. "Research on Samullori Education in Schools." *SOAS-AKS Working Papers in Korean Studies* (London: SOAS, University of London, 2012), No.26.

Kim, Jun-Woo. "Twentieth-Century Discourses on Korean Music in Korea." Ph.D. dissertation, University of Michigan, 2002.

____. "The Influence of Tourism on the P'ungmul Performance a Chongdong Theater." *Eumakgwa Munhwa* (Korean Society for World Music, 2003), No.8, pp. 145-159.

Kim, Kwangŏk. "Socio-Cultural Implications of the Recent Invention of Tradition in Korea: An Overview." *Papers of the British Association for Korean Studies* (British Association of Korean Studies, 1991), Vol.1, pp. 7-28.

Kim Ri-hye. "Playing As They Go." *SamulNori*. edited by SamulNori. Seoul: Art Space Publication, 1988, p. 135.

Kim, Young-ja. "The Korean Namsadang." *Drama Review* (New York University School of Arts, 1981), 25(1), pp. 9-16.

Korean Conservatorium of Performing Arts. *SamulNori, Korean Traditional Percussion SamulNori Rhythm Workbook 1: Basic Changgo*. Seoul: Sam-ho Music Publishing, 1992.

Ku, Hee-seo. "SamulNori vs. Mu: The Tenth Anniversary of SamulNori." *Koreana* (Korea Foundation, 1989), 3(1), pp. 74-75.

____. "Samul Nori: Taking Korean Rhythms to the World." *Koreana* (Korea Foundation, 1994), 8(3), pp. 24-27.

Kwon, Donna. "The Roots and the Routes of P'ungmul in the United States." *Eumakgwa Munhwa* (Korean Society for World Music, 2001), No. 5, pp. 39-65.

____. "Music, Movement and Space: A Study of the Madang and P'an in Korean Expressive Culture." PhD dissertation, University of California, 2005.

Lee, Catherine In-young. "The Drumming of Dissent during South Korea's Democratization Movement." *Ethnomusicology* (Society for Ethnomusicology, 2012), 56(2), pp. 179-205.

____. "Encounters with Samulnori: The Cultural Politics of South Korea's Dynamic Percussion Genre." PhD dissertation, Harvard University, 2012.

____. *Dynamic Korea and Rhythmic Form.* Wesleyan University Press, 2018.

Lee, Soo-jin. "Diasporic P'ungmul in the United Stated: A Journey between Korea and the United States." PhD dissertation, Ohio State University, 2011.

Park, Shingil. "Negotiating Identities in a Performance Genre: The Case of P'ungmul and Samulnori in Contemporary Seoul." Ph.D dissertation, University of Pittsburgh, 2000.

Provine, Robert C. *Drum Rhythms in Korean Farmers' Music.* Seoul: Private Publication, 1975.

____. "Die Rhythmischen Strukturen in Der Koreanischen Folklore." *Korea Kultur Magazin* (Institut für Kor. Kultur, 1982), No. 1, pp. 156-175.

____. "Drumming in Korean Farmers' Music: A Process of Gradual Evolution." *Music in Context: Essays for John M. Ward.* edited by Anne Dhu Shapiro. Cambridge, MA: Harvard University Press, 1985, pp. 441-452.

____. "Korea." *Ethnomusicology: Historical and Regional Studies.* edited by Helen Myers. London: Macmillan, 1993, pp. 363-376.

Samstag, Suzanna. "Samulnori." *Koreana* (Korea Foundation, 1988), 2(3), pp. 43-49.

____. eds. *SamulNori.* Photographs by Ichiro Shimizu, translated by Suzanna M. Samstag, Kim Ri-hye and Kwak Hye-song. Seoul: Art Space Publication, 1988.

Shin, Yong-ha. "A Social History of Ture and Nongak Music." *Korea Journal* (Korean National Commision for UNESCO, 1985), 25(3), pp. 4-18.

Sim, Woo-sung. "Namsadang: Wandering Folk Troupes." *Koreana* (Korea

Foundation, 1997), 11(2), pp. 44-49.

Sohn, Tae-soo. "Samul Nori Has Roots in Spirit of Koreans: Kim Duk-soo Celebrates 20th Anniversary of His Percussion Quartet." *Korea News Review* (Herald Corporation, 1997), 26(5), p. 31.

Song, Hye-jin. "Music: East Meets West/ Foreigners Find Fulfillment on Korea's Traditional Music." *Koreana* (Korea Foundation, 1994), 8(3), pp. 28-32.

Yu, Youngmin. "Musical Performance of Korean Identities in North Korea, South Korea, Japan and the United States." PhD dissertation, University of California Los Angeles, 2007.

University Musical Society, Youth Education Program. *SamulNori: Teacher Resource Guide.* Ann Arbor: University Musical Society, 2002.

Zo, Zayoung. "The Old Woman and Her Duduri." *SamulNori.* edited by SamulNori. Seoul: Art Space Publication, 1988.

[ABSTRACT]

Process and Characteristics of the Globalization of Korean Samulnori

Kim, Hee-sun*

Beginning in 1978, *samulnori* — an urbanized, staged performance of *pungmul* (a Korean folk music rooted in farming culture) — embarked on a global trajectory through concert performances and recordings, expanding its reach through global world music, international mega events, academia, the Korean diaspora community, and global *samulnori* activists. *Samulnori*'s global brand has affected its reception by local audiences and influenced the process of its later becoming one of the main repertoires of *gugak*.

From the start, the goal of Kim Duk-soo's *samulnori* ensemble, SamulNori was to gain global recognition. Over the last forty years, SamulNori has appeared in various concerts, international mega events, international performing arts and world music festivals, and as part of cross-genre collaborations. In this way, they have achieved their aim and secured their position within multiple global performing arts contexts. Furthermore, through educational programs, workshops, festivals, and competitions, SamulNori has created a pool of global *samulnori* practitioners and acquired the position as suzerain within the genre to the extentthat the proper noun "SamulNori" became the common noun used for the whole genre of *samulnori*, a global brand.

Along with SamulNori, there have been three other important actors

* Associate Professor, Department of General Education, Kookmin University and the Former Director of Division of Music Research at the National Gugak Center

in the global dissemination and branding of *samulnori*. The *samulnori* group of the National Gugak Center began in 1984, among others. Launched five years after the original SamulNori, this ensemble secured legitimacy as a national institution and has performed a unique role informing global audiences about *gugak* through cultural diplomacy performances and *gugak* education programs, and thus became another important axis point in the globalization of *samulnori*. Interest and international scholarship on SamulNori/*samulnori* have also played an important role in securing, expanding, and locating *samulnori* in the global sphere. Scholars aided the reception of *samulnori* by taking the role of mediators, acting as scholar-practitioner-teachers. Finally, the Korean diaspora, which has practiced *samulnori* as a tool of social cohesion and a means to strengthen Korean identity within their respective countries of residence, has also become an important player in the dissemination of *samulnori*.

Samulnori's role in national cultural diplomacy, on the global world music scene, and in globalized tourism-based performance culture has resulted from its practitioners' awareness of history and ideas about practicing their own "spirit of the age." By attaining status as a global brand, *samulnori* has had an effect on all modernized *gugak* genres as well as onKorean performing arts history.

1920~1930년대 연해주 한인들의 문화예술 활동 연구*

양민아**

이 연구는 1923~1937년(소련 탄생~강제이주 전)까지 초기 소비에트 건설기의 사회 · 문화적 환경 안에서 연해주 한인들의 문화예술 활동에 대한 연구이다. 1923년 소비에트연방이 성립되자 소비에트 정권은 소수민족들을 사회주의 체제로 흡수하기 위해 소수민족 문화의 다양성을 인정하는 융화와 양보의 민족정책과 사회주의 이념을 전파하기 위한 선전활동으로 예술을 적극적으로 이용한다. 이러한 당시 소련의 정치적인 상황은 연해주의 한인들이 공식적으로 민족예술을 꽃피울 수 있는 환경을 제공한다.

사회주의 이전 러시아 제정 시기의 한인들에게 민족예술 활동은 모국에 대한 그리움의 발로였다면, 초기 소련 시기의 한인들의 민족예술 활동은 소수민족이지만 새로운 사회의 구성원으로서 자신들의 정체성을 확립하고 존재감을 표출하는 수단이었다. 그들의 문화예술 활동은 크게 세 가지로 나누어볼 수 있다. 첫째, 1928년 한인 라디오 방송. 한인 라디오 방송은 한인들의 전통민요 발굴과 새로운 한글노래 창작 활동을 활성화시키는 계기가 되었다. 그리고 전통민요 곡조에 사회주

* 이 글은 “1920-30년대 연해주 한인들의 공연예술 활동 현황연구,” 『재외한인연구』 제34집(재외한인학회, 2014) 297-322쪽에 게재된 논문을 수정 · 보완한 것입니다.

** 중앙대학교 외국학연구소 HK연구교수

의를 찬양하는 한글 노랫말을 붙여 부르는 새로운 한인들의 노래가 탄생할 수 있었다. 둘째, 1932년 고려극장의 설립. 1932년부터 1937년까지 원동시기의 고려극장은 극단으로서의 기틀이 형성되고, 민족연극이 탄생하였다. 그들은 고전작품들의 무대화뿐 아니라 사회의 부조리를 고발하는 사회주의 리얼리즘에 영향을 받은 작품들 그리고 러시아 고전의 번안 · 각색극 등 다양한 시도들을 통해 그 예술성을 인정받게 되었다. 셋째, 1930년대 소인예술단 민족예술경연대회의 참가. 1920~1930년대의 민족예술경연대회는 연해주 한인들이 연극, 노래, 음악연주, 춤 등 새로운 민족예술 작품들의 창작을 활성화하는 계기를 마련하였으며, 한인들의 예술적 재능을 연해주 사회에 널리 알리고, 김알라(Ким Алла Ивановна, 1921~1995) 같은 재능 있는 무용예술가도 발굴할 수 있었다.

1920~1930년대 연해주 한인들의 문화예술 활동의 특징은 첫째, 비전문가들이 예술을 창작하고 공연하는 소인예술단(素人藝術團), 둘째, 노동자들이 중심이 되어 만든 노동자청년극단(ТРАМ), 셋째, 다양한 장르의 짧은 소품들을 한 공연에서 보여주는 에스트라다(Эстрада) 형식의 공연을 위한 민속춤과 음악의 공연무대화이다. 특히 이 당시 한인들의 공연작품에서는 클래식음악, 러시아 민속춤과 음악, 한인들의 전통춤과 음악 그리고 전통춤과 음악 형식에 사회주의 이념의 내용을 담은 소비에트 한인들의 문화에서만 나타나는 독특한 창작 작품들을 볼 수 있다. 이처럼 1920~1930년대 연해주 한인들의 문화예술 활동은 소비에트 사회의 보편적인 예술에 한인문화의 특수성을 녹여 독특한 민족예술 세계를 구축하였다. 그들의 예술은 1937년 강제이주 직전 꽃을 피우고 있었으나, 일본의 스파이라는 누명을 쓰고 강행된 강제이주로 큰 손실을 입는다.

현재까지 러시아의 한인들은 소련과 러시아를 거치면서 사회주의 혁명, 강제이주, 몇 차례의 전쟁, 사회주의 붕괴라는 세계사적인 흐름 안에서 소수민족으로서 차별을 겪으며 격동의 세월을 살아 온 '비운의 아이콘'의 이미지로 조명되는 경우가 많았다. 그러나 러시아의 한인들은 역사적 조국을 떠나 러시아라는 새로운 나라로 이주하여 러시아의 새로운 환경에 적응하고 적극적으로 러시아 문화를 받아들여 그들만의 새로운 문화를 창조하였다. 이는 러시아 사회의 문화를 보다 풍요롭고 다양하게 만들 수 있었다. 그들의 문화와 예술이 어려운 환경에 유연하게 대처하며 지켜낸 민족예술이라는 사실이 우리에게 주는 시사점은 매우 크다. 이 연구가 연해주 한인들의 문화를 이해하는 데 조금이나마 도움이 될 수 있기를 기대한다.

연구 방법은 문헌연구, 러시아 현지 문헌과 사료 수집을 위한 현장조사, 연해주 한인신문 『선봉』과 블라디보스토크 고리키 국립공공도서관(ПКПБ им А.М. Горького)에 보관하는 연해주 공산당기관지 『적기(Красное знамя)』의 기사 분석, 연해주국립문서보관소(ГАПК) 사료 분석을 사용하였다.

Ⅰ. 서론

1917년 사회주의 혁명 이후 러시아의 사회주의자들은 예술을 사회주의 이념을 전파하고 사회주의 체제를 굳건히 하는 도구로 사용했다. 이와 함께, 레닌과 스탈린의 소수민족들의 문화를 인정하는 관용적인 민족정책은 새로운 사회주의 국가인 소비에트연방에서 민족예술이 꽃피울 수 있는 기반을 마련했다. 1920년대 말부터 1930년대 초에는 다양한 민족들의 예술 활동을 조직하고 장려하는 정부 부처들이 탄생한다. 이러한 소비에트의 정치적 배경 하에서 연해주 한인들은 연해주 한인 라디오 방송과 라디오 페스티벌, 그리고 민족예술경연대회 등의 문화예술 활동에 적극적으로 참여하여 두각을 나타내었으며 그 예술성을 인정받을 수 있었다.

이 글은 1923~1937년까지 (사회주의 국가인 소비에트연방 탄생부터 연해주 한인들의 강제이주 전까지) 연해주 한인들의 문화예술 활동을 살펴보려고 한다. 고려극장은 1932년 9월 9일 연해주에서 창립되어 강제이주로 카자흐스탄으로 이전한 이후 현재까지 약 90년간 러시아 한인들의 문화예술의 중심지 역할을 했다. 이 연구는 고려극장 창립 이전부터 고려극장이 탄생할 수 있도록 노력했던 다양한 연해주 한인들의 문화예술 활동과 고려극장을 둘러싼 다양한 활동들에 대해 알아보려고 한다.

러시아의 한인 디아스포라 역사연구자 페트로프 A. I.(Петров А. И.)에 따르면 사회주의화 이전의 연해주 한인사회에서 한인들의 전통춤과 음악은 떠나온 고향을 그리워하는 마음, 그리고 나라를 잃은 설움을 달래고 민족을 하나로 모아주는 구심점 역할을 했다(Петров А. И.,

2001: 263-264)고 한다. 따라서 이 연구에서는 사회주의화 이후의 민족 예술은 연해주 한인들에게 어떤 의미로 재탄생되는지 알아볼 것이다.

지금까지 재외한인 연구는 이주사, 민족정체성, 정치, 경제활동에 대한 연구가 주류를 이루었다. 2000년 이후 문학을 시작으로 재외한인들의 문예활동에 대한 연구가 시작되고 있다. 러시아 한인들의 경우에는 고려극장과 소인예술단을 중심으로 한 음악, 한글문학 그리고 희곡에 대한 연구가 진행되었다.[1] 그리고 러시아 음악역사학자 코롤레바 V. A.(Королева В. А.)의 러시아 자료를 기반으로 한 연해주 한인들의 음악과 연극 활동에 대한 깊이 있는 연구는 이 연구에 큰 영향을 주었다.[2] 이 연구는 연해주 한인들의 문화예술 활동에 대한 1차적인 연구로, 당시 소비에트 건설기라는 사회 · 문화적 환경에서 한인들의 문화예술 활동에 대해 총체적으로 알아볼 것이다.

연구 방법은 문헌연구, 현지조사, 러시아 연해주 한인신문 『선봉』과 연해주 공산당기관지 『적기(Красное знамя)』의 기사 분석, 연해주국립문서보관소(ГАПК)의 사료 분석을 사용하였다.

---

1 김보희, 『소비에트시대 고려인 소인예술단의 음악활동』(한울아카데미, 2009); 김보희, "소비에트시기 고려극장의 역사와 음악 활동: 원동시기를 중심으로," 『한국음악연구』(한국국악학회, 2009), 제46집, 5-30쪽; 조규익, 『CIS 지역 고려인 사회 소인예술단과 전문예술단의 한글문학』(태학사, 2013); 조규익, "고려인 소인예술단의 국문노래에 나타난 전통노래 수용 양상," 『韓國文學論叢』(한국문학회, 2013), 63집, 393-424쪽.

2 Королева В. А., "Театрально-концертная деятельность российских корейцев на Дальнем Востоке России в 1920-1930-е гг," *Обсерватория культуры* (2012), No. 5, pp. 68-73; Королева В.А., "Корейская музыка в программах национального радиовещания на Дальнем Востоке России 1926-1937 гг," *Вестник Российского корееведения* (2012), No. 4 pp. 27-34.

Ⅱ. 1920~1930년대 연해주 한인들의 사회와 문화

1. 1920~1930년대 연해주 한인들의 사회

19세기 중엽부터 정치 · 경제적인 이유로 러시아로 이주한 한인들은 1917년 사회주의 혁명과 그 이후 1922년까지 러시아 내전이라는 격동의 시기를 겪었다. 그리고 그들은 1923년 새롭게 탄생한 사회주의 국가인 소비에트 연방에서 인민으로의 삶을 시작하며, 당시 한인들의 극동지역으로의 유입은 더욱 늘어났다. 1923년 농촌 및 도시의 인구조사자료에 따르면, 이 지방 한인들은 총 11만 280명이었으며, 연해주의 한인들은 10만 6,406명으로 그중 9만 4,082명이 마을과 촌락에 살았다. 그 이후 극동의 한인의 수는 꾸준히 증가하였다. 「극동혁명위원회 1925년도 보고서」에서는 지역 한인 수를 13만 명으로, 그중 러시아 국적 한인들은 6~7만 명으로 밝히고 있다. 1926년 한인 숫자는 이미 17만 명에 달했다(박보리스, 부가이 니콜라이, 2004: 220-221).

1922년 10월 25일 일본군의 철수로 시베리아 내전이 종결되고 11월 15일 원동 공화국의 영토는 소비에트 러시아에 편입되었다. 내전이 종결되었지만 내전 당시 볼셰비키 혁명세력에 가담하여 내전 승리에 크게 기여한 한인들에게 곧바로 평안이 찾아온 것은 아니었다(반병률, 1997: 152). 새로 탄생한 국가에서 한인들은 신경제정책, 토지문제, 소수민족으로서 러시아 국적 취득문제, 한인 지도자들에 대한 스탈린의 반대파 숙청 등 여러 가지 어려운 상황에 직면했다. 이와 함께 1929년부터 연해주 지방의 제1차 5개년계획과 더불어 집단화의 반대자들에 대한 반우파투쟁(反右派鬪爭)과 농업생산의 집단화가 급속히 진행되었다(반병률, 1997: 155). 1929년은 '농민들이 마을 전체 단위로, 면 단위로, 지구 단위로 집단농장화의 길을 가던 해'로 '대변혁기'인 스탈린의 해로 선포되었다. 이해에는 극동지역도 나라 전체의 다른 곳과 마찬가지로 전면적인 집단화를 목표로 하는 집단농장화 운동이 폭넓게 전개되었다. 이 과정에서 소수민족 농가, 특히 규모 면에서 1위를 차지하고 있던 한인 농가들은 집단화에 큰 관심을 기울였다. 극동집행위원회는 1920~1930년 극동지역 소수민족 및 현지인 집단화 계획을 통해 한인들의 집단농장(콜호스, Колхоз) 건설을 촉진했다(박보리스, 부가이 니콜라이, 2004: 260). 1931년 한인 집단농장들은 이미 2만 호에 이르게 되었고, 이는 연해주 모든 농가의 75%에 달하는 것이었다. 벼농사, 양잠, 어업 등 여러 분야에서 진행된 한인의 집단농장화는 1934년 완전히 종료되었다(박보리스, 부가이 니콜라이, 2004: 278).

사회주의화가 진행된 소비에트 건설기의 급격한 정치 · 경제 · 사회적인 변화에 대응하며 한인들은 큰 혼란을 겪었다. 그러나 1930년대 중반 연해주 한인의 숫자는 20만 4천 명에 달하며 경제와 문화는 비록 사회주의 체제 안에서이지만 부흥기를 맞을 수 있었다.

2. 1920~1930년대 연해주 한인들의 문화

1920년대의 한인들은 소련 사회의 국가의 기틀을 마련하기 위한 체제정비 과정에서 오는 혼란과 더불어 어려움을 겪었다. 그러나 스탈린의 '민족과 민족적 차별에 대한 양보정책'으로 소수민족들은 민족공화국에서 자치공화국, 자치주, 민족구에 이르기까지 차등을 두고 고유 영토와 입법, 행정, 사법을 포함한 정부기관, 헌법 등을 보유했고, 자기 언어와 문자로 교육 및 문화생활을 영위할 권리를 인정받을 수 있었다. 스탈린의 지역적 가치 개념은 소연방을 수많은 민족의 색깔로 칠하고 그들의 문화생활을 고취하는 것으로 구현되었다(서규환 · 이완종,

2007: 19). 따라서 소련 사회가 1920년대 후반부터 안정기에 들어서자 강제이주 전까지 한인들은 사회주의 체제 내에서 그들만의 문화를 꽃피울 수 있었다.

1917년까지 원동지역에는 4년제 초등학교가 15개에 불과하였으나(반병률, 1997: 158), 1936년 지방 인민교육부 자료에 따르면 287개의 초등학교와 53개의 준중등학교 및 4개의 중등학교(총 344개)가 있었다. 이들 중 한인 학교의 비중은 극동공화국 전체 숫자의 12.5%였다. 그러나 극동지역의 민족학교 가운데 한인 학교가 인원수로는 1위를 차지하고 있었다. 이와 더불어 극동공화국에는 세계 유일의 한인 사범대학이 있었고, 2개의 교육전문학교, 1개의 농업기술학교, 지방 한인 소비에트당원학교, 고등공산주의농업학교 조선과가 있었다(박보리스, 부가이 니콜라이, 2004: 289). 강제이주 직전인 1937년 8월에는 한인의 교육문화기관으로 초등학교가 300여 개, 초급중학교 60여 개, 중등학교 및 전문학교 20여 개, 기타 모범종람소 등의 군중문화기관 150여 개가 있고, 출판물은 1천여 종에 달했다(반병률, 1997: 158). 대표적인 한인군중문화기관으로 1923년 5월 28일 블라디보스토크 신한촌에 문을 연 스탈린 구락부(스탈린 클럽)[『선봉』, 1928년 6월 3일자 「스딸닌구락부 창립五주년긔념식」]와 1927년 12월 11일 하바롭스크에 설립된 광동 꼼무나 구락부(광동 코뮌 클럽)[『선봉』, 1929년 12월 31일자 「광동꼼무나뎨이주년긔념」]는 연해주 한인들의 문화예술교육과 공연활동의 중심지였다.

1924년 연해주 위원회는 한인들의 문화사업의 기본 방향을 교육, 출판, 클럽조직, 극장 설립, 정치적 계몽, 문맹퇴치, 반종교적 선전운동으로 명시하고 있다(Сон Ж. Г., 2013: 224). 그리고 각 집단농장에서는 생산성 향상을 위해 음악, 창가 및 연극 동아리의 조직과 예술 활동을 장려했다(임채완 외, 2012: 351). 1930년대 전반 문화 · 계몽활동 분야에서도 많은 변화가 있었다. 1932년 한인 거주지의 대중 도서관의 숫자는 200개 이상이었다. 제1차 경제개발 5개년 계획기간 동안 한글 발간

서적은 20종 5천 권에서 176종 140만 8천 권으로 늘어났다. 문화·계몽활동에서 중요한 의미를 차지한 것은 바로 정기 간행물이었다. 극동공화국에서는 『선봉』, 『문화』, 『새세계』, 『노동자』, 『노동신보』, 『동아공산신문』 등 6개의 잡지와 7개의 신문이 한글로 발간되었다. 가장 대중적이었던 한인 신문 『선봉』의 발행부수는 1만 부에 달했다(박보리스, 부가이 니콜라이, 2004: 290). 1920년대 후반과 1930년대 전반 러시아 한인들의 문학이 급속히 발전하기 시작했으며, 러시아 한인 문학의 시조는 조명희였다. 조기천, 염선영, 최영, 김진, 이길수 등 젊은 한인 작가들의 초기 작품들은 신문 『선봉』에 발표되기도 했다. 한인 문학 발전의 최고 절정기는 하바롭스크에서 문학 전집인 『노동자의 조국』이 발간된 1930년대 중반이었다. 이와 더불어 한인들은 집단농장과 클럽을 중심으로 연극 및 춤과 노래가 함께하는 다양한 문화예술 활동을 펼쳤다. 이러한 활동은 1932년 9월 9일 원동변강고려극장의 설립으로 이어졌다. 연해주 한인사회에서 정부의 지원을 받는 고려극장의 탄생은 한인들의 문화예술 활동이 새로운 국면을 맞았음을 알렸다. 이는 소련 사회에서 한인들의 예술성을 인정받을 수 있는 발판을 마련한다.

Ⅲ. 1920~1930년대 연해주 한인들의 문화예술 활동분석

1. 연해주 한인들의 문화예술 활동의 사회·문화적 배경

1920~1930년대 사회주의 국가로서의 소련은 사회주의 체제의 정당성을 확립하기 위해 두 가지 큰 과제를 안고 있었다. 첫째는 소련 내의 여러 소수민족들을 체제 안에 통합시키는 것, 둘째는 사회주의 이념을 국가 통치 체제로서 일반인들에게 인식시키는 것이었다. 이 과제를 해결하기 위해 소련은 예술이라는 수단을 이용하였고, 특히 관객에게 파급효과가 큰 무대예술의 활성화에 경제적 · 정책적인 지원을 아끼지 않았다. 아름다운 사회주의의 이상을 현실에 반영하기 위해 사회주의 리얼리즘을 바탕으로 예술을 수단이나 도구로 인식하고 있는 것이다(스테판 코올, 1985: 149-150). 다시 말해 소비에트 정권은 사회주의 선전의 도구로 민중예술과 민족예술을 앞세워 자신들의 정치체제를 확고히 할 수 있었다. 소련 사회에서 소수민족으로 거주하는 연해주 한인들의 문화와 예술 또한 당시 소련의 사회 · 문화적 환경의 직접적인 영향하에 있었다.

소비에트 사회는 귀족들의 전유물이었던 예술을 농민과 노동자들도 향유할 수 있는 시민사회로 전환된다(채혜연, 2008: 418-419). 특히 "소비에트 연방의 여러 소수민족의 문화는 형식은 민족적이나 본질은 사회주의적이어야 한다{И. В. Сталин. *Правда*(진실). № 177. 1930-6-29. "Политический отчет Центрального комитета XVI съезд ВКП(б)[소연방 공산당(볼셰비키) 제16회 대회 중앙위원회 정치보고서]"}는 소련 건국 초기 레닌과 스탈린의 민족문화 정책과 함께 레닌의 예술 대중화 정책이 시행되었다.

이와 더불어 과학기술의 발달과 함께 라디오와 영화라는 새로운 매체의 출현은 사회주의 선전활동과 예술의 대중화에 박차를 가한다. 이러한 분위기 속에서 소비에트 사회에서 대중에게 인기 있는 공연예술 장르인 에스트라다(Эстрада)[3]와 비전문가인 대중이 직접적으로 예술의 창작과 연희의 주체로 활동하는 소인예술단(素人藝術團, Художественная самодеятельность)[4]과 노동자청년극단(ТРАМ)[5]이라는 새로운 형태의 공연양식과 공연 주체가 탄생한다. 러시아 최초의 마르크스주의자였던 알렉산드르 보그다노프(А. А. Богданов)의 프롤레타리아 문화사상[6]에 기초하여 각종 노동자의 문화와 연극, 미술동호회의 통합체였던 '프롤레트쿨트(Пролеткульт)'가 1917년 9월에 창설되었다. 새로운 프롤레타리아 문화건설과 학문발전 그리고 철학연구와 예술에 대한 관심을 고조시키는 것이 프롤레트쿨트의 목적이었다(슐리긴 꼬쉬만, 2002: 276-

3 러시아어로 '소무대'를 의미하는 '에스트라다(Эстрада)'는 프랑스를 통해 러시아에 유입된 스페인어로, 전통적인 농촌 야외 쇼부터 근대 나이트클럽의 소희극에 이르기까지 매우 넓은 범위의 라이브 공연을 지칭한다[Richard Stites, 김남섭 옮김, 『러시아의 민중문화』(한울아카데미, 2008), 40쪽]. 즉, 에스트라다는 하나의 공연에서 풍자극, 만담, 서커스, 춤, 노래 등 여러 소품들을 고루 보여주는 종합공연예술의 형식이다.

4 소인예술단(素人藝術團)의 소인(素人)이란 비전문가, 즉 아마추어를 뜻하는 일본어 시로토(しろうと)의 한국식 발음이다("蘇聯 속의 高麗人을 찾아서 사할린에서 타슈켄트까지(8)," 『동아일보』, 1989.7.28). 1917년 사회주의 혁명 이전부터 소련 시기를 풍미한 민중예술의 한 형태로, 러시아어로 'художественная самодеяетльность(자발적 예술단)'라 하는 동아리, 클럽활동 등을 포함한 소규모 아마추어 예술단 또는 '자발적 예술단'의 활동이 활발했다. 소비에트 사회에서 자발적 예술단은 비전문가들이 모여 스스로 예술작품을 창작하고, 단체 또는 개인으로 노래, 재담, 연주, 춤, 기예, 단막극 등의 공연활동을 펼쳤다[소비에트 대백과사전(Большая советская энциклопедия), 1978 참조].

5 ТРАМ(Театр рабочей молодежи, 노동자청년극단)은 1920년대 중반부터 1930년대에 성행한 노동자와 청년들이 주축이 되어 설립한 극단. 이들은 사회주의 선전 또는 정치적 내용을 담은 연극들을 상연했다. 1925년 레닌그라드에서 처음 출현하여 1928~1929년 연해주지역에 등장했다[소비에트 대백과사전(Большая советская энциклопедия), 1978 참조].

6 알렉산드르 보그다노프(А. А. Богданов)는 원칙적으로 오직 프롤레타리아 계급만이 자신의 노동형식이 지닌 특수한 성격을 토대로 하여 프롤레타리아 예술을 창조할 수 있다고 생각했다. 그는 정치적 변혁이나 경제적 변혁보다는 문화혁명에 우선성을 부여했다(훌거 지이겔, 1990: 59-60; 채혜연, 2008: 420 재인용).

277; 채혜연, 2008: 420 재인용). 이 외에도 극동지방에 1920년 4월 민족계몽부(Министерство народного просвещения)가 조직되고 산하에 민족교육과(Отдел народного образования), 그리고 연극-공연 관련 단체 관리국(Управление театрально-зрелищных предприятий)[7] 등의 민족문화 활동과 공연예술 관련 행정부처들이 생기면서 소수민족들의 소인예술단과 노동자청년극단들이 활발히 활동할 수 있는 순회공연, 경연대회, 축제, 시연회 등이 조직 · 개최된다.

이러한 민족공연예술의 활성화는 민족예술 작품들이 공연예술로서 인정받아 안무가들의 작품 활동에 동기를 부여했다. 모이세예프 I. A.(Моисеев И. А., 1906~2007)나 비르스키 P. P.(Вирский П. П., 1905~1975) 등 무용수이며 발레안무가들이 민족무용단을 창단[8]한 것이 대표적인 예이다. 따라서 각 민족의 민족춤이 소비에트 발레안무가들에 의해 무대공연용으로 재구성되어 에스트라다 공연작품이나 오페라, 발레 안의 여흥거리(Divertissement)[9]인 성격무용(Character Dance) 등의 공연예술 작품으로 재탄생한다(Шереметьевская Н. Е., 1985: 185-214). 1927년 6월 14일 모스크바 볼쇼이극장에서 초연한 첫 번째 사회주의 발레 「붉은 양귀비(Красный мак)」[10]에는 우크라이나 민속음악 「야블로취까

7 연극-공연 관련 단체 관리국[Управление театрально-зрелищных предприятий (КрайУЗП)]은 1929~1933년까지 존재한 극동공화국 정부부처이다. 1933년 문을 닫았다가 1933년 12월 재개하여 후에 '예술관리국(Управление по делам искусств)'으로 개칭하여 원동지역의 예술 관련 일을 담당하고 있다.

8 소련 인민예술가이며 유명한 안무가 모이세예프는 1937년 소련민족무용단(Ансамбль народного танца СССР)을 창단하고, 소련 인민예술가인 우크라이나의 출신 안무가인 비르스키도 1937년 우크라이나공화국민족무용단(Ансамбль народного танца УССР)을 창단한다. 이 두 명뿐 아니라 1920~1930년대에는 유명한 안무가들에 의해 민족예술의 무대화가 활발히 진행되었다.

9 디베르티스망(Divertissement, 여흥거리)은 발레나 오페라의 줄거리와 관계없이 공연의 재미와 여흥을 위해 막간에 삽입하는 짧은 춤 작품들을 이르는 용어이다. 발레 「호두까기 인형」 중 등장하는 각 나라의 민속춤이 디베르티스망의 대표적인 예이다(두산백과 '디베르티스망' 참조).

10 발레 「붉은 양귀비(Красный мак)」 또는 「붉은 꽃(Красный цветок)」 전 1막 3장. 작곡:

(Яблочко)」를 교향곡 형식으로 편곡한 음악에 춤「해군무도(Матросский танец, Яблочко)」가 삽입되었다. 이는 소련 발레예술계에서 이례적인 사건이었으며, 이 작품을 계기로 소비에트 발레에 여흥거리로 고팍춤 등 각종 민속춤과 민족발레가 등장하는 계기가 된다.

레닌과 스탈린의 민족정책에 의하면, 소비에트의 여러 소수민족의 문화는 형식이었고, 그 형식들은 마르크스-레닌주의라는 실질 내용으로 통합되어 사회주의적으로 용해되어야 했다(서규환 · 이완종, 2007: 2-3). 이렇듯 한인들은 소련의 새로운 시민으로서 예술단을 조직하고 사회주의 체제 내에서 제한적인 민족예술 활동을 할 수 있었다. 따라서 기존의 전통민요와 전통 연극작품 외에 사회주의 리얼리즘의 영향으로 전통민요 곡조에 사회주의를 선전하는 내용의 노랫말을 붙인 새로운 형태의 한글 노래와 사회주의의 긍정적인 모습을 담은 창작 한인 연극이 탄생한다. 그리고 한인들은 마을이나 집단농장에서 소규모의 인원으로 소인예술단과 노동자청년극단을 조직하여 집단농장 내에서뿐만 아니라 다른 농장을 방문하는 순회공연의 형태로 음악과 춤, 연극 등 다양한 공연활동을 펼쳤다. 이러한 노력이 결실을 맺어 1932년 9월 원동변강고려극장이 연해주에 탄생할 수 있었고, 강제이주 직전인 1937년은 연해주 한인예술의 절정기로 한인들은 전 소련 라디오 방송축제, 원동변강민족예술경연대회 등에 참가하여 공식적으로 그 예술성을 인정받을 수 있었다.

글리에르 R.(Глиэр Р.) 리브레토: 쿠릴코 M.(Курилко М.), 초연: 1927년 6월 14일, 모스크바 볼쇼이극장.

2. 연해주 한인들의 문화예술 활동

1) 연해주 한인 라디오 방송과 전 소련 라디오 방송축제

19세기 말 과학기술의 발달로 라디오와 영화가 등장하여 여가활동의 폭이 넓어졌다. 소련은 사회주의 선전활동을 위해 국가 차원에서 라디오와 영화보급에 노력을 기울였다. 1928년 소비에트 당간부 고려부에 라디오방송위원회가 조직되었고, 4월 8일(일) 연해주에 한글 라디오 신문방송이 처음 시작되었다. 이 한글 라디오 신문방송은 2주에 한 번씩 일요일 오후 6시 30분부터 8시까지 1시간 30분 동안 한글로 진행되었다. 제1회 방송 내용은 ① 라디오 신문방송에 대한 선언, ② 최근 조선, 중국, 일본의 소식, ③ 소비에트 농촌에 관계된 소식, ④ 파종 선전, 『선봉』 신문 선전에 관한 논설, ⑤ 노래: 「뜨락또르(트랙터) 타령」, 타령(한글), 기타 재미있는 노래(7~8곡), ⑥ 음악: 단소, 바이올린, 만돌린 연주, ⑦ 유머의 7개의 코너로 구성되었다(『선봉』, 1928.4.8, 「라

〈그림 1〉 해삼시 라디오 방송국 내 조선분과의 독창가들(왼쪽부터 리 니콜라이, 최운학, 채계도, 리봉운). 사진: 베스보코프

출처: 『선봉』, 1937.5.24.

디오(무선뎐화)신문을 방송」).

사실, 한인 라디오 방송은 사회주의 이념을 전파하기 위한 수단으로서 시작했지만, 러시아어를 모르는 한인들도 국제정세나 사회문제에 대해 알 수 있게 되고, 한인들의 음악적 재능과 한글 노래를 소비에트 전역에 알릴 수 있는 기회를 제공하였다. 따라서 한인 라디오 방송은 한인들의 전통민요 발굴과 새로운 한글 노래 창작활동을 활성화시키는 계기가 되었다. 그리고 민요곡조에 새로운 가사를 만들어 부르는 차스투슈카(частушка) 형식을 차용하여 전통 민요 곡조에 사회주의를 찬양하는 한글 노랫말을 붙여 부르는 새로운 한인들의 노래가 탄생하였다.

이러한 한인 방송은 나날이 발전하고 그 능력을 인정받아 1936년에는 매일 50분으로 방송 편성시간이 늘어난다(ГАПК Ф.П-1 Оп.1 Д.519 Л. 58). 그리고 1936년 3월 27일 모스크바에서 개최된 제1회 전 소련 라디오 방송 축제에 한인 작곡가이며 고려극장의 연출가인 연성용을 단장으로 연해주 라디오방송위원회의 한인 합창단이 참가한다. 합창단의 공연은 코민테른 라디오 중계소를 거쳐 소련 전역에 중계되었다. 한인 합창단은 총 30명으로 다양한 직업을 가진 전문인과 비전문음악인들이 고루 섞여 있었다. 이들은 3개월간 전통민요, 혁명가요, 현대가요 세 장르의 35곡을 연습하였다(이영춘 · 박홍갑 · 강인구 편, 2009: 174-175). 축제에서는 전통민요「날게다령」,「신타령」,「토끼화상」, 혁명가요「아침의 기상(Пробуждение утра)」,「돌격어선(Ударный кунгас)」 등 다수의 곡을 선보였다. 전통민요는 전통악기반주로, 현대노래는 피아노 반주로 공연했다. 현대가요와 혁명가요의 절반 이상은 연성용의 작품이었다. 그리고 리니콜라이의 독창「노한 파도(Сердитая волна)」는 참가자들 중에서 최고점수를 받으며 그 예술성을 인정받았다.[11] 전 소련 라디

11 노래 제목은 김보희, 『소비에트시대 고려인 소인예술단의 음악활동』(파주: 한울아카데미, 2009), 301-310쪽의 부록 1 정추가 녹음한 민요목록(1958~1967)에서 참고하여 기재하였다.

오방송위원회 음악 방송 지도자들은 한인 합창단의 공연 기량을 높이 평가했다. 이러한 모스크바에서의 성과는 10월 혁명 20주년 기념 민속예술제의 초청으로 이어진다. 한인 합창단은 민속예술제 참가를 위해 「스탈린 찬가」, 「조국의 찬가」 등 새로운 10곡을 준비(『적기(Красное знамя)』, 1937.4.16, 「모스크바 시민들이 우리의 노래를 들었다(Нас слушала Москва)」)하던 중 강제이주를 맞는다. 만약 한인들이 강제이주를 당하지 않았더라면 소련사회에서 그리고 현재 러시아사회에서도 한인예술의 위상은 크게 달라졌을 것이다.

2) 노동자청년극단(ТРАМ)과 원동변강고려극장(Корейский краевый передвижный театр)

소비에트 시절에는 사회주의 선전활동의 한 형태로 노동자청년극단의 활동을 정책적으로 장려하고 활성화시켰다. 특히 연극은 다른 형태의 예술보다도 가장 방대한 공연예술의 미적 표현 방법들을 보유하고 있다. 따라서 많은 관객이 공연을 통해 생생한 감정을 느끼거나 깊은 감정의 변화를 일으킬 수 있는 예술 장르이다[Королева В. А., 「러시아 원동에서의 중국과 한국의 연극(Китайский и Корейский театры на дальнем востоке россии)」]. 현재 CIS지역 한인들의 공연예술의 메카인 고려극장도 이 노동자청년극단의 활동으로 시작했다. 1920년대 말부터 1930년대 초까지 극동지역에는 몇 개의 노동자 또는 청년들이 주축이 되어 만든 연극동아리들이 활발히 활동했다. 연해주 블라디보스토크 담배공장, 신한촌, 블라디보스토크 8번 중학교, 푸칠로프카 마을의 농민청년학교, 니콜스크-우수리스크 사범학교의 연극동아리들이 두각을 나타냈다(Ким И. Ф., 1982: 6-8).

이러한 연극동아리들의 활동이 기반이 되어 1930년 블라디보스토크와 1931년 9월 10일 하바롭스크에서 고려노동자청년극단(『선봉』, 1931.9.10, 「고려로력청년극단(劇團)의 조직」), 그리고 1937년 4월 11일 유대인 자치구 비로비드산 시내에 유대인 극단지도자와 15명의 한인 청

〈그림 2〉 연극「류보프 야로바야(Любовь Яровая)」의 피날레 장면(사진: В. Мискова)

출처: 『적기(Красное знамя)』, 1937.5.16,「대성공을 거둔 첫 작품(Большой успех первого спектакля)」

년으로 구성된 고려극단이 설립되었다(『선봉』, 1937.5.15,「비로비드산 시내에 고려극단 조직」). 블라디보스토크에서 창립된 고려노동자청년극단은 단장 염사일, 감독 연성용을 필두로 30명의 단원들로 구성되었다. 그러나 재정적인 문제로 1931년에 어업노동조합 내의 선전활동부에 편입되었고, 이후 1932년 9월 9일 원동변강고려극장으로 재탄생한다.

1932년부터 1937년까지 원동 시기의 고려극장에서는 극단으로서의 기틀이 형성되고, 민족적 연극이 탄생할 수 있었다. 이 시기는 고려극장의 작품창작 성향이 결정될 수 있었던 매우 중요한 시기이다. 이 시기에「춘향전」,「심청전」등 고전작품들의 무대화뿐 아니라 사회의 부조리를 고발하는 사회주의 리얼리즘에 영향을 받은 작품들인「장평동의 횃불」,「동변 빨치산」,「선도 상섭」, 그리고 러시아 고전의 번안 · 각색극 등 다양한 시도들이 있었다. 특히 1937년 5월 13일 고리끼극장에서 트레뇨프 К.(Тренёв К.)의「류보프 야로바야(Любовь яровая)」를 한글로 번안 · 각색한 공연은 연해주 사회에 반향을 일으키며, 고려극장이 연해주 정부로부터 진정한 예술단체로 인정받을 수 있었던 중요한 작품이다[『적기(Красное знамя)』, 1937.5.16,「대성공을 거둔 첫 작품(Большой успех первого спектакля)」; 『태평양의 별(Тихоокеанская зведа)』,

1937.5.28, 「고려극장에서 류보프 야로바야(≪Любовь Яровая≫ в корейском театре)」; 이영춘 · 박홍갑 · 강인구 편, 2009: 177-181)]. 그리고 이 시기에는 연성용, 채영, 태장춘, 최길춘, 리함덕 등 고려극장의 예술성을 구축한 한 걸출한 1세대 러시아 한인 연출가, 작가 그리고 배우들이 탄생한 시기이기도 하다.

3) 소인예술단과 민족예술경연대회

사회주의 혁명 이후 러시아 그리고 소련 사회에서는 비전문인 예술단체, 즉 소인예술단의 에스트라다 순회공연 활동이 활발했다. 소인예술단 활동이 활성화된 이유는 위정자들이 노동자들을 사회주의 국가의 시민으로서 교육하고 계몽하고 사회주의의 이상을 알리기 위해 공연예술을 이용했기 때문이다. 따라서 '비전문인의 예술창작활동'을 학교 교과목으로 채택하였고, 비전문인들의 예술 활동 참여에 대한 의미와 효과에 대한 학술연구는 소인예술단 활동에 정당성을 부여했다. 소인예술단 활동으로 과거에는 귀족들만이 누릴 수 있었던 예술을 혁명 이후에는 농민과 노동자들도 여가활동을 즐길 수 있고, 예술 활동에 적극적으로 참여하면서 사회적인 평등함과 공평함을 느낄 수 있었다. 그리고 축제, 예술경연대회, 시연회 등의 다양한 공연을 통해서 자신의 존재감을 표출할 수 있는 기회를 갖고 이에 대한 국가적인 보상과 지원도 받을 수 있었다. 따라서 소비에트 정부는 대중이 사회주의 시대를 맞아 소수민족으로 자신들의 민속예술활동에 참가하며 새로운 국가의 시민으로서 소속감과 만족감을 느낄 수 있도록 유도하였고 사회주의 체제로 통합시키려는 정치적인 의도가 있었다.

1920~1930년대에는 비록 사회주의 선전활동의 수단이었지만, 국가적으로 공연예술의 중요성이 부각되자 연해주 한인들은 1928~1929년 2년간에 걸쳐 세 차례의 고려인 예술경연대회를 개최하여 연극, 노래, 음악연주, 춤 등 새로운 작품들의 발굴에 힘을 기울였다. 그리고 선봉신문사는 지면광고를 통해 수시로 연극 각본과 노래

등을 공모했다. 그리고 개인들이 집에 보관하고 있는 전통악기의 기증을 받아 연주자들이 연주할 수 있도록 했다.

이러한 한인들의 민족예술활동에 대한 노력이 빛을 발한 곳이 민족예술경연대회이다. 1932년 8월에 모스크바에서 개최된 제1회 전 연방 소인예술단 민족예술경연대회(Первая Всесоюзная олимпиада самодеятельного творчества)는 소비에트 전역에 대중을 위한 민족예술 공연이 활성화하고 발전하는 계기가 된다(Никитина Е. В., 2004: 32). 1935년부터는 연해주 하바롭스크에서도 매년 사흘간에 걸쳐 개최되었다. 그뿐 아니라 어업, 양잠, 농업, 광업 등 각 업종별 집단농장에서도 소규모 민속예술대회가 성황을 이루었다. 연해주지역 예술경연대회에 참가하기 위해 사전에 지역 및 노동조합별 예선이 실시되었고, 예선을 통과한 이들이 시 주최의 대회에 참가할 수 있었다. 특히, 한인들은 1936년 ‘제1회 원동변강 연해주 콜호스(Колхоз, 집단농장) 소인예술단 민족예술경연대회(Первая Приморская областная колхозная олимпиада

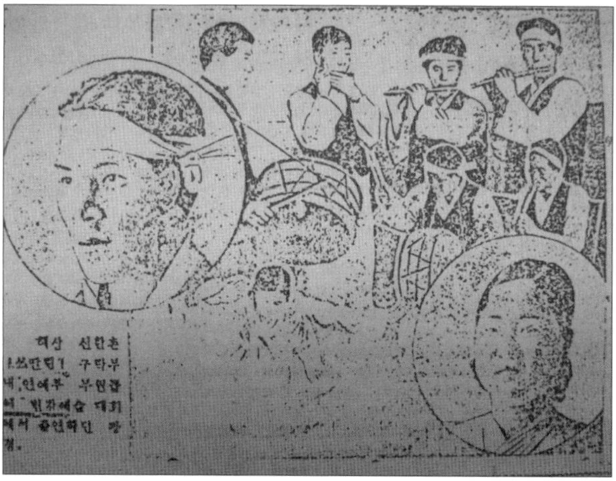

〈그림 3〉 해삼 신한촌 스탈린구락부의 연예부원들의 변강예술대회 출연 광경

출처: 『선봉』, 1936.11.12.

народного творчества ДВК)'와 하바롭스크에서 개최된 공산당 주최의 예술경연대회에도 참가하여 좋은 성적을 거두어 한인들의 예술적 재능을 연해주 사회에 널리 알릴 수 있었다.

연해주국립문서보관소(ГАПК)에는 1936년 10월 29일부터 11월 3일까지 개최된 '제1회 연해주 콜호스 소인예술단 민족예술경연대회'에 대한 기록이 개회부터 심사위원들의 심사평까지 자세히 남아 있다(ГАПК Ф.П-1, Оп.1, Д.521, Л.27-60). 이 대회의 심사위원은 채영, 정빅토르, 연성용, 최길춘 등 당시 고려극장 관계자들과 연해주 공연예술관계자들이 맡았다. 대회의 명칭에는 '한인'이라고 명시하지 않았으나 참가자들과 심사위원들의 구성으로 보아 한인민속예술경연대회였음을 유추할 수 있다. 경연 부문은 노래, 음악연주, 연극, 무용 4부문으로 구성되었다. 실제 경연은 10월 29, 31일, 11월 1일 3일간 오전, 오후 경연으로 나뉘어 진행되었다. 오전 경연은 심사위원들과 당 관계자들만 참가하는 비공개 경연이었다. 오전 경연 후 각 부문 심사위원들은 회의를 통해 경연 결과를 보고하고 저녁에 있을 공개 시연회에 올릴 작품들을 선정한다. 그러나 실력이 좋더라도 사회주의 이념에 부합하지 않은 공연작품은 공개 시연회에 참여할 수 없었다(ГАПК Ф.П-1, Оп.1, Д.521, Л.32). 이처럼 표면적으로는 민족예술을 활성화하는 것처럼 보이지만 실제로 그 안에 사회주의의 검열이라는 엄격한 제도가 있었음을 알 수 있다. 경연에서 좋은 성적을 거둔 팀은 11월 3일에 개최된 '제3회 연해주 노동자의회 회의 기념 민속예술공연(Выступлений народного творчества на 3-м областном съезде советов приморской области)'에 출연할 수 있는 기회가 주어졌다. 이 공연은 총 3부로 구성되었는데 그중 2부에 한인들이 대거 출연하였고 3부에는 두 작품이 있었다. 2부의 공연작품 중 한인들이 출연한 작품은 다음과 같다(ГАПК Ф.П-1, Оп.1, Д.521, Л.47).

① 전통민속놀이 - 구성_ 진우, 출연 12명(슈코트 지역 콜호스 '새세계', '동변의 빨치산', '붉은 노을' 등의 노동자)

② 민요 「새타령」 노래, 해금연주 「자연가_ 이경칠(슈코트 지역, '레닌' 콜호스)

③ 전통춤 「한삼춤」_ 리 리다, 량마르파(슈코트 지역, '레닌' 콜호스)

④ 독창 「달밤의 해변」_ 정인동

⑤ 전통춤 「검무」_ 김춘삼(슈코트 지역, '레닌' 콜호스)

⑥ 민요독창 _ 김경숙(부제노프 지역)

⑦ 바이올린 연주 「에반송」_ 강치성(부제노프 지역, '붉은 수찬' 콜호스)

⑧ 「자연가」 북 반주_ 김응삼

⑨ 대금연주 「새타령」_ 린추실(부제노프 지역)

3부에서 주목할 만한 작품은 김알라(Ким Алла Ивановна, 1921~1995)와 칼미코프(Калмыков)의 2인무다(ГАПК Ф.П-1, Оп.1, Д.521, Л.48). 김알라는 당시 독립운동가이며 한인사회주의자로 명망이 높던 김만겸(金萬謙, 1866~1921)의 딸로 이번 공연에서 그 재능을 인정받아 제2회 원동변강 예술경연대회에 참가할 수 있었다. 이사도라 던컨의 제자이며 1920~1930년 레닌그라드에서 당대 최고의 명성을 누리던 에스트라다 무용단 〈무용예술〉의 단장 베라 마이야(Вера Майя, 1891~1974)가 순회공연을 위해 연해주지역을 방문했다가 김알라의 공연을 보고 자신의 무용단에 입단할 것을 제안했을 정도로 그녀의 실력은 수준급이었다(Шин Д.В., Пак Б.Д., Цой В.В. 2011: 117). 이보다 한 달 앞서 하바롭스크에서 6일 동안 개최된 제2회 원동변강 노동자민속예술경연대회에서도 김알라는 특유의 유연함과 우아함으로 매우 수준 높은 작품을 선보였는데, 『적기(Красное

〈그림 4〉 김알라(1950년대 레닌그라드에서)

출처: Шин Д. В., Пак Б. Д., Цой В. В., 2001: 115

знамя)』는 그녀의 예술성을 극찬하며 그 성과를 대서특필했다(『적기(Красное знамя)』, 1936.10.3, 「김알라의 뛰어난 성과(Исключительный успех Аллы Ким)」). 이후 김알라는 베라 마이야와 함께 레닌그라드(현 상트페테르부르크)로 이주하여 활동하며 재능 있는 무용예술가로서 강제이주도 피할 수 있었으며, 제2차 세계대전 시기에는 군대로 위문순회공연을 다녀 예술로 전쟁으로 지친 군인들을 위로하였다는 공로가 인정되어 표창을 받았다. 그녀는 평생 레닌그라드에 거주하며 에스트라다 무용수로서 소비에트 시기의 에스트라다 무용발전에 크게 기여했다(양민아, 2014: 33).

이처럼 민족예술경연대회는 한인들의 예술 활동을 촉진하고 경연대회를 통해서 자신들의 존재감을 표출할 수 있고, 더 나아가 예술에 재능 있는 한인들이 발탁되어 소비에트 예술발전에 기여하며 그에 상응하는 사회적 인정과 보상을 받을 수 있는 기회였다.

3. 연해주 한인들의 문화예술 활동의 특징

1920~1930년대 소련 사회에서 확고한 사회주의 체제구축과 선전활동을 위해 민중문화의 발달과 민족예술의 부흥이라는 두 축을 중심으로 한인들은 비록 제한적이었지만 그들의 민족예술을 꽃피울 수 있었다. 특히 연극, 음악, 춤 등의 공연예술은 관객들에게 미치는 넓은 파급력과 영향력이라는 장점을 가지고 있기에 선전활동의 주요 수단이었다(『선봉』, 1931.9.10, 「고려로력청년극단(劇團)의 조직」). 이러한 사회적 분위기 속에서 한인들의 가장 중요한 과제는 사회주의 이념을 바탕으로 하는 소련 사회에서 보편적인 예술의 장르 안에서 한인들의 문화적 특수성을 살릴 수 있는 작품들을 창출하는 것이었다.

이러한 환경이 반영된 한인들의 공연예술의 특징은 공연형식과 작품형식 그리고 그 내용 면에서 살펴볼 수 있다. 공연의 형식적인 면에서는 소비에트의 문화 영향을 그대로 이어받아 첫째, 비전문인들로 구성된 소인예술단, 둘째, 노동자청년극단 활동에 기초하여 탄생한 원동변강고려극장의 연극공연활동, 그리고 마지막으로 춤과 음악 중심의 에스트라다 형식의 순회공연활동으로 정리할 수 있다.

특히 한글 민요는 한인 라디오 방송이 시작되면서 전통민요의 발굴과 창작의 물꼬를 텄다. 한글 민요는 전통민요, 전통민요 선율의 골격은 유지하면서 새로운 가사를 붙인 민요들, 비교적 전통민요의 선율을 유지하고 있는 민요들(전통민요를 모티프로 창작된 민요들), 변종(창작) 노래들의 네 가지로 구분할 수 있다(조규익, 2013: 89). 그리고 그 내용 부문에서는 한인들에 의해 전승되는 민요들을 제외하고 새로운 내용의 노래들이 탄생했다. 노래들은 그 내용에 따라 네 가지로 분류할 수 있다. 첫째, 모국에 대한 슬픔을 표현한 노래, 둘째, 독립운동가, 셋째, 빨치산들의 혁명가, 넷째, 한인들의 애국심을 노래하거나 개인의 감정을 표현한 서정적 노래들이다(Королева В. А., 2008: 255).[12]

한인들의 창작 작품의 형식을 이러한 기준으로 구분하면 첫째, 전통춤과 전통민요 그리고 전통연극(「심청전」, 「춘향전」, 「장한몽」 등), 둘째, 유럽의 클래식과 무도, 소련의 각 소수민족들의 민속춤과 음악, 러시아 작품의 번안연극(「류보프 야로바야」, 「여섯 명의 연인」 등), 셋째, 전통예술의 형식에 사회주의를 찬양하는 내용의 노래(「뜨락또르(트랙터) 타령」)와 연극(「장평동의 횃불」, 「동북선」, 「선도 상섭」 등)으로 분류할 수 있다. 이렇게 연해주의 한인들은 소비에트의 공연예술이라는 보편적인 형식 안에서 한인들의 문화적 특수성을 반영하여 그들만의 독특한 예술세계를 구축할 수 있었다.

12 조규익은 이러한 러시아 한인들의 노래에는 '탈향의 정서'로 설명할 수 있는 디아스포라 의식이 반영되어 있다고 얘기한다. 따라서 러시아 한인들의 노래에서 디아스포라 의식은 디아스포라 의식의 보편성, 디아스포라 의식의 구체적 방향성, 변이된 디아스포라 의식으로 나타난다고 말한다(조규익, 2013: 111-125).

Ⅳ. 맺음말

소비에트 역사에서 1920~1930년대는 초기 사회주의 국가로서의 기틀을 다지던 시기였다. 체제 확립을 위해 '융합'과 '부흥'을 모토로 한 스탈린의 '민족과 민족적 편견에 대한 양보정책'과 레닌의 '예술 대중화 정책'은 소비에트 내 각 소수민족의 예술을 부흥시키고 예술의 창작과 향유계층을 농민과 노동자 계급으로 확대시켜 민중예술의 발달을 가져왔다. 이는 소비에트 정부가 사회주의 이념을 전파하기 위해 예술 특히 공연예술을 사회주의 선전활동의 도구로 이용하면서 민족 라디오 방송, 민족예술축제와 시연회 그리고 민족예술경연대회를 통해 가능해졌다. 이러한 사회 · 문화적 분위기와 사회주의 리얼리즘은 연해주에 소수민족으로서 거주하는 한인들이 사회주의라는 제한적인 환경이지만 민족예술 활동을 할 수 있는 기반을 조성해 주었다.

사회주의 이전 러시아 제정시기의 한인들에게 민족예술 활동은 모국을 떠나온 이들의 그리움의 발로 또는 독립운동의 일환으로 민족정체성을 형성하고 애국심 고취하는 이주민들의 활동으로 규정할 수 있다면, 초기 소련 시기 한인들의 민족예술 활동은 소수민족이지만 새로운 사회의 구성원으로 한인들의 정체성을 확립하고 존재감을 표출할 수 있는 수단이었다. 이러한 한인들의 문화예술 활동은 소비에트 예술의 영향을 받아 당시 사회에서 유행하던 에스트라다 공연 형태, 노동자청년극단, 소인예술단의 활동이 주류를 이루었다. 그러나 그 활동 내용에는 한인 문화의 특수성을 반영하여 그들만의 독특한 예술세계를 구축했다. 그들은 1928년 한인 라디오 방송, 1932년 고려극장의 설립, 1930년대 중반에 활발히 개최된 소인예술단 민속예술경연대회에서 예술성을 인정받게 된다. 이러한 소련 사회의 예술 환경에서 한인 예술의 특수성을 녹여 그들만의 민족예술로 승화시킨 연해주 한인들의 공연예술은 1937년 강제이주 직전까지 꽃을 피우고 있었으나 일본의 스파이라는 누명으로 강행된 강제이주로 큰 타격을 입는다. 만약 한인들이 강제이주를 당하지 않았더라면, 한인들의 공연작품이나 한인 문화를 모티프로 한 작품들을 카자흐스탄의 고려극장에서뿐만 아니라 현재 러시아의 볼쇼이극장이나 마린스키극장에서도 볼 수 있지 않았을까 하는 생각을 해본다.

현재까지 러시아의 한인들은 소련과 러시아를 거치면서 사회주의 혁명, 강제이주, 몇 차례의 전쟁, 사회주의 붕괴라는 세계사적인 흐름 안에서 소수민족으로서의 차별을 겪으며 격동의 세월을 살아 온 '비운의 아이콘'이라는 이미지로 조명되는 경우가 많았다. 그러나 디아스포라는 더 이상 희생자가 아니라 새로운 환경에 도전했던 용기 있는 도전자들로 이해해야 한다(R. Cohen 1996: 507-520)는 로빈 코헨(Robin Cohen)의 주장처럼 러시아의 한인들은 거주국인 러시아의 새로운 환경에 적응하고 적극적으로 그 문화를 받아들여 그들만의 새로운 문화를 창조하였다. 이는 러시아 사회의 문화를 보다 풍요롭고 다양하게 만드는 밑거름이 되었다. 그들의 문화와 예술이 어려운 환경에 유연하게 대처하며 지켜낸 민족예술이라는 사실이 우리에게 주는 시사점은 매우 크다. 이 연구가 연해주 한인들의 문화를 이해하는 데 조금이나마 도움이 될 수 있기를 기대한다.*

* 출전: 양민아, "1920~30년대 연해주 한인들의 공연예술활동 현황 연구," 『재외한인연구』(서울: 재외한인학회, 2014), 제34호, 297-322쪽.

참고문헌

김보희. 『소비에트시대 고려인 소인예술단의 음악활동』. 파주: 한울아카데미, 2009a.

____. “소비에트시기 고려극장의 역사와 음악 활동: 원동시기를 중심으로.” 『한국음악연구』(한국국악학회, 2009b), 제46집, 5-30쪽.

박보리스 · 부가이 니콜라이. 김광환 · 이백용 옮김. 『러시아에서의 140년간: 재러한인 이주사』. 서울: 시대정신, 2004.

서규환 · 이완종. “사회주의와 민족문제: 소련의 민족정책을 중심으로.” 『슬라브研究』(한국외국어대학교 러시아연구소, 2007), 23권 19호, 1-29쪽.

슐리긴 · 꼬쉬만 · 제지나. 김정훈 외 옮김. 『러시아 문화사』. 서울: 후마니타스, 2002.

스테판 코올. 여균동 옮김. 『리얼리즘의 역사와 이론』. 서울: 한밭출판사, 1985.

양민아. “고려인예술가들의 등용문 민족예술경연대회.” 『춤과 지성』(한국춤문화자료원, 2014), 6호, 32-36쪽.

____. “1920-30년대 연해주 한인들의 공연예술활동 현황 연구.” 『재외한인연구』(서울: 재외한인학회, 2014), 제34호, 297-322쪽.

이영춘 · 박홍갑 · 강인구 편. 『러시아 · 중앙아시아 한인의 역사(자료집)』. 국사편찬위원회, 2009.

임채완 · 허성태 · 정금희 외. 『연해주 고려인의 법과 생활 그리고 교육(1920~30년대)』. 성남: 북코리아, 2012.

조규익. 『CIS 지역 고려인 사회 소인예술단과 전문예술단의 한글문학』. 파주: 태학사, 2013a.

____. “고려인 소인예술단의 국문노래에 나타난 전통노래 수용 양상.” 『韓國文學論叢』(한국문학회, 2013b), 63집, 393-424쪽.

채혜연. “1920년대 소련음악에 나타난 다양성, 대중성, 창조성: 현대음악과 프롤레타리아음악.” 『노어노문학』(한국노어노문학회, 2008), 20권 2호, 417-440쪽.

홀거 지이겔. 정재경 옮김. 『소비에트 문학이론』. 연구사, 1990.

Robin Cohen. “Diasporas and the nation-state: from victims to challengers.” *International Affairs* (1996), 72(3), pp. 507-520.

Ким И. Ф. *Советский корейский театр*. Алма-Ата: Өнер, 1982.

Королева В. А. *Музыка и театр корейцев на Дальнем Востоке России 1860-1937 гг. -диалог истории и искусства-*. Владивосток: Издательство

Дальневосточного университета, 2008.

_____. "Театрально-концертная деятельность российских корейцев на Дальнем Востоке России в 1920-1930-е гг." *Обсерватория культуры* (2012a), No.5, pp. 68-73.

_____. "Корейская музыка в программах национального радиовещания на Дальнем Востоке России 1926-1937 гг." *Вестник Российского корееведения* (2012b), No. 4, pp. 27-34.

Никитина Е. В. "Организация музыкальной самодеятельности в приморье смотры и фестивали. 1950-1960-е годы." *Россия и АТР* (2004), No. 3, pp. 32-28.

Петров А. И. *Корейская диаспора в России 1897-1917гг.* Владивосток: ДВО РАН, 2001.

Сон Ж. Г. *Российские корейцы: всесилие власти и бесправие этнической общности 1920-1930.* М: Гриф и К, 2013.

Шин Д. В., Пак Б.Д and Цой В. В. *Советские коерйцы на фронтах Великой Отечественной войны 1941-1945 гг.* М.: ИВ РАН, 2011.

Шерметьевская Н. Е. *Танец на эстраде.* М.: Искусство, 1985.

자료

『선봉』. 1928.4.8.「라디오(무선뎐화)신문을 방송」.

『선봉』. 1931.9.10.「고려로력청년극단(劇團)의 조직」.

『선봉』. 1936.11.12.「해삼 신한촌 쓰딸린 구락부 연예부원들의 변강예술대회 출연 광경」.

『선봉』. 1937.5.15.「비로비드산 시내에 고려극단 조직」.

『선봉』. 1937.5.24.「해삼시 라디오 방송국내 조선쎅찌야의 독창가들」.

『적기(Красное знамя)』. 1936.10.3.「김알라의 뛰어난 성과(Исключительный успех Аллы Ким)」.

『적기(Красное знамя)』. 1937.4.16.「모스크바시민들이 우리의 노래를 들었다(Нас слушала Москва)」.

『적기(Красное знамя)』. 1937.5.16.「대성공을 거둔 첫 작품(Большой успех первого спектакля)」.

И. В. Сталин. *Правда*(진실). № 177. 1930.6.29. "Политический отчет Центрального комитета XVI съезд ВКП(б)(소연방 공산당(볼셰비키) 제16회 대회 중앙위원회 정치보고서)."

『태평양의 별(Тихоокеанская зведа)』. 1937.5.28.「고려극장의 류보프 야로바야(≪Любовь Яровая≫ в корейском театре)」.

Королева В. А. “Китайский и Корейский театры на дальнем востоке россии.” http://koryo-saram.ru/v-a-koroleva-kitajskij-i-korejskij-teatry-na-dalnem-vostoke-rossii/검색일 2014.8.30.

연해주국립문서보관소(ГАПК) 사료

ГАПК Ф.П-1, Оп.1, Д.519 Л.58.

ГАПК Ф.П-1, Оп.1, Д.521, Л.27-60.

[ABSTRACT]

A Study on Korean Russian Cultural and Artistic Activities in Primorsky Krai from the 1920s to the 1930s.

Yang Mina*

This study examines the cultural and artistic activities of Korean Russians in Primorsky Krai in the early Soviet construction period from 1923 to 1937 (from the birth of the Soviet Union until right before forced emigration). When the Soviet Union was established in 1923, the Soviet regime actively used art as propaganda and agitative activities to spread the socialist ideology and a national policy of harmony and concession that acknowledged the diversity of ethnic cultures in order to bring minorities into the socialist system. The political situation of the Soviet Union provided an environment for Korean Russians in the Primorsky Province to officially flourish their national art at the time.

During the Russian Empire, the national artistic activities of Korean Russian were an expression of their longing for their homeland. However, during the early Soviet period their national artistic activities were a means of establishing their identity and expressing their presence as members of a new society. Their cultural and artistic activities can be divided into three categories. First, a Korean radio broadcast; second, the Korean Theater; and third, participation in the Folk Arts Olympiad. The characteristics of their cultural and artistic activities are as follows. First, the Amateur Art Troupe (素人藝術團); Second, the Theater of Young Workers(TRAM); and third, folk dance and music for the stage

* Chung-Ang University Foreign Studies Institute HK Research Professor

performance (эстрада). As such, the cultural and artistic activities of Korean Russians in Primorsky Krai during the 1920s and 1930s built a unique national artistic world by fusing the peculiarities of Korean culture into the Soviet universal art.

Until now, Korean Russians have lived through turbulent times, experiencing discrimination as a minority group while going through the Soviet Union and Russia. They were often spotlighted as 'The Icon of Misfortune'. Having left Korea and migrated to a new country, however, Korean Russians adapted to the new Russian environment, actively accepted Russian culture, and created their own new culture. This made the culture of Russian society richer and more diverse. The fact that their culture and art is a unique national art that has been preserved amid difficult environments has great implications for us. The author hopes that this study will contribute to understanding Korean Russian culture in Primorsky Krai.

Research methods include literature and library research, field works in Russia and content analysis. The author analyzed articles of the Korean newspaper *Sunbong* and the Soviet newspaper *Krasnoe znamya*(Red Flag) archived in State Public Library named after Gorky (ПКПБ имА.М. Горького) in Vladivostok and historical materials in the State Archives of Primorsky Krai in Primorsky Krai of Russia.

Community, identity and performing arts: The Korean diaspora in the former Soviet Union and China

Um, Haekyung*

This chapter is concerned with a comparative study of the Korean diaspora in the former Soviet Union and China. The history of the different Korean communities in the former Soviet Union and China is briefly outlined in order to provide a context within which to describe and analyse the varied cultural development of these separate migrant societies. A review is made of the cultural policies found in the two states and their respective impacts on minority cultures in these multi-ethnic societies. Recent changes in the geo-politics and national policies of the former Soviet Union have created even more community boundaries for the Korean diaspora in what is now the Commonwealth of Independent States, while the relative stability of the Chinese superstate and the management policies of its ethnic minorities provides a point of comparison with its Korean diaspora. Finally, an attempt is made to open up a discussion about the dynamic relationships that exist between geo-politics and national policies, their influences on the creation of community boundaries and collective memory, the

* Senior Lecturer, Dept. of Music, The University of Liverpool, UK

construction of identity and performing arts for these Korean diasporas in multi-cultural societies.

Ⅰ. Introduction

This chapter[1] describes the construction and representation of identity among the Korean diaspora of the former Soviet Union and China and provides an analysis of the social, cultural and political factors that have given shape to these diaspora communities and their performing arts. First the history of the different Korean communities in the former Soviet Union and China is briefly outlined in order to provide a context within which to describe and analyse the varied cultural development of these separate migrant societies. By way of a comparative study of the Korean diaspora in the former Soviet Union and China, a review will then be made of the cultural policies found in the two states and their respective impacts on minority cultures in these multi-ethnic societies. Recent changes in the geo-politics and national policies of the former Soviet Union have created even more community boundaries for the Korean diaspora in what is now the Commonwealth of Independent States. In contrast, the relative stability of the Chinese superstate and the management policies of its ethnic minorities provides a point of comparison with its Korean

1 My research on the Korean diaspora in the former Soviet Union was funded from 1993 to 1996 by the Leverhulme Trust and the Economic and Social Research Council in the UK. A fellowship from the International Institute for Asian Studies in the Netherlands supported my comparative research on the Korean diaspora in China and the former Soviet Union from 1998 to 2000.

diaspora. Finally, by way of these examples, an attempt will be made to open up a discussion about the dynamic relationships that exist between geo- politics and national policies, their influences on the creation of community boundaries, the construction of identity and performing arts in multi- cultural societies.

Ⅱ. History of Korean migration to the former USSR

According to the 1989 Soviet census, there were 438,650 Koreans in the former USSR and they were the 28th largest ethnic group among 127 officially recognized 'nationalities'. The three largest Soviet Korean communities include: 183,140 in the Republic of Uzbekistan; 107,051 in the Russian Federation; and 103,315 in the Republic of Kazakhstan (Yi and Chôn 1993: 106).[2]

Russian involvement with Korea began in 1860 when the Treaty of Peking was signed and China gave up its Far Eastern maritime region around Vladivostok to Russia, making Korea a close neighbour. Accord- ing to some Russian sources, Koreans had already settled in the Russian maritime region by 1863. However, it was the famine of 1869 which drove many peasants from the northern part of Korea into the Russian Far East. The number of migrants rapidly increased at the turn of the twentieth century with the Japanese annexation of Korea in 1910, after which the Russian Far East became one of the three major bases for the Korean nationalist movement opposed

2 Of the Koreans in Russia, about 40 per cent (40,000) are concentrated on the island of Sakhalin making them the most cohesive Korean community in the contemporary Commonwealth of Independent States. There are also 18,355 Koreans in Kyrgyzstan, 3,431 in Tajikistan and 2,848 in Turkmenistan. Most of the remainder of the Korean population are to be found in the Baltic states and the western part of the former USSR (Yi and Chôn 1993: 106).

to Japanese colonialism.[3] During this period a number of Korean villages were established in the Russian Far East with a Korean quarter, *Sinhanch'on* (New Korean Town), in Vladivostok complete with Korean schools, theatre, churches and printing houses. The October Revolution of 1917 transformed the life of Korean migrants in the region with the new policies of integration and for the Sovietization of the Korean population. And this led to Korean migrants becoming involved in the revolutionary movement (Kho 1987; Um 1996, 2000).[4]

In 1937 nearly all of these Koreans were transferred to Soviet Central Asia by Stalin under a resettlement scheme which included many other ethnic groups such as Volga Germans, Crimean Tatars and Chechens.[5] Few Koreans could escape this forced migration on such a massive scale, undertaken to socially manipulate the political and economic ethnic compo- sition of these different regions. After Russia lost the southern part of the island of Sakhalin to the Japanese at the end of the war of 1905, Japan began to move Koreans in to supply a cheap labour force to operate the mines and railways. However, when the Japanese withdrew at the end of the Second World War, 40,000 Koreans were left behind to become part of the reclaimed territory of the Soviet Union which now extended to the entire island (Um 1996,

3 These nationalist activities were undertaken by both Korean political refugees from the peninsula and Korean migrants in the Russian Far East in association with nationalist organizations such as the Korean Nationalist Society (*Taehain Kungminhoe*) and the Society for Encouragement of Industry (*Kwônôphoe*) (Kim Sûng-hwa 1989: 62-72).

4 The first Korean communist organization, the Korean Socialist Party (*Hanin Sahoedang*), was formed in Khabarovsk in 1918 by Korean migrants and polit- ical refugees from the Korean Peninsula (Kim Sûng-hwa 1989: 86)

5 See Hosking (1992: 254-5) and Kim and King (2001: 19-44) for details of the 1937 deportation by Stalin.

2000).

Voluntary internal migration of Soviet Koreans was only permitted within the limited region of Soviet Central Asia. However, after the island of Sakhalin became a Soviet territory in 1945, several hundred Central Asian Koreans were sent to Sakhalin by the Soviet authorities as teachers and civil servants to facilitate the education and administration of the Korean population on the island, who were now regarded as new members of Soviet society. After the death of Stalin in 1953 and the subsequent implementation of Khrushchev's relatively more liberal policies, the restriction on the movement of Koreans was lifted in the mid-1950s,[6] and several thousand Central Asian Koreans moved back to the Russian Far East, which they considered 'home'. Since the 1960s a number of Sakhalin Koreans have also moved in the opposite direction, to the Russian main- land and Soviet Central Asia, in an effort to gain a higher education and improve their job prospects (Um 1996, 2000).

6 As part of de-Stalinization, Khrushchev initiated a limited cultural liberalization which produced a national revival of history, literature and arts among all the major ethnic groups. However, as was the case with the deported nationalities such as the Crimean Tatars, Meskhetinas and Volga Germans, the nationality rights of the Koreans were not fully restored (Smith 1996: 8-9).

Ⅲ. History of Korean migration to China

The Korean communities in northeast China have almost reached two million, making them the 12th largest ethnic group among the 55 officially recognized ethnic minorities in China (Ma 1989). They are the largest overseas Korean community in the world. The three largest Chinese Korean communities include: 1,103,402 in Jilin Province; 431,140 in Heilongjiang Province; and 198,397 in Liaoning Province.[7] Of the Koreans in China, over 40 per cent (834,127) are concentrated in the Yanbian Korean Autonomous Prefecture in eastern Jilin Province (Yi 1994: 75-7).

Although the movement of Koreans to China began as early as the late seventh century, the major migration of this contemporary Chinese Korean population began in the middle of the nineteenth century. The Qing dynasty's decision, in 1865, to open up Manchuria to Korean farmers and the famine of the late 1860s in the Korean Peninsula initiated the migration of Korean peasants to Manchuria. The number of migrants increased rapidly with the Japanese annexation of Korea in 1910 and China subse- quently became one of the major bases for the Korean nationalist movement,[8] which included

7 There are also 17,564 Koreans in Inner Mongolia, 3,900 in Beijing and 1,759 in Hebei Province with smaller groups in other major Chinese cities (Yi 1994: 75-7).

8 In Shanghai, a provisional government of Korea was proclaimed in 1919 with Yi Sûng-man in the US as the president and Yi Tong-hwi in the Russian Far East as the prime

military academies and schools.[9] The 1911 Chinese Revolution, led by Sun Yat-sen, ended the rule of the Qing dynasty. China was then plunged into a turbulent period of political and ideological transition. While encroachment by numerous external powers, including Europe, the US and Japan, continued, internal struggles between the Nationalist Party and the Chinese Communist Party further exacerbated the domestic political turmoil. After Japan established the puppet government of Manchukuo in 1932, Japanese authorities brought a number of Koreans to Manchuria in an attempt to supply cheap labour and control the Korean anti-Japanese nationalist movement 'by Koreans themselves'. As the conflict between the Chinese Communist Party, led by Mao Zedong, and the Nationalist Party, led by Chiang Kaishek, deepened, Koreans in Manchuria participated in revolutionary movements in alliance with the Chinese Communist Party.[10] In particular, during the Chinese civil war (1945-9) these Koreans fought against the Nationalist Party as they found the Chinese Communist Party policies more favourable to Koreans in Manchuria.[11] The foundation of the People's Republic of China in 1949 led to the establishment of the Chinese constitution in 1954 and the Korean Autonomous Prefecture in northeast Jilin Province in the same year.

minister.

9 By the late 1920s the Korean population in Manchuria had reached over 300,000 with 191 Korean schools in the region (Yi 1994: 21-3).

10 The Korean Communist Party in Manchuria was founded in 1926 and then became a branch of the Chinese Communist Party at the 1929 International Communist Party Congress in Moscow (Yi 1994: 37).

11 For example, the Chinese Communist Party guaranteed their rights of land ownership whereas the Nationalist Party did not recognize such minority rights (Yi 1994: 48-9).

IV. Soviet and Chinese cultural policies: their impact on the Korean diasporas

Korean migration to the former Soviet Union and China began around the same time under the same political, social and economic situation in their home country. In fact, many Korean migrants frequently moved between China, Russia and Korea prior to the October Revolution of 1917. However, given the different cultural and social environments of their respective host countries, the two Korean migrant communities have been subject to very different influences which have resulted in the establishment of two distinctive migrant societies.

As a matter of constitutional law, both Soviet and Chinese Koreans should have been able to exercise their minority cultural rights to maintain their language in both education and cultural expression. In practice, however, these rights were not always given the support of the Soviet authorities whose policies changed throughout the course of the turbulent history of the country.[12] For example, during the 1937 forced migration all the institutions associated with the Soviet Korean culture of the Russian Far East, such as newspapers, theatre and schools, were also moved to Soviet Central Asia. However, the Korean

12 See Bremmer and Taras (1993) and Smith (1996) for changing nationality policies of the Soviet Union.

schools in the new settlements were short-lived. In 1938 a full-time Russian curriculum was imposed on all non-Russian academic institutions (Kim and Pang 1993: 139-47), although Article 45 of the Soviet constitution[13] guaranteed every Soviet citizen the opportunity to be educated in their native language. Exception- ally, after the Soviet Union reclaimed Sakhalin in 1945 the Koreans on the island were allowed to be educated in their native language. However, this more liberal policy was reversed in the mid-1960s when the Soviet authorities decided to accelerate the process of Sovietization of the Sakhalin Koreans (Um 1996).

In the case of the Chinese Korean communities, their minority cultural rights,[14] and their language rights in particular, have been given considerable support by the Chinese state.[15] In Yanbian Korean Autonomous Prefecture, the Korean language is used as an official language in addition to the Chinese language. Korean minorities in most regions can also receive their education in Korean schools and universities which provide the major curriculum in Korean. However, during the Cultural Revolution from 1966 and 1976 all Korean cultural institutions faced severe state control which decreased or prohibited all activities associated with Korean 'nationalism'.

13 'USSR citizens have the right to education. This right is ensured by the free nature of all types of education, the implementation of the universal compulsory education of young people … [and] by the opportunity for instruction in one's native tongue' (Akiner 1983: 21).

14 See Mackerras (1995) for a historical review of the development of China's minority cultures since 1912.

15 See the eleventh paragraph of the Preamble and Article 4 of the constitution of the People's Republic of China and the 1999 White Paper on 'National Minorities Policy and Its Practice in China'.

A number of Chinese Korean intellectuals and artists were also persecuted as 'rightist elements' and 'regional nationalists'. With the end of the Cultural Revolution, minority rights in China were restored in 1978 through new provisions made in the Chinese constitution. Various pronouncements made by Chinese political leaders in favour of minority rights since the late 1970s and the procedures for the establishment of elected bodies in the autonomous regions, including Yanbian Korean Autonomous Prefecture, also helped the recovery from the aftermath of the Cultural Revolution.

Although China has employed national policics which are relatively more favourable to their ethnic minorities, the Soviet Union increasingly criticized China's minority policies from the 1960s. In all matters the Soviet Union rebuked the Chinese authorities for policies of national discrimination and Great Han chauvinism. Soviet writers also argued that the history of the Soviet Union stood as a model for the correct approach to fraternal relations because 'in the Soviet Union national autonomy is based on recognition of the rights of peoples to self-determination, while in China the non-Han peoples are deprived of this right' (Rozman 1985: 232-4). At the same time, in the 1960s and 1970s, Chinese scholars and writers criticized the Soviet Union for its ideological 'revisionism' of Marxism/ Leninism, 'the great Russian chauvinism' and forced Russification (Rozman 1987: 301-7). It is interesting that both the Soviet criticism of China and the Chinese criticism of the Soviet Union, in many respects, repeat criticisms of the West against Soviet and Chinese policies.

Despite the Soviet criticisms, that lasted for decades, since the 1960s, the relative stability of the Chinese superstate invites numerous questions about China's cultural policies for the management of its minorities. Although minority cultural policies in China have been based on the same principles of Soviet communist philosophy,[16] they have been modified by centuries of Chinese imperial practice,[17] which is very different to Western Russian practice.[18] Since the end of the Cultural Revolution in 1976, China's open policy has also given shape to 'socialism with Chinese characteristics' that has led to economic reforms and greater success in this sphere.

In addition to China's long history of empire management and the sustainability of evolving Chinese socialism, the population ratio of the ethnic minorities in these two superstates also may have contributed to their different approaches. In the former Soviet Union, there were 126 ethnic minorities which made up 49.2 per cent of the total population while Russians comprised 50.8 per cent (1989 Soviet Census). On the other hand, according to the 1990 Chinese Census, China's 55 ethnic minorities constitute only 8.04 per cent of the total population of China, while the Han Chinese make up 91.96 per cent. With this relatively smaller number of ethnic minorities within its geo-political territory, China was probably able to manage its ethnic minorities with fewer burdens on its economy and national and international politics. Some aspects of China's national policies even appear to be more advantageous to its minorities than to its majority. For example, ethnic minorities in China are allowed to have two or more children in contrast to the one child policy for the Han

16 See Connor (1984) for the Soviet influences on Chinese national policies.

17 See Gladney (1996) and Harrell (1995) for historical reviews of Chinese manage ment of minorities.

18 See Bremmer and Taras (1993) and Smith (1996) for Soviet nationality policies.

Chinese.[19] It is true that the language rights for these ethnic minorities in China were not always supported by the Chinese state, especially in the case of the ethnic minorities with no written language of their own. Koreans in China were one of the more fortunate nationalities who were supported by the state and also had an indigenous system of written scripts.

19 However, an exception to this one child policy is applied to rural areas where labour is in demand for farming.

V. Performing arts of the Korean diaspora in the former Soviet Union and China

Inasmuch as both the Korean diasporas in the former Soviet Union and China share the same cultural origins in Korea and in so far as both diasporas have come under the influence of a socialist state, their respective performing arts have developed many characteristics in common. For example, Korean national theatres and ensembles in both countries have been supported by the official patronage of their respective states which endorsed the development of national cultures that are 'national in form' and 'socialist in content'. However, the differences in state policies (reviewed above) and different sets of political, cultural and ethnic dynamics to be found in the former Soviet Union and China have variously shaped the performing arts of the two Korean diaspora communities and their evolving identities as follows.

1. Performing arts of the Korean diaspora in the former Soviet Union

Prior to the 1917 October Revolution, most Korean songs in the Korean communities of the Russian Far East were associated with their longing for home and nationalist sentiments expressing opposition to Japanese colonialism. These songs employed the melodies called ch'angga, a hybrid of Christian hymns and Japanese marching songs, which were popular in the Korean Peninsula at the turn of the twentieth century. After 1917 the songs of the October Revolution, sung in Russian and Korean,[20] and new Soviet Korean songs with socialist themes[21] marked the beginning of the Sovietization of Korean migrant culture in the region (Um 1996, 2000). This social and cultural process was further accelerated in the 1920s when many amateur theatre groups were organized in Korean schools, factories and collective farms and began to perform popular political dramas.[22] The first semi-professional Soviet Korean theatre, the Korean Labourers' Theatre Group, was formed in Vladivostok in 1930. This group was reorganized and officially became the Korean Theatre (Chosôn Kûkchang) in 1932 with support from the local Soviet government. After its 1935 performance of the Korean traditional drama, The Tale of Ch'unhyang (Ch'unhyang-jôn), this theatre group began to produce new Soviet Korean plays with socialist themes professionally, while performing both traditional Korean and Russian dramas in the Korean language (Kho 1987: 140–2).

---

20 They included 'Internationale', 'The Song of Lenin' and 'The Song of the Tractor' (Fieldwork 1994).

21 The best-known Soviet Korean song is 'Let's Vigorously Sow Fields with Seeds' (*Ssirûl Hwalhwal Ppuryôra*), written in 1931 by Yôn Sông-yong (born in 1909 in Vladivostok and died in 1998 in Almaty). This song describes the joyful rural life in a socialist state and employs a Korean folksong style with a pentatonic scale. This new style also represents a form of Soviet art which is 'national in form and socialist in content' (Um 1996, 2000).

22 Their performances often included *Blue Blouse* which is a form of Soviet revolutionary spectacles with satirical songs, dance and social comments on current events (Yôn 1993: 21). This type of popular theatre was one of the revolutionary art forms instrumental in the creation of a proletarian culture movement. See Stites (1992: 37-63) for the Bolshevik popular culture.

After the Korean resettlement in Soviet Central Asia in 1937, the performing arts of other local majority and minority ethnic groups, such as the Kazakhs and Uzbeks, also became a part of the Soviet Korean performance repertoire through a process of adaptation to local regional cultures. For example, the Korean Theatre,[23] now relocated in Soviet Central Asia, began to perform Kazakh, Kirgiz and Uzbek plays in addition to Korean, Russian and Western dramas. Some of the dramas which the Korean Theatre performed during the Soviet-German War (1941-5), such as Days and Nights[24] written by Konstantin Simonov, reflected the Soviet patriotism that permeated through the entire country at that time.[25] Nowadays, it is also common to hear Russian, Uzbek, Kazakh and Jewish popular songs played at Soviet Korean wedding receptions in Tashkent, Uzbekistan and in Almaty, Kazakhstan. Conversely, Soviet Korean music and dance have also been introduced into the culture of local ethnic groups through

23 Since 1937, the Korean Theatre in Vladivostok has moved many times. In 1937 the theatre was divided into two groups: the first group moved to Kzyl-Orda, Kazakhstan, while the second group moved to Tashkent, Uzbekistan. The Korean Theatre in Kzyl-Orda then moved to Ushtobe, Kazakhstan, in 1942 and the Tashkent Korean Theatre joined the former in 1950. In 1959 the theatre moved back to Kzyl-Orda in order to have closer contacts with the Korean writers, newspaper and radio station in the city. Finally, the theatre moved to Almaty in 1963. During the Stalin period, while Korean migrants were confined to the limited area of their own settlement, the Korean Theatre was given a privilege by the state of being allowed to travel throughout Soviet Central Asia to give performances in these isolated Korean villages.

24 This war novel, a reportorial saga of the battle of Stalingrad during the war, attained wide popularity because of its evocation of Mother Russia and Mother Volga (Stites 1992: 102).

25 During the years of war, the auxiliary musical ensemble of the Soviet Korean Theatre was recruited as a 'concert brigade' to provide fund-raising concerts to aid weapon factories and consolatory entertainment for wounded Soviet soldiers and war refugees from the front lines. However, Korean migrants were not allowed to join the Soviet army.

intermarriage and social mixing (Um 1996). The ethnic and social integration of Koreans into Soviet society is perhaps best repre- sented by a Korean-Ukrainian rock singer Victor Tsoi (1962-90). His music, and he, himself, as a Russian rock star, symbolized both the counter-culture of the Soviet youth during and after Perestroika (Cushman 1995) and the hybrid cultural identity of the Korean diaspora in the former Soviet Union (Um 2000).

2. Performing arts of the Korean diaspora in China

Prior to the 1920s, like the Korean communities in the Russian Far East, the majority of songs sung in the Korean migrant communities of China were associated with their longing for home and nationalist sentiments in opposition to Japanese colonialism. In Manchuria, many amateur music bands and drama clubs were formed in the Korean schools which were rapidly growing in number throughout the region at that time.[26] The 1917 October Revolution in the Soviet Union and the 1921 formation of the Chinese Communist Party began to shape the political and cultural life of Koreans in China. For example, Russian and Chinese revolutionary songs were sung in both Korean

26 Private Korean schools in Manchuria began to appear from the late nineteenth century. The first traditional Korean school, teaching the reading of classical Chinese, was established in 1883 in Longjing (Yongjông in Sino-Korean) and was followed by many more throughout Manchuria (Nam *et al.* 1995: 13). In 1906 the first modern Korean school, called Sôjôn Sôsuk, was founded in Longjing and by 1928 there were 362 such schools established by Koreans them- selves with 11,717 students (Pak *et al.* 1991: 17-48).

and Chinese.[27] Amateur drama clubs in the Korean schools also began to produce a variety of plays with socialist political and social themes that ranged from a criticism of arranged marriages to social equality and Marx-Leninist ideology (Ch'oe *et al.* 1995).

With the Japanese invasion of Manchuria in 1931 and the subsequent establishment of Manchukuo (1932-45), the cultural activities of Koreans, in the occupied territories, came under Japanese control. For example, Japanese language and songs were taught in schools in the occupied region. Musicians were also brought from Japan and Korea to perform in symphony orchestras, which were created in Changchun and Harbin in 1937. However, the Japanese occupation also caused a flare-up of anti- Japanese sentiment among Koreans and Chinese alike. A number of new Korean revolutionary songs and dramas, with socialist and anti- Japanese themes, were created and performed by amateur artists and the 'propaganda brigade' members of the Korean nationalist resistance, who fought alongside the Chinese army. During the period of the Chinese Civil War (1945-9), these propaganda brigades were renamed and reorganized into the 'culture and arts brigades' and the 'culture work troupes'[28] of the Chinese Korean voluntary armies who fought on the side of the

27 Four hundred and three anti-Japanese revolutionary songs were collected by Li Min and transcribed by Li Shengquan. The Chinese edition of this anthology was published in 1991 and the Korean edition in 1995 (Li Min 1991, 1995).

28 For example, in 1946 the Fifth Propaganda Brigade based in Yanbian was renamed the East Jilin Culture Work Troupe. This troupe subsequently re- organized itself as the East Jilin Culture and Arts Brigade when it was joined by the Seventh Propaganda Brigade from Jilin and the Iskra Theatre from Yanji. In 1948 it reorganized itself again as the Yanbian Culture Work Troupe when it joined up with various troupes from other provinces such as the Mudanjiang Korean Culture Troupe from Heilongjiang Province and the First Propaganda Brigade from Liaoning Province (Kim Tôk-kyun 1995: 17).

Chinese Communist Party. The performances of these troupes would normally include revolutionary songs, Korean folk songs and dances and political dramas, all of which served as both entertainment and propaganda (Ch'oe *et al.* 1995).

With the establishment of the People's Republic of China in 1949 and the Korean Autonomous Prefecture in Yanbian in 1954, Chinese Korean artists began to create songs, dances and dramas which celebrated socialism and their life in the Chinese superstate. Chinese Korean performing arts institutions, such as the Yanbian Song and Dance Troupe (1953), the Yanbian Theatre Troupe (1956) and the Yanbian College of Arts (1957) were estab- lished in Yanji, the capital of the Yanbian Korean Autonomous Prefecture. In the 1950s and the early 1960s, a number of Korean music and dance pro-jects were initiated to preserve and promote traditional Korean art forms,[29] while a young generation of conservatory-trained Korean composers and choreographers began to create new Korean performing art genres with socialist aesthetics (Kim Tôk-kyun 1995).

During the Cultural Revolution (1966-76), Chinese Korean artistic expression came under the scrutiny of state censorship. A committee was organized to produce a type of Chinese Korean performing arts that emulated 'the eight models' designated by the state.[30] The song

---

29 For example, beginning in the early 1950s folk artists were invited to teach traditional genres of music and dance to the artists and students at the Yanbian College of Arts. Several fieldwork projects were also undertaken by a group of Chinese Korean composers and researchers to 'discover' Korean folk songs, dances and musical instruments in rural areas. In the mid-1950s a selected number of Chinese Korean students went to North Korea to study the traditional 12-stringed zither, *kayagûm* (Kim Tôk-kyun 1995: 25).

30 The eight model pieces consisted of five Beijing operas, one ballet, one concerto and an excerpt from *The Story of the Red Lantern.*

'Yanbian Koreans Passionately Love Chairman Mao', composed by Kim Pong-ho in 1965, was widely sung throughout China during the Cultural Revolution and is still popular among Chinese Koreans today. In 1974 a new form of sung narrative, ch'angdam, was also created by way of combining the dramatic plot of the 'model' revolutionary operas, performing styles of local Chinese narrative genres and traditional Korean musical drama, *p'ansori* (Kim Nam-ho 1995).

The end of the Cultural Revolution in 1976 and implementation of the 'Open Policy' brought many changes and outside world influences into China. Ethnic Korean artists in China were now free to produce 'national Korean' art forms of every kind. Although Chinese Korean performing arts created during the post-Cultural Revolution period did not necessarily contain strong political themes, they still tended to maintain the same cultural philosophy of 'socialist in theme and national in content' until the mid-1980s. For example, the dance pieces *Irrigation Stewards* (1978) and *Joy of Receiving the Land Entitlement* (1980) depicted the idealized rural life of Chinese Koreans and the success of land reform.

With a process of social and cultural integration, the performing arts of other ethnic groups in China began to exert an influence on their Chinese Korean counterparts, while some Korean repertoire was also made avail- able to other ethnic groups in China. For example, Chinese Korean composers Kim Pong-ho (born 1937) and Chang Ch'ôn-il (born 1959) have used Han, Mongolian and Tibetan melodies in their music. Since the early 1990s, Chinese Koreans have also adopted the dance drama (*wuju*), a new pan-Chinese performing genre created in the late 1950s.[31] Conversely, some Korean folk songs and dances have been included in Chinese school music textbooks, while the Chinese adaptation of the Korean *p'ansori* story *The Tale of Ch'unhyang*, performed by the Shanghai Yueju Company, has been released as a video in compact disc format.[32]

The social and cultural integration of Koreans into Chinese society has also produced a group of ethnic Korean artists whose works are not necessarily associated with Korean national culture. For example, the composers Chang Ch'ôn-il and Kim Pong-ho write their music for Han Chinese-speaking audiences. The singer Cui Jian (Ch'oe Kôn in Sino- Korean) is credited with the very creation of Chinese rock music (*yaogun yinyue*) in the late 1980s. Cui Jian's music, which addresses the social and political realities of contemporary China at large, is associated with the counter-culture of modern Chinese youth.[33]

---

31 The first of these Chinese dance dramas was *The Dove of Peace*, created in 1950 by Ouyang Yuqian, Dai Ailian and other artists. However, it was not until 1957 that one of the traditional opera pieces, *The Treasured Lotus Lamp*, was made into a dance drama with a Chinese theme and Western ballet techniques. This production was followed by a series of Chinese dance dramas that combined Chinese national performing arts and Western ballet style (Zhai *et al.* 1996: 29).

32 It was published and released by the Shanghai Audio and Video Publishing House (serial number: ISRC CN-E07-97-0028-0/V.J8).

33 See Jones (1992: 95-143) for Cui Jian and Chinese rock.

VI. Geo-political changes and their influences on the construction of identity and performing arts among the Korean diasporas

During the last decade, the development of diplomatic ties and the co- operation in joint ventures between the former Soviet Union, China and South Korea have both introduced many new ideas to these states which previously followed isolationist policies with regard to their foreign relations. The end of the Cold War, the collapse of the Soviet empire and the modernization of the Chinese economy have rendered the free flow of peoples, ideas and culture, between the Korean diasporas and South Korea, commonplace. These influences have introduced a new dynamic to the forces of cultural contact and change which are already beginning to express themselves in contemporary Soviet and Chinese Korean performing arts. For example, Christian hymns and gospel songs have been introduced to various Soviet Korean communities by South Korean and American Korean missionaries. In Kazakhstan, South Korean percussion ensembles (*samul nori*) have already been incorporated into the works of some Soviet Korean composers. *Samul nori* music has also been included in the repertoire of various Chinese Korean performing arts groups. Additionally, with the introduction of modern technology, such as karaoke, CD, video recorders and VCD, contemporary South Korean popular music has also been widely distributed among the

Korean households of the former Soviet Union and China.

Conversely, the performing arts of the Korean diaspora in the former Soviet Union and China have also been introduced into South Korea. For example, the Arirang Dance and Song Ensemble of the Korean Theatre in Kazakhstan gave a performance in Seoul in 1989. The Kazakhstan Korean Theatre Company also performed in P'yôngyang and Seoul in the early 1990s. The Chinese Korean rock singer, Cui Jian (born 1961), and the late Russian Korean rock singer, Victor Tsoi (1962-90), were first introduced to South Korean audiences in the early 1990s through TV documentary programmes made by the Korean national broadcasting company, KBS. More recently, Chinese Korean musical instrument makers from Jilin Province in China provided their technical assistance to the Korean musical instrument modification project in Chôlla Province, South Korea. A Chinese Korean composer has also been commissioned to write a concerto for the Korean zither (*kayagûm*) to be premièred by a South Korean artist.

However, the current shift of cultural contact and influence from the home country has also created a dilemma for many Soviet and Chinese Koreans as they now have to choose South or North Korea as their home- land of alliance. This choice, in turn, influences their performing arts as many Soviet Koreans now feel uncomfortable when asked to sing North Korean songs that contain a strongly communist theme. The artistic director of the Soviet Korean ensemble Ch'ôngch'un in Tashkent, Uzbekistan, described their situation as follows:

> Nowadays we [Koreans in the former Soviet Union] perform North

> Korean dances and sing South Korean songs. Here, you see, North and South Korea meet each other and this is our contribution to the re-unification of our home country. Although it is ironical, we should be proud of it. (Fieldwork 1994)

Most Soviet and Chinese Koreans welcome their opportunities to learn about their home country of South Korea. At the same time, there is a certain degree of resistance among the Soviet and Chinese Koreans towards the cultural influences from South Korea. For example, many Koreans in the former Soviet Union feel the policies of the South Korean govern- ment, especially the Korean language education programme for overseas populations, attempts to impose a new brand of South Korean cultural identity on them.[34] Some Chinese Korean musicians have also expressed a cautious concern that their music might come to be dominated by South Korean popular culture, unless new Chinese Korean music is soon created to reflect their changing life and values.

34 See Kim and King (2001) for a description of the recent political and social development in the Korean communities of Central Asia since the break-up of the Soviet Union.

Ⅶ. Community, identity and memory

De Vos (1995: 24) suggests that the ethnic identity of a group consists of the 'subjective, symbolic or emblematic uses of any aspect of culture, or a perceived separate origin and continuity in order to differentiate them- selves from other groups'. Ethnic identity, he maintains, is past oriented whereas social identity such as, he suggests, citizenship, occupation and ideological affiliation, is present or future oriented (ibid.: 27).

However, in the former Soviet Union, post-Soviet republics and China, 'ethnicity' has been used as a basis for defining a 'nation' or the 'nationality' of a group of people in these multi-ethnic states. Stalin's definition of 'nation' as 'an historically constituted, stable community of people, formed on the basis of a common language, territory, economic life, and psychological make-up, manifested in a common culture' set the basic guidelines for subsequent generations of policy-makers in the Soviet Union. Consequently, 'ethnicity' became an institutionalized category when the registration of an individual's nationality (ethnic origin) on their passport was introduced by the Stalin regime in 1932 (Bremmer and Taras 1993: 33-4). This policy of 'nationality' registration has continued to be employed in both the post-Soviet republics and China to this day. In this context, ethnic identity for the Korean diasporas in the former Soviet Union, post- Soviet republics and China is not simply a 'subjective feeling of belonging', but also a set of political and social criteria officially defined by the respective states as a 'nationality' to be indicated on the passport under the category of 'citizenship'.

The question of social identity for the Korean diaspora in the former Soviet Union is also complex. Their ideological affiliation and citizenship have been transformed by events. For example, during the October Revolution, Koreans in the Russian Far East voluntarily joined the Bolsheviks. However, their loyalty towards the Soviet Union was questioned by the Stalinist Soviet government and they were subsequently deported to Soviet Central Asia as traitors.[35] Since the collapse of the Soviet Union in 1990, their citizenship and ideology associated with the Soviet state has become a thing of the past. However, the accumulated consequences of these national policies and migrations have created a situation in which members of the same extended family can have a number of different citizenships. Central Asian Koreans can hold a Russian, Kazakh or Uzbek passport. For Sakhalin Koreans, their citizenship has, sometimes, been even more complex and included, for example, Japanese citizenship, 'no citizenship', Soviet citizenship, 'overseas North Korean citizenship' and Russian citizenship. Recently, several hundred first-generation Sakhalin Koreans returned to South Korea after an absence of 50 years. They now have South Korean citizenship while their children in Sakhalin are simply Russian citizens (Um 1996).

At the same time, Korean ethnic identity for this diaspora also faces a challenge from geo-political changes in the Korean Peninsula. They

35 Their nationality rights were not restored until 1991 by the then new Russian Federation.

now have to reassess their past in relation to the Korea they left over a century ago and build their present and future ties in relation to South Korea and North Korea since partition. For the Korean diaspora in the former Soviet Union, both their social identity and ethnic identity are past, present and future oriented.

The situation for the Korean diaspora in China appears to be relatively less complicated. Koreans in Manchuria fought with the Chinese Communist Party against the Nationalist Party and Japanese imperialists. Their contribution towards the building of the Chinese socialist state was recognized and 'rewarded' with the creation of the Yanbian Korean Autonomous Prefecture where they could maintain their culture and language. Although Chinese Koreans and their national culture suffered during the Cultural Revolution, they seem to regard this repression as a common experience shared with the other nationalities in China including the majority Han Chinese. In this sense, the social identity of Chinese Koreans remains relatively stable as the ideology and citizenship of this diaspora have moved in step with the wider population. However, like the Korean diaspora in the former Soviet Union, their ethnic identity is past, present and future oriented as they still have to re-evaluate their past in relation to the Korean Peninsula they left many generations ago and build new relationships with the Republic of Korea in the south and the Democratic People's Republic of Korea in the north.

It is notable that the Korean diaspora communities in the former Soviet Union and China recently created theatre productions that specifically recollect their past. The play Memory, produced by the Korean Theatre in Kazakhstan, premièred in 1997. This spoken drama tells us about their migration history from the time of the

1937 deportation to Soviet Central Asia, the hardships they endured in their second displacement, the common experiences of the Soviet-German War (1941-5) which they shared with the native Kazakh people and finally their sense of belonging to their new home in Kazakhstan. The Chinese Korean dance drama *The Spirit of Changbai Mountain*, produced by the Korean Song and Dance Troupe of the Yanbian Korean Autonomous Prefecture, also premièred in 1997. This production depicts a history of the Korean diaspora in China, from the Japanese occupation of the Korean Peninsula, to their departure and struggle to settle into China and, finally, it celebrates their life and future in their new home.

If the collective memory of a given society is a reconstruction of the past in the light of the present (Halbwachs 1992), then the ways in which these two different Korean diasporas construct and represent their history through performance defines their community boundary and identities. However, the collective memory of these two Korean diasporas is also constructed within the present-day framework of the national and ethnic politics of Kazakhstan and China. In this sense, their respective migrant history not only enables them to make sense of their own present, but also creates their space for the future that they must come to terms with, and these productions are a product of that necessity.

Ⅷ. Conclusion

By way of describing and analysing the processes that shape the performing arts of these migrant communities, an attempt has been made to explain the dynamic relationships that exist between geo-politics and national policies, their influences on the creation of community boundaries, the construction of identity and the artistic processes at work in these Korean diasporas.

Although these communities share common origins in the Korean Peninsula, the region from which they came, their time of departure and their varied experiences in their respective host countries all contribute to different social and cultural outcomes. Additionally, these Soviet and Chinese Koreans have also acquired the Russian or Chinese language and new social values as common elements of cultural transaction which, with the institutions of the state and system of formal education, creates a unifying experience for the separate migrant communities within their respective host country. It also has provided them with elements of an enculturation experience which they share with the numerous diverse groups that make up Soviet and Chinese society. These various ethnic groups, minority-majority relationships and state cultural policies under different regimes have all had a profound effect on the Korean diasporas and their performing arts.

With the end of the Soviet empire, Korean artists in the former

Soviet republics now have to find new forms and content to create performing arts which reflect their new emerging identity in the post-Soviet world. The emergence of nationalistic cultural policies in the new Central Asian states places yet another dynamic on the cultural expression of the Korean minorities in these regions of the former Soviet Union.[36]

Chinese Koreans have striven to create their performing arts within the current political and social environment in which socialist ideology still influences their artistic endeavour. But any notion that these modified cultural expressions are inevitable consequences and sources of indoctrination overlooks the complexity of the issues associated with the creative processes of the performing arts. It is true to say that ethnic Korean artists in the former Soviet Union and China have had to work and negotiate with a system of state patronage and its associated ideology. However, at the same time, their creativity and individual choice have also helped to redefine, or even subvert, the boundary of state ideology to create the artistic expressions that reflect their hybrid culture and multiple identities.

All of these numerous complex processes have, and will continue to pro- duce different outcomes with various implications for questions of identity for these people who exist in and between the cultures of their place of origin and their new home. For these Korean diasporas their performing arts will continue to play an important role in the construction and expression of their communities in both a personal and collective sense of belonging to a changing world.*

---

36 See Bremmer and Taras (1993: 313-418) and Khazanov (1995: 115-73) for developments in the recent politics of Central Asian states.

* 출전: Um, Haekyung, "Community, identity and performing arts," *Diasporas*

References

Akiner, Shirin. *Islamic Peoples of the Soviet Union*. London: Kegan Paul International, 1983.

Bremmer, Ian and Taras, Ray eds. *Nations and Politics in the Soviet Successor States*. New York: Cambridge University Press, 1993.

Ch'oe, Sun-dôk *et al. Yesulsa (A History of Arts), Chungguk Chosôn Minjok Munhwasadaegye (Encyclopedia of Chinese Korean Cultural History)*, vol. 3, Korean edition. Beijing: Minzu Chubanshe (Nationality Press), 1995.

Connor, Walker. *The Nationality Question in Marxist-Leninist Theory and Strategy*. Princeton, NJ: Princeton University Press, 1984.

Cushman, Thomas. *Notes from Underground: Rock Music Counterculture in Russia*. Albany: State University of New York, 1995.

De Vos, George A. "Ethnic Pluralism: Conflict and Accommodation." *Ethnic Identity: Creation, Conflict and Accommodation*. Lola Romanuci-Ross and George A. De Vos eds. Walnut Creek, CA: AltaMira Press, 1995, pp. 15-47.

Gladney, Dru. *Muslim Chinese: Ethnic Nationalism in the People's Republic*. Cambridge, MA: Harvard University Press, 1996.

Halbwachs, Maurice. *On Collective Memory*. edited, translated, and with an introduction by Lewis A. Coser. Chicago: The University of Chicago Press, 1992.

Harrell, Steve ed. *Cultural Encounters on China's Ethnic Frontiers*. Seattle: University of Washington Press, 1995.

Hosking, Geoffrey. *A History of the Soviet Union*. London: Fontana Press, 1992.

Jones, Andrew F. *Like a Knife: Ideology and Genre in Contemporary Chinese Popular Music*. Ithaca, NY: Cornell University, 1992.

Khazanov, Anatoly. *After the USSR: Ethnicity, Nationalism, and Politics in the Commonwealth of Independent States*. Madison: The University of Wisconsin Press, 1995.

Kho, Songmoo. *Koreans in Soviet Central Asia*. The Finnish Oriental Society ed. Helsinki: Exchange Centre for Scientific Literature, 1987.

Kim, German and King, Ross eds. "Koryô Saram: Koreans in the Former USSR."

---

and interculturalism in Asian performing arts: translating traditions, New York: RoudledgeCurzon, 2004, pp.43-60.

Korean and Korean American Studies Bulletin, vol.2-3, 2001.

Kim, Nam-ho. *Chungguk Chosônjok Minganûmak Yôngu (A Study of Chinese Korean Folk Music)*, Korean edition. Mudanjiang: Heilongjiang Chaoxian Minju Chubanshe (Heilongjiang Korean Nationality Press), 1995.

Kim, Pyotr Geronovich and Pang, Sang-hyôn. *Chaeso Hanin Ijusa (A History of Migration of the Soviet Korenas)*. Seoul:T'amgusa, 1993.

Kim, Sûng-hwa. *Soryôn Hanjoksa (A History of the Soviet Koreans)*, translated and annotated by T'ae-su Ch'ông. Seoul: Taehan Kyogwasô, 1989.

Kim, Tôk-kyun. *Yesullonmunjip (Essays on Arts)*, Korean edition. Yanji: Dongbei Chaoxian Minzu Jiaoyu Chubanshe (Northeast Korean Nationality Education Press), 1995.

Li, Min comp. *Dongbei Kangri Lianjun Gequxuan (Anthology of Anti-Japanese Songs of the Northeast Revolutionary Army)*, transcribed by Li Shengquan, Chinese edition. Harbin: Harbin Chubanshe (Harbin Press), 1991.

____. comp. *Tongbuk Hangil Yôngun Kagokchip (Anthology of Anti-Japanese Songs of the Northeast Revolutionary Army)*, transcribed by Li Shengquan, Korean edition. Harbin: Dongfang Jingji Wenhua Zhongxin (Centre for Asian Economics and Culture), 1995.

Ma, Yin ed. *China's Minority Nationalities*. Beijing: Foreign Languages Press, 1989.

Mackerras, Colin. *China's Minority Cultures: Identities and Integration Since 1912*. New York: St Martin's Press, 1995.

Nam, Il-sông *et al. Chungguk Chosônômun Kyoyuksa (A History of Chinese Korean Language Education*), Korean edition. Yanji: Dongbei Chaoxian Minzu Jiaoyu Chubanshe (Northeast Korean Nationality Education Press), 1995.

Pak, Kyu-ch'an *et al. Chungguk Chosônjok Kyoyuksa (A History of Chinese Korean Education*), Korean edition. Yanji: Dongbei Chaoxian Minzu Jiaoyu Chubanshe (Northeast Korean Nationality Education Press), 1991.

Rozman, Gilbert. *A Mirror for Socialism: Soviet Criticism of China*. London: I.B. Tauris, 1985.

____. *The Chinese Debate about Soviet Socialism, 1978–1985*. Princeton, NJ: Princeton University Press, 1987.

Smith, Graham ed. *The Nationalities Question in the Post-Soviet States*. London: Longman, 1996.

Stites, Richard. *Russian Popular Culture: Entertainment and Society Since 1900*.

Cambridge: Cambridge University Press, 1992.

Um, Hae-kyung. "Community, identity and performing arts." *Diasporas and interculturalism in Asian performing arts: translating traditions*. New York: RoudledgeCurzon, 2004, pp.43-60.

Um, Hae-kyung. "The Korean Diaspora in Uzbekistan and Kazakhstan: Social Change, Identity and Music-Making." *Nationalism, Minorities and Diasporas: Identities and Rights in the Middle East*, Kirsten E. Schulze, Martin Stokes and Colm Campbell eds. London: I.B. Tauris, 1996, pp. 217-32.

____. "Listening Patterns and Identity of the Korean Diaspora in the Former USSR." *British Journal of Ethnomusicology*, 9(2), 2000, pp. 121-41.

Yi, Kwang-gyu. *Chaeso Hanin (Soviet Koreans)*. Seoul: Chimmundang, 1994.

Yi, Kwang-gyu and Chôn, Kyông-Su. *Chaejung Hanin (Chinese Koreans)*. Seoul: Ilchogak, 1993.

Yôn, Sông-yong. *Yônsôngyong Hoesangnok (Yôn Sông-yong Memoir)*. Seoul: Yerusalem, 1993.

Zhai, Zixia *et al, eds. Zhongguo Wuju (Chinese Dance Drama)*. Beijing: Zhongguo Shijieyu Chubanshe (China Esperanto Press), 1996.

[ABSTRACT]

공동체, 정체성, 공연예술: 구소련과 중국의 한인 디아스포라

엄혜경*

이 논문은 구소련과 중국 내 한인 디아스포라의 공연예술과 정체성이 어떠한 사회 · 문화 · 정치적 영향하에 형성되었는가를 서술하고 분석한다. 이주 배경과 시기, 정착 과정, 현지 국가의 소수민족 정책, 디아스포라와 모국과의 관계, 모국과 현지 국가와의 관계 등을 주요 영향 요인으로 볼 수 있겠다.

19세기 중반부터 구소련과 중국에서 한인 디아스포라가 형성된 배경은 조선의 봉건사회 해체와 러시아, 중국, 일본의 동아시아 지역 패권 경쟁 때문이었다. 주목할 점은 러시아 원동 지역과 중국 연해주 및 상해에 이주한 한인 디아스포라들이 재외 항일 및 독립운동의 주요 역할을 하였다는 사실이다. 두 한인 디아스포라의 형성 시기와 배경은 거의 동일하지만, 이들의 현지 국가 환경 및 정착 과정은 매우 달랐다. 러시아의 경우 1917년 10월에 시작된 사회주의 혁명으로 1922년 소비에트사회주의공화국연방(소련)이 수립되었고, 중국에서는 1911년의 신해혁명과 두 차례의 중국 내전을 거쳐 1949년에 중화인민공화국이 수립되었다. 중국과 소련 양국의 헌법은 소수민족의 교육과 문화 표현에 있어서 자민족의 고유 언어를 사용할 문화적 권리를 보장하고 있다. 그러나 실제적으로 소련과 중국 양 국가의 소수민족에 대한 문화 정책 실행과 그 배경에는 상이한 점이 많다.

---

* 영국 리버풀 대학교 음악과 부교수

중국의 한인 디아스포라는 중국공산당과 함께 반일본제국주의 투쟁에 참여하여 중화인민공화국 건설에 일조한 소수민족으로 인정되었다. 그러므로 1949년 중화인민공화국 창건 후 1954년 중국 길림성 동북지역에 조선족자치주가 설립되었고, 이에 따라 한인 소수민족의 문화, 예술 및 교육 권리 보장과 지원을 받을 수 있었다. 그러나 구소련의 한인 디아스포라는 러시아 원동 지역에서 사회주의 혁명에 참여하였음에도 소비에트 정부의 인정 및 소수민족 문화 권리를 보장받지 못하였다. 러시아 원동 지역의 한인들은 스탈린 정부에 의해 1937년 중앙아시아로 강제 추방을 당하였고, 중앙아시아에 정착한 이후 이들의 교육은 전 러시아어 교과 과정으로 시행되었다. 1945년까지 일본 영토였던 사할린 지역에서는 1960년 중반부터 전 러시아어 교과 과정이 시행되었는데, 이 또한 한인 디아스포라들의 소련화 가속을 위한 국가 정책이었다.

구소련과 중국 내 한인 디아스포라의 공연예술은 국가의 후원이나 지원을 받는 예술단체 중심으로 창작 · 공연되는 경우가 많은데, 그 예로는 카자흐스탄공화국 알마티 소재의 고려극장과 무용단, 중국 연변 조선족자치주 연변가무단 등을 들 수 있겠다. 20세기 사회주의 국가의 민족문화예술 표현이 갖는 공통점은 사회주의적 내용을 민족적 형식에 담는다는 것인데, 구소련과 중국 내 한인 디아스포라의 공연예술도 이러한 사회주의 예술 이론과 정책의 영향을 많이 받아왔었다. 다른 한편으로는 현지 문화의 영향과 교류를 통하여 새로운 한인 디아스포라 공연예술 양식이 창조되기도 하였고, 한인 민족보다는 현지 청중을 대상으로 활동하는 디아스포라 출신 예술인도 나왔는데 러시아의 록 스타였던 빅토르 초이(빅터 최)와 중국 록 음악의 대부로 알려진 추이 지엔(최건) 등이 대표적인 예이다.

중국의 한인 디아스포라는 구소련에 비하여 상대적으로 정치적 변화가 적었다고 볼 수 있으나 1966년부터 1976년까지 전개되었던 중국 문화혁명 시기에는 한인 디아스포라의 문화와 예술도 정부의 철저한 검열 대상이었다. 구소련의 한인 디아스포라는 1991년 소련 해체 후 러시아와 중앙아시아에서 새로 생성된 여러 독립국가의 소수민족으로 재소속되는 변화를 겪게 되면서 이들의 정체성과 예술도 영향을 받게 되었다. 소련 해체와 함께 이제까지 모국 문화의 상징이었던 북한의 영향이 축소되는 한편, 대한민국이 강력한 모국 문화로 대두되었는데 이 변화는 구소련뿐만 아니라 중국 내 한인 디아스포라의 정체성에도 상당한 영향을 주었다고 본다.

두 디아스포라의 또 다른 공통점은 공연예술을 통하여 자신들의 이주 역사와 현재 정착한 국가의 역사를 공유하고 표현하고자 한다는 점이다. 카자흐스탄 고려극장의 연극 「기억」(1997 초연)과 연변가무단의 무용극 「장백정」(1997년 초연)은 구소련과 중국 한인 디아스포라의 이주 역사를 각각 연극과 무용으로 표현한 작품들이다. 이 작품들에서 묘사된 한인 디아스포라의 이주 경로, 특히 정착 과정에 대한 고난의 기억은 현재 그들이 거주하고 있는 국가와 민족이 경험한 역정과 일치하고 있다. 이 기억은 현재 시점에서 해석된 것으로 한인 디아스포라가 자신들이 그 국가 공동체의 일원임을 강조하려는 의도에서 비롯된 것이라고 할 수 있겠다. 한인 디아스포라는 공연예술을 통해 자신들의 다면적 정체성과 예술성을 표현하고 있으며, 또한 디아스포라 기억 공유를 통하여 자신들의 현재를 이해하고 미래를 예견할 수 있을 것으로 보인다.

미주 한인사회의 디아스포라 음악문화:[*] 캐나다 토론토를 중심으로

이용식[**]

한인 디아스포라(diaspora) 문화는 세계 도처에 존재한다. 미주에는 가장 많은 한인이 거주하면서 다른 지역의 한인 디아스포라 문화와는 다른 성질의 디아스포라 문화가 발전했다. 이 글에서는 캐나다 최대도시인 토론토의 한인사회를 중심으로 미주 한인 디아스포라 음악문화를 살펴보았다.

한인사회에서 한인교회는 한인사회 공동체와 음악문화의 중심지 역할을 한다. 대부분의 한인 주최 공연이 "교인에 의한, 교인을 위한, 교인의" 행사이기에 교회는 공연장으로 최우선적으로 선택된다. 한인교회가 중산층에 의한 성장주의를 과시하는 장이고, 이는 교회에서 개최되는 아마추어 음악애호가들의 클래식음악 공연을 통해 드러난다. 특히 토론토 한인들이 거주국의 문화를 선호하는 국민정체성은 서양음악 선호사상으로 드러난다. K-pop은 토론토 한인사회에서도 인기가 많지만, 티켓 구매력이 있는 중년세대가 선호하는 '7080세대' 가수의 공연이 많다. 교회에서의 '찬양 콘서트'를 개최하는 가수 출신의 목사들은 한인사회에서 인기 있는 뮤지션이다.

---

* 이 글은 『동양음악』 제47집(서울대학교 동양음악연구소, 2020)에 수록된 글을 수정 · 보완한 것이다.

** 전남대학교 국악학과 교수

한인 이민 사회에서 전통음악은 '모국의 이미지'를 표상하는 상징이다. 미주 한인사회에서 전통음악은 클래식음악과 대중음악에 밀린 '주변부의 음악'이다. 전통음악은 한인 단체에서 개최하는 행사에 '구색 맞추기'로 초청된다. 전통 공연예술을 배우는 대상은 주로 언어 소통의 한계로 주류사회에 쉽게 편입하기 어려운 중장년층 여성이다. 그렇기에 전통음악은 '과거의 유산'으로 치부된다. 이는 미주 한인이 한민족으로서의 민족정체성이 긍정적이지 않다는 사실을 음악문화적으로 반영하는 것이다. 토론토 한인사회에서 기독교계에서는 전통음악을 소홀히 여기고, 불교계에서는 전통음악을 중시한다. 불교계의 행사에는 사물놀이가 포함되고, 심지어 의식에 작법을 연행하기도 한다. 즉, 한인사회에서 민족정체성은 불교계에서 긍정적으로 나타난다.

Ⅰ. 머리말

한민족의 미주 이민 역사는 1903년 하와이 이주노동자를 기점으로 1세기 이상이 흘렀다. 그러나 한민족이 미주에 이주하여 본격적으로 한인사회를 이룬 것은 1970년대 이후로서, 반세기의 역사를 갖는다. 현재 미주의 주요 대도시에는 코리아타운을 비롯한 대규모 한인사회가 형성되었다. 미주 지역의 한인사회에서는 한민족의 고유한 전통문화와 거주국의 문화가 어우러지는 디아스포라(diaspora) 문화가 형성되었다.

한인 이민자가 많이 거주하는 일본, 중국, 구소련 등지의 한인 디아스포라 음악연구는 북미 지역에 비해 많이 진행되었다. 이들 지역의 한인 이민사가 100년 이상 되었고, 거주국 사회와의 동화과정을 통해 이들 지역에서는 모국과는 다른 디아스포라 음악문화가 형성되었다.[1]

1 미주 지역 외의 한인 디아스포라 음악문화에 관해서는 다음과 같은 선행연구가 있다. 김보희, "고려인 전래민요의 전승과 변천,"『한국민요학』(한국민요학회, 2005), 제16집; 김보희, "고려인사회 문화예술집단 소인예술단,"『한국음악사학보』(한국음악사학회, 2005), 제34집; 김보희,『소비에트 고려민족의 노래』(도서출판 한울, 2008); 김보희,『소비에트 고려인 소인예술단의 음악활동』(도서출판 한울, 2009); 김보희, "우즈베키스탄 꼴호즈(집단농장) 소인예술단의 음악활동,"『한국음악사학보』(한국음악사학회, 2006), 제36집; 김보희, "한인 디아스포라 아리랑의 원형과 파생관계,"『한국음악연구』(한국국악학회, 2012), 제51집; 박순아, "금강산가극단: 재일동포가 해외에서 유지한 한국전통음악문화,"『음악과 문화』(세계음악학회, 2011), 제25권; 중국조선족음악연구회,『20세기 조선족 음악문화』(민족출판사, 2005); 진용선,『러시아 고려인 아리랑 연구』(정선아리랑문화재단, 2009); 진용선,『중국 조선족 아리랑 연구』(정선아리랑문화재단, 2009); 진용선,『중국 조선족의 아리랑』(수문출판사, 2001); 岡山善一郞, "일본에서의「아리랑」의 수용,"『한국문학과예술』(숭실대학교 한국문학과예술연구소, 2011), 제7집; Sunhee Koo, "Inventing ethnic music: the vocal music of Korean ethnic minority music in the People's Republic of China," *Asian Musicology* (2010),

구소련 거주 한인들은 이민 3세대 이상을 거치면서 한민족의 민족정체성(ethic identity)은 거의 상실하고 거주국 국민으로서의 국민정체성(national identity)을 음악으로 표출한다. 일본 거주 한인들은 총련을 중심으로 민족정체성을 유지하는 경우도 있다. 중국 거주 한인들은 연변조선족자치주를 중심으로 민족정체성과 국민정체성의 경계(border)를 음악으로 표출한다. 또한「아리랑」과 같은 노래를 통해 한민족의 민족정체성을 고수하면서도 거주국의 문화를 혼용하는 사례도 나타난다.

이에 비해 미주 지역에는 초창기 이민자들과 1970년대 이후의 이민자들이 서로 다른 문화를 발전시켰다. 초창기 이민자들은 지역사회에 동화되어 거의 한인문화가 소멸되었다. 그러나 본격적으로 이민이 시작되어 현재 미주 한인사회를 형성한 1970년대 이후의 이민자들은 코리아타운 등지를 중심으로 매우 보수적인 문화를 고수하고 있다. 이들은 한국이 경제적으로 어려운 시기에 이민했기 때문에 한인으로서의 민족정체성은 부정적이고 거주국에 동화하려는 국민정체성은 긍정적이다.[2] 이런 미주 한인사회의 민족정체성과 국민정체성이 어떻게 음악문화적으로 표출되는지를 밝히는 것이 이 글의 연구 목적이다.

현재까지 미주 한인음악을 다룬 독보적인 연구성과는 토론토 한인사회를 대상으로 1974년에 이루어진 송방송의 연구물이다. 당시 캐나

Vol. 16; Sunhee Koo, "More than two Koreas: cultural intersection and Chinese Korean musicians in contemporary South Korean music scenes," *Yearbook for Traditional Music* (2014), Vol. 46; Sunhee Koo, "Selective identity: Korean minority composers and the performance of ethnicity in the People's Republic of China," *Asian Musicology* (2008), Vol. 12; Sunhee Koo, "Sounds of the border: music, identity, politics of the Korean minority nationality in the People's Republic of China"(Ph.D. diss., University of Hawaii at Manoa, 2007); Hae-kyung Um, "Community, identity and performing arts: the Korean diaspora in the former Soviet Union and China"; Hae-kyung Um ed., *Diaspora and Interculturalism in Asian Performing Arts: Translating Traditions* (New York: Routledge Curzon, 2005); Hae-kyung Um, "The dialectics of politics and aesthetics in Chinese Korean dance drama: Spirit of Changbai Mountain," *Asian Ethnicity* (2005), 6(3).

2 이광규, 『재외동포』(서울대학교 출판부, 2000), 215쪽.

다 맥길 대학교(McGill University) 교수였던 송방송은 토론토와 인근 지역에 거주하던 한인들을 대상으로 그들의 음악을 수집 · 조사하여 『캐나다 한인의 민요: 민족음악학적 연구(The Korean-Canadian Folk Song: An Ethnomusicological Study)』[3]를 발간했다. 송방송의 연구는 미주뿐만 아니라 해외에 거주하는 한인음악에 관한 첫 번째 음악학적 연구로서의 가치를 갖는다. 그러나 송방송의 연구는 토론토에 이민한 지 10년도 채 안 되는 이민 1세대를 대상으로 조사하였다.[4] 그렇기에 송방송의 정보제공자는 대부분 한국에서 대학을 졸업하고 온 계층이었고, 송방송의 수집자료는 「아리랑」, 「진도아리랑」, 「천안삼거리」, 「군밤타령」, 「쾌지나칭칭」, 「밀양아리랑」, 「경복궁타령」, 「군밤타령」, 「늴리리야」 등 널리 알려진 통속민요가 대부분을 차지한다. 그렇기에 송방송의 연구는 캐나다 거주 한인의 음악을 대상으로 한 연구물이기는 하지만, 디아스포라 음악문화의 연구범주에 넣기에는 무리가 따른다. 이 외에 미주 한인음악에 관한 연구로는 미국의 한인 풍물패 현황을 조사한 권혜련의 연구와 미국 한인교회 음악을 조사한 공기태의 연구가 있다. 권혜련은 한인 풍물패의 역사와 전개과정을 인터뷰 등을 통해 조사하였다.[5] 그러나 그의 연구는 한인 풍물패의 현황을 제시하는 정도에 그쳐

---

3 Bang-song Song, *The Korean-Canadian Folk Song: An Ethnomusicological Study* (Ottawa: National Museum of Canada, 1974).

4 송방송의 연구가 진행되었던 1971년 당시에 캐나다 국적을 획득한 한인 121명 중에서 1960년 이전의 이민자는 단 2명뿐이고 나머지는 모두 1961년 이후의 이민자이다. 특히 그의 연구의 주요 정보제공자 9명 중에서 1968년 이민자 2명, 1969년 이민자 5명, 1970년 이민자 1명, 1973년 이민자 1명이다(Song, ibid., p. 30). 즉, 송방송의 연구는 이민의 역사가 5년도 채 안 되는 이민자를 대상으로 조사한 것이다. 물론 '디아스포라'의 개념이 "이민자, 국외 거주자, 난민, 이주노동자, 망명 공동체, 해외 공동체, 민족 공동체"를 포괄하는 것이지만[Khaching Tölölyan, "The Nation-State and Its Others: In Lieu of a Preface," *Diaspora* (1991), 1(1), p. 5], 디아스포라의 "현실은 시간에 의해 반영되고 시험되기 때문에"[Marienstras, Richard, "On the Notion of Diaspora," in Gérard Chaliand, ed., *Minority Peoples in the Age of Nation-State* (London: Pluto Press, 1989), p. 125] 디아스포라 문화는 시간적 조건이 중요하다. 그렇기에 5년도 채 안 되는 이민자는 디아스포라 문화를 형성할 정도의 역사를 갖지 못한다.

5 권혜련, "미국에서의 풍물: 그 뿌리와 여정," 『음악과 문화』(세계음악학회, 2001), 제5집,

서 한인사회에서의 풍물패의 기능 및 역할이나 주류 음악사회와의 관련성 등을 심층적으로 밝히지는 못했다. 공기태는 미국 한인교회에서 찬양대의 변천사와 기능을 300여 개의 한인교회를 대상으로 설문조사를 통해 조사했다.[6] 그의 연구는 찬양대의 특성을 통한 한인교회의 현실과 문제점을 밝혔다. 그러나 공기태의 연구는 교회음악에 집중하여 한인 디아스포라 음악문화의 다양성을 제시하지는 못했다.

이 글에서는 캐나다 최대도시인 토론토 지역 한인사회의 디아스포라 음악문화를 살펴보고자 한다. 한국과 캐나다는 1963년에 국교를 맺었고, 캐나다는 1973년부터 공식적으로 한인 이민을 받기 시작했다. 그러나 토론토에는 1960년대에 이미 유학생 등 소수의 한인 이민이 시작되었다.[7] 그 후 토론토를 비롯한 캐나다에 한인이 본격적으로 이민을 시작한 것은 1980년대부터이다. 캐나다의 한인 이민사는 1985년을 기점으로 이전 세대는 주로 학업이나 취업이민이 주를 이루고, 이후 세대는 투자이민이 주를 이룬다.[8] 현재 토론토에는 6만 명 정도의 한인 이민자가 거주하고 있다.[9] 이 글에서 논의하는 한인음악은 토론토에서 2018년에 개최된 33건의 한인 주도의 음악회이다(〈부록〉 참조).[10]

39-65쪽.

6 공기태, “미국 한인 교회의 역사와 찬양대의 현황,” 『한국문학과 예술』(숭실대학교 한국문학과예술연구소, 2013), 제5집, 103-122쪽.

7 Bang-song Song, op. cit., p. 30.

8 Ann H. Kim et al., “Introduction: historical context and contemporary research,” Samuel Noh et al. *Korean Immigrants in Canada: Perspectives on Migration, Integration, and the Family* (Toronto: University of Toronto Press, 2012), pp. 7-13.

9 2006년 캐나다 인구통계조사에 의하면 토론토 거주 캐나다 국적 한인은 5만 7,235명이다. 이는 전체 캐나다 거주 한인의 약 40%이다[Jungwee Park, “A demographic profile of Koreans in Canada,” Kim, Samuel Noh et al., *Korean Immigrants in Canada: Perspectives on Migration, Integration, and the Family* (Toronto: University of Toronto Press, 2012), p. 24]. 그러나 토론토 한인회에서는 이외에도 이주노동자와 유학생 및 가족 등을 합하면 거의 10만 명 정도의 한인이 토론토와 인근 지역에 거주한다고 추산한다.

10 이 글은 문화현상을 주제로 한 것이기에 주로 신문 등의 대중매체에 수록된 기록을 중

2018년 개최된 토론토 거주 한인의 음악공연 레퍼토리는 크게 클래식음악, 대중음악, 전통공연예술, 교회음악 관련으로 분류할 수 있다(표 1). 순수 클래식음악 공연이 11회로 가장 많고, 대중가요 공연이 8회, 국악 공연이 6회로 뒤를 잇는다. 많은 공연이 한 갈래의 음악으로만 구성되지 않고 복합갈래로 구성된다. 이를 감안하면 클래식음악 관련 14회, 대중음악 관련 11회, 전통공연예술 관련 10회, 교회음악 관련 3회이다.

〈표 1〉 2018년 토론토 음악공연 레퍼토리

대분류	세분류	횟수	총 횟수
클래식음악 관련	클래식	11	14
	클래식 + 대중가요	1	
	클래식 + 국악	1	
	클래식 + 전통무용	1	
대중음악 관련	대중가요	8	11
	대중가요 + 클래식	1	
	대중가요 + 국악	1	
	대중가요 + 경음악 + 찬송가	1	
전통공연예술 관련	국악	6	10
	국악 + 클래식	1	
	국악 + 대중가요	1	
	국악 + 전통무용	1	
	국악 + 찬송가 + 경음악	1	
교회음악 관련	찬송가	1	3
	대중가요 + 경음악 + 찬송가	1	
	국악 + 찬송가 + 경음악	1	

심으로 논의를 전개하고, 개인정보 보호가 필요한 경우에는 인명 등을 명기하지 않았다. 또한 필요한 경우에는 나의 인터뷰 자료를 활용한다. 이 외에도 언론에 기사화되지 않은 공연도 상당수 있었을 것이다.

Ⅱ. 한인 음악사회와 한인교회

미주 한인사회에서 차지하는 교회의 위상은 매우 막중하다. 한민족이 미주에 이주한 20세기 초부터 한인교회는 단순한 종교시설로서의 기능 외에 한인사회의 정치적 · 사회적 · 문화적 중심지 역할을 해왔다. 1903년에 하와이로의 한인의 조직적인 미주 이민이 시작되었을 때에 대부분의 이민자들은 인천 내리교회의 교인이었다. 이들을 인도한 교회 지도자들은 교회의 사역자이자 노동이민자들의 삶을 이끌어주고 방향을 잡아준 한인사회의 지도자였다.[11] 이때부터 한인교회는 미주 이민자들의 공동체적 기반이 되었고, 이 전통은 지금까지도 미주 한인사회에 이어지고 있다. 또한 기독교 국가인 미주에 이민한 한인이 거주국의 문화와 동화되기 가장 빠른 길은 기독교로의 귀의였다.

토론토 한인사회에도 기독교인이 많아서 한인 중 약 51%가 개신교 신자이고, 약 25%는 천주교 신자이다.[12] 토론토에는 1967년에 설립된 한인장로교회를[13] 시작으로 2018년 현재 38개의 개신교 교회와 2개의 천주교 성당이 있다. 미주 한인의 다수가 개신교 신자이고, 미주

---

11 김영목, "초기 미주 한인 이민사," 『미주한인 100년사』(Los Angeles: 한미동포재단, 2002), 38쪽; 유의영, "한인사회 공동체적 기반으로서의 미주한인교회," 『신학논단』(연세대학교 신과대학, 2004), 제35집, 165쪽.

12 Jungwee Park, op. cit., p. 27.

13 토론토 한인장로교회(67 Scarsdale Road)는 1967년 9월 10일 녹스(Knox)교회에서 70여 명이 모여 창립예배를 드렸다. 1968년 3월 초대목사인 노윤거 목사와 김창우, 김순창 장로를 장립하여 토론토장로교회 동부노회에 가입했다(토론토 한인장로교회 누리집 https://tkpc.org/교회연혁/).

한인 인구 375명당 1개의 개신교 교회가 있을 정도로[14] 한인교회는 미주 한인사회에서 절대적으로 중요한 지위를 갖는다. 미주 한인교회는 단순히 신앙생활을 위해 모이는 곳이 아니다. 한인교회는 고국에서의 새로운 소식, 한인사회의 온갖 소문, 자녀의 교육정보 등의 다양한 정보가 교환되는 친교의 공간이기도 하다. 한인교회는 한인사회에서 "한인회, 봉사기관, 가정상담소의 역할"도[15] 함께하는 공간이다. 즉, 한인교회는 "한인사회 공동체의 센터로서 한인사회가 유지되는 기반의 역할"을[16] 하고 있다. 특히 한인교회는 한인에게는 한민족으로서의 민족정체성을 지키고 유대감과 단결력을 바탕으로 타민족 집단에 대해 경쟁력을 갖춘 심리적 '보호된 적소(protected niches)'이기도 하다.[17]

한인교회는 한인사회 음악문화의 중심지이기도 하다. 한인교회에서는 각종 찬양대를 운영하여 한인들의 적극적인 음악활동 참여를 독려한다.[18] 찬양대는 국내에서도 교회의 가장 중추적인 역할을 하는 친목단체이다.[19] 또한 한인 1.5세와 2세에게는[20] 한글학교와 한국문화교

14 옥성득, "미국 한인 개신교회의 사회적 책임," 『한국 기독교와 역사』(한국기독교역사연구소, 2008), 제29집, 167쪽.

15 유의영, 위의 글, 176쪽.

16 옥성득, 위의 글, 167쪽.

17 미주 한인사회를 민족동원이론(ethnic mobilization theory)으로 분석한 윤인진은 한인사회의 '보호된 적소'로 이민자들의 배타적 경계를 이루는 코리아타운을 들었다. 한인들에게 코리아타운은 지리적 '보호된 적소'이지만, 교회는 심리적 '보호된 적소'이다[윤인진, "토론토지역 한인의 생활과 의식," 『재외한인연구』(재외한인학회, 2001), 제11집, 12-15쪽].

18 공기태, 앞의 글, 117-118쪽.

19 미국인 언어인류학자 니콜라스 하크니스(Nicholas Harkness)는 한국의 찬양대가 한국 성악 발전의 텃밭이라고 한다. 그는 세계 유수의 성악 콩쿠르에서 입상을 휩쓰는 한국 성악계의 원동력을 규명하고자 한국에서 현지조사를 진행했다. 그리고 대부분의 한국 성악가가 교회 찬양대 출신인 것을 알았다. 그는 서울의 광림교회 찬양대를 중심으로 현지조사를 실시하여 한국 성악 발전에 미친 교회 찬양대의 역할을 밝혔다[Nicholas Harkness, *Songs of Seoul: An Ethnography of Voice and Voicing in Christian South Korea* (Berkeley: University of California Press, 2014)].

20 토론토를 비롯한 캐나다에는 한인 2세는 많지 않다. 캐나다의 15만 한인 중에서 70%

실 등을 운영하면서 전통문화를 전승하려는 노력을 기울이는 경우도 많다.[21] 일례로 토론토 소재 밀알교회에서는 "기독교적인 가치관 위에 재능과 한국인으로서의 자긍심을 갖춘 다음 세대 지도자를 양성한다"라는 목표 아래 '다니엘 한글 문화학교'를 운영하는데, 어린이들에게 장구와 무용을 통해 한국문화 수업을 매주 토요일 10시부터 3시간 동안 운영한다.[22] 에토비코 한인교회에는 청년 사물놀이패인 '소리모리'가 있다.

한인교회는 각종 음악공연이 개최되는 공간이기도 한다. 토론토에서 2018년 개최된 33건의 공연 중에서 교회에서 개최된 공연은 절반에 가까운 14건이다(〈부록〉 참조). 토론토에는 최첨단 시설을 갖춘 공연장이 다수 존재하고, 대부분의 대중음악 공연은 공공 공연장에서 개최되었다. 그러나 상업적 이윤획득을 목적으로 하는 공연을 제외한 한인 주최 음악공연은 교회에서 많이 개최되었다. 그리고 이들 교회들은 신도수가 많은 대형교회들이다.

한인교회가 공연장의 기능을 하는 가장 큰 원인은 무엇보다도 한인 관객 유치가 용이하기 때문이다. 한인들이 개최하는 공연은 대부분 기독교인들이 마련하는 경우가 많다. 그리고 관객의 접근이 가장 용이한 장소는 교회이다. 대부분의 한인 대형교회는 토론토 시내 중심가나 신시가지의 코리아타운이 아닌 한인 밀집거주지역에서 조금 벗어난 지역에 위치한다(그림 1). 이는 시내 중심가나 신시가지의 땅값이 비싸기 때문에 땅값이 저렴한 지역에서 넓은 공간을 차지하기 위함이다. 교회 건물은 한인사회에서는 '미국의 꿈(American Dram)'이라는 성공주의와 성장주의의 상징을 과시하는 공간이다.[23] 대부분의 대형교회는 넓

이상이 이민 1세 또는 1.5세이고, 캐나다에서 출생한 2세는 불과 16%에 불과하다 (Jungwee Park, op. cit., p. 21).

21 이광규, 『재외동포』, 179쪽.

22 밀알교회 누리집. https://www.milalchurch.com/sharing/documents/12271857

23 한인교회는 대부분 '미국의 꿈'을 이루려는 교인들을 중심으로 성공주의와 성장주의를

〈그림 1〉 문화예술 공연이 개최된 토론토 주요 한인교회 위치
○ 공연장소 □ 한인 밀집거주지역(코리아타운)

은 예배당과 여러 종류의 교육을 위한 공간 등이 필요하다. 그렇기에 토론토 외곽의 땅값이 저렴한 지역에 대형 교회건물을 짓는다. 토론토의 외곽에 위치한 한인교회는 공연장으로서의 접근성이 용이하지 않다. 그렇더라도 대부분의 한인 음악공연은 한인교회에서 개최된다. 장소의 접근성이 떨어지기 때문에 교회에서 열리는 공연은 결국 교인과 지인들로 객석이 채워지는 경우가 대부분이다. 이는 음악공연이 대부분 '교인에 의한, 교인을 위한, 교인의' 행사이기 때문이다.

이렇듯이 한인 주최의 공연이 한인 관객을 위한 공연이기에 한인교회에서 개최되는 공연은 대부분 입장료가 무료인 경우가 많다(〈부록〉 참조). 이는 한인 주최의 음악공연은 전문음악가가 경제적 이익을 위하여 개최하는 것이 아니라 아마추어 음악인들이 그동안 갈고 닦은 실력

추구하여 출석 성도 늘리기와 교회재산 불리기 등에 치중한 물량주의를 반성해야 한다는 지적이 있다(옥성득, 앞의 글, 9쪽).

을 보여주기 위한 '과시용 공연'인 경우가 대부분이기 때문이다. 그리고 이들 아마추어 음악인들은 대부분 기독교 신자이고, 경제적으로 중산층 대열에 합류한 경우가 많다. 실제 토론토에 거주하는 음악인 중에 전적으로 음악활동을 직업으로 하는 전문음악인은 극소수이다. 아마추어 음악애호가들이 공연을 개최하고, 이들은 입장료로 수익을 올리는 것은 중요하게 여기지 않는다.

한인교회의 위험성에 대한 경고 중 하나가 "중산층 교회의 이미지"이다.[24] 한인교회가 최근 "부자와 성공한 자와 건강한 자만 교회에서 발언권을 가지는 중산층 교회의 성장주의 위험을 노출"하고 있다는 지적이다.[25] 한인교회에서 개최되는 음악공연은 한인 기독교사회의 전형적인 모습을 보여준다.

〈사료 1〉 가을밤 성악(『토론토 중앙일보』, 2018년 9월 20일자)

오는 10월 27일(토) 루체아카데미아(테너 최재형)가 주최 및 주관하는 제10회 정기연주회인 심○○, 심○○ 부부의 가을 음악회가 저녁 7시 트리니티 장로교회(2737 Bayview Ave.)에서 열린다.

이번 공연은 결혼 28주년을 맞이해 심○○ 씨가 그의 부인 심○○ 씨에게 선물하는 뜻 깊은 기념무대다. 출연진은 심○○(소프라노), 심○○(바리톤), 이○○(피아노), 김○○(플루트)이며, 성가곡, 한국 가곡, 이탈리아 가곡, 오페라 아리아, 오페라 중창 등 다양한 종류의 16곡이 연주될 계획이다. 특히 「생명의 양식」, 「고향의 노래」, 「O Sole Mio」 등 대표적인 명곡들을 선사한다.

1982년 토론토로 이주한 심씨 부부는 노스욕에 위치한 '○○스시'를 운영하고 있는 사업가 부부로 음악을 전공할 기회가 전혀 없었다.

---

24 유의영, 앞의 글, 192쪽.

25 옥성득, 앞의 글, 170쪽.

하지만 개인적으로 친분이 있던 최재형 테너[26]의 제안을 받고 부부가 함께 성악을 취미생활로 시작했다. 심○○ 씨는 2013년부터 '최재형의 성악교실'을 통해 성악을 시작했으며, 2016년부터는 루체음악원에서 본격적으로 강습 받았다. 남편 심○○ 씨도 2014년부터 루체아카데미아에서 성악수업을 시작했다. 최 테너의 체계적인 맞춤형 강습을 통해 심씨 부부는 아내와 남편 모두 루체 정기연주회에 각각 7회, 9회 출연할 정도로 연주자로서의 기량이 만개됐다.

특히 심○○ 씨는 '캐나다 건국 150주년 기념 문화예술공연'에 초청되어 공연하는 영광을 얻기도 했다. 뜻하지 않은 특별한 결혼기념일 선물을 받게 된 심○○ 씨는 "매우 감격적이다"라며 "지난 세월 동안 남편을 내조한 보람이 있다"라고 밝혔다. 또한 이번 연주회에서 주목할 부분으로는 남편 심○○ 씨와 함께 부르는 중창곡 3곡을 꼽았다. "부부가 한마음으로 한 곡 한 곡 부르는 중창이야말로 이번 부부연주회의 대미라고 생각된다"라며 "부족하지만 최선을 다해 관객에게 멋진 무대로 보답하겠다"라고 전했다.

심씨 부부의 성악 및 무대 지도를 맡아온 최 테너는 "심○○과 심○○ 부부는 매사에 긍정적이고 남다른 친화력으로 주변을 항상 밝게 한다"라며 "음악공부를 늦게 시작했지만 끊임없이 열정적으로 노력한다"라고 심씨 부부를 평가했다.

한인교회는 한국의 전통적 가치를 보전 및 강화하고, 유교의 남녀유별 풍속을 따르는 보수적 성향이 강하다.[27] 그렇기에 한인교회에서

---

26 최재형은 한양대학교 음악대학 및 이탈리아 L. Perosi 국립음악원을 졸업했다. 한국의 세종문화회관, 예술의전당, 이탈리아의 주카리 극장, 카글리 오페라극장, 키오지아 극장, 산 니콜로 홀 등 에서 200여 회 연주회와 오페라의 주역으로 활동했다. 현재 토론토 루체음악원 원장이다(『토론토 중앙일보』, 2018.9.20).

27 미주의 한인 여성은 미국 사회의 인종 차별과 직장의 성 차별뿐만 아니라 교회와 가정에서도 부부 사이의 불평등을 겪는다. 이런 다중 차별에 의해 한인 여성들은 문화적 · 사회적 · 경제적 · 육체적 스트레스를 겪고 있다. 이런 한인 여성의 현황에 관해서는

대부분의 목회자와 교회 직위는 남성의 몫이다. 여성의 지위는 남성의 보조자에 머물러 있고, 여성에게는 봉사와 희생을 기대한다.[28] 이런 한인교회의 보수적 가치관은 교인들에게 만연하고, 오히려 "한국보다 더 한국적인 교회"라는 평가를 받기도 한다.[29] 위의 〈사료 1〉의 공연은 결혼 28주년을 맞이하여 음악을 시작한 지 5년 남짓한 아마추어 음악애호가 부부가 개최한 공연이다. 이는 '남편이 부인에게 주는 선물'이고, "뜻하지 않은 결혼기념일 선물을 받게 된" 부인은 "매우 감격적이"고 "지난 세월 동안 남편을 내조한 보람이 있다"라고 감격스러워한다. 남편에 대한 헌신적인 내조를 여성의 최고 덕목으로 여기고, 남편은 그런 부인을 위해 뜻밖의 성대한 선물을 마련하는 전형적인 보수적 부부상이 한인사회에는 여전히 지속되고 있다. 그리고 한인교회는 아마추어 음악애호가들이 재력을 과시하는 공간이라는 점에서 이미 '중산층 교회'를 넘어서고 있다.

Young I Song and Alice Moon eds., *Korean American Women: From Tradition to Modern Feminism* (Westport, CT: Praeger, 1988); Jenny Hyung Chung Pak, *Korean American Women: Stories of Acculturation and Changing Selves* (New York: Routledge, 2006) 참조.

28 미국의 개인주의와 남녀평등의 가치를 교육받은 1.5세와 2세 여성들은 한인교회에서 그들의 영향력을 키워가고 있다(옥성득, 앞의 글, 172쪽).

29 공기대, 앞의 글, 103쪽.

Ⅲ. 클래식음악과 중산층 이미지

한인교회가 '중산층 이미지'를 재생산하는 공간이듯이, 한인교회를 중심으로 이루어지는 음악문화는 중산층 이미지를 확대재생산하는 클래식음악과 밀접한 관련이 있다. 한인교회에서 개최되는 음악공연이 교인을 중심으로 이루어지기 때문에 공연 레퍼토리는 대부분 클래식음악 또는 찬송가이다. 이는 한국 교회에서 초창기 수입 단계에서부터 서양음악 위주의 음악문화가 만연했던 것과 궤를 같이한다. 서양 선교사들은 찬송가를 통해 기독교 교리를 전파했다. 초기 기독교인들부터 서양문화가 전통문화보다 우수하다는 편견을 가졌고, 서양음악을 선호해왔다. 이런 국내 기독교의 서양음악 선호사상이 미주 이민사회에서도 그대로 전파되었다.

더욱이 미주 한인들은 거주국 문화인 클래식음악을 선호하면서 거주국 국민정체성을 공고히 한다. 개인이 주최하는 공연의 레퍼토리는 클래식음악이 대부분이다. 공연주체는 전문음악가가 아닌 음악애호가가 많은데, 이들은 수년간 갈고닦은 자신의 음악기량을 선보이기 위해 공연을 개최한다. 이들 음악애호가들은 클래식음악을 선호한다.

앞의 〈사료 1〉의 공연은 결혼 28주년이라는 개인적 이벤트를 통해 아마추어 음악애호가의 재력을 과시하는 장이었다. 심씨 부부는 신시가지 한인 밀집 거주지역인 노스욕(North York, 〈그림 1〉의 위쪽 □ 부분)에서 일식집을 운영하는 자영업자이다. 2005년 토론토 거주 한인사회의 현황조사에 의하면 토론토 한인들의 수입은 평균적으로 연간 2만

3,741달러로 캐나다 사회에서 중중하층에 속한다.[30] 그러나 심씨 부부는 개인 경비로 음악회를 준비할 정도로 생활의 여유가 있는 중산층 부부이다.[31] 음악회를 준비하려면 장소 대여료 외에도 참가 연주자들에 대한 사례비와 의상비 등에 많은 액수의 경비를 지출해야 한다. 이렇게 많은 경비가 소요되는 음악회를 부부가 개최한다는 사실은 이들 부부가 이를 충당할 수 있을 정도의 가계소득이 있는 중산층이라는 사실을 의미한다.

공연주체가 중산층 음악애호가이다 보니 공연 곡목은 대부분 일반인에게도 널리 알려진 악곡으로 이루어진다. 앞의 〈사료 1〉의 공연에서는「생명의 양식」,「고향의 노래」,「O Sole Mio」 등 널리 알려진 성가곡, 한국 가곡, 이탈리아 가곡 등이 공연되었다.[32] 이들 노래는 사실 아마추어 수준이어도 부를 수 있는 레퍼토리이다. 이런 곡목들은 소규모 경영자나 자영업자들, 즉 중산층이 선호하는 레퍼토리이다. 삐에르 부르디외에 의하면 프랑스의 쁘띠부르주아, 즉 중산층이 애호하는 미덕이나 특징은 “세련되어 있다”, “고귀하고 교양 있다”, “예술적이다” 등으로, ‘대중적’이고 ‘통속적’인 곡목을 선호한다.[33] 〈사료 1〉의 레퍼토리는 이런 중산층의 취향을 반영하는 것으로서, 토론토의 한인들의 계층적 위상에 따른 것이다. 많은 1세대나 1.5세대 한인들은 자영업에

30 Jungwee Park, op. cit., p. 33.

31 토론토 한인 중에서 자영업자는 32.3%로서 캐나다인 자영업자(13.5%)보다 훨씬 비중이 높다(Jungwee Park, ibid., p. 33). 즉, 한인은 자영업에 많이 종사하고, 자영업자는 한인 임금노동자에 비해 높은 가계소득을 갖는다.

32 프랑스에서는「아름답고 푸른 도나우강」,「라 트라비아타」,「헝가리 광시곡」 수준의 음악은 민중계급이 선호하고,「신들의 황혼」,「사계」,「불새」 수준의 음악은 중간계급인 쁘띠부르주아가 선호하고,「푸가의 기법」,「평균율 피아노 곡집」,「왼손을 위한 협주곡」 수준의 음악은 상류계급인 부르주아가 선호한다[삐에르 부르디외, 최종철 옮김,『구별짓기: 문화와 취향의 사회학』 하(새물결, 2006), 942쪽]. 토론토 한인 공연에서 연주되는 레퍼토리는 프랑스의 민중계급이 선호하는 음악 수준이다. 그러나 프랑스인과 한인의 클래식음악에 대한 수준을 감안하면, 이 정도의 레퍼토리는 한인사회에서는 전형적인 중산층이 선호하는 음악이라 할 수 있다.

33 삐에르 부르디외, 최종철 옮김,『구별짓기: 문화와 취향의 사회학』 상, 122-123쪽.

종사하면서 경제적으로는 어느 정도 성공했지만, 캐나다 주류 상류사회에 편입되기가 쉽지 않다. 그리고 이들의 음악취향은 전형적인 중산층의 성격을 반영하는 것이다.

이렇게 한인사회에서 클래식음악을 선호하는 현상은 토론토 한인회가 운영하는 문화교실의 레퍼토리에서도 나타난다. 토론토 한인회의 문화교실은 중장년층의 한인 1세를 주요 대상으로 하는데, 2018년 문화교실 강좌는 색소폰, 통기타, 리코더, 노래(가요)로 구성되었다. 그리고 레퍼토리는 대중가요, 가곡, 민요, 성가곡처럼 일반인들이 배우기 쉬운 음악이다. 특히 성가곡을 레퍼토리로 삼는 것은 문화강좌의 수강생 중에 기독교 신자가 많다는 점을 방증한다.

〈표 2〉 2018년 토론토 한인회 운영 문화교실 강좌

요일/시간	강좌	강사	비고
월 17:00	색소폰(8주)	홍원표	전 MBC 교향악단장
금 11:00	통기타 고급(8주)	이상배	
금 12:15	통기타 중급(8주)	이상배	
금 13:30	통기타 초급(8주)	이상배	
화 13:00	리코더 초급(8주)	백해숙	가곡, 민요, 성가곡
화 14:00	리코더 중급(8주)	백해숙	
수 13:00	노래교실		

토론토 한인회에서 운영하는 색소폰, 통기타, 노래 등의 강좌는 모국에서도 중장년층이 가장 선호하는 문화강좌이다. 결국 한인 1세들은 여전히 모국과의 문화적 유대감을 형성하고 있고, 중산층으로서의 사회적 지위를 재확인하기 위한 수단으로 클래식음악이 기능하는 것이다.

준전문가급의 연주자들이 준비하는 공연도 대부분 교회에서 개최되고, 많이 알려진 레퍼토리로 구성된다.

〈사료 2〉 새해는 클래식 음악과 함께(『토론토 중앙일보』, 2017년 12월 20일자)

제7회 실내악 공연 개최

캐나다한인음악협회

캐나다한인음악협회(Korean Canadian Chamber Concerts)의 제7회 실내악 공연 'A Night Music – 밤, 그리고 음악'이 1월 13일(토) 오후 7시 30분 세인트조지 교회(5350 Yonge St.)에서 열린다. 새해를 맞아 펼쳐지는 이번 연주회는 멘델스존의 「피아노 3중주」 1번, 헨델-할버슨의 「파사칼리아」, 피아졸라의 「사계」 중에서 '겨울', '탱고의 역사'가 연주된다. 이번 공연은 유럽과 고국에서 활약하다 올해 초 캐나다로 건너온 바이올리니스트 송화은과 첼리스트 박준규, 피아니스트 김영건 박사 등이 참여한다. 티켓 가격은 20불, 10불(학생)이며 예매와 당일 입장권 구입이 가능하다. 또한 공연이 열리는 세인트조지 교회에는 건물 남쪽으로 지하 무료 주차장이 있다. 티켓 문의: 416-737-0521

〈사료 2〉의 공연은 캐나다한인음악협회 주최로 전공자들이 마련한 무대이다. 이 공연도 교회에서 개최되고 멘델스존, 헨델-할버슨, 피아졸라 등 유명한 작곡가의 널리 알려진 작품들로 구성된다. 이렇게 비교적 대중적으로 널리 알려진 레퍼토리로 공연을 준비하는 것은 연주자들의 음악적 위상보다는 한인 관객의 취향을 위한 것이다. 티켓 가격은 20(캐나다)달러[34]로 저렴하다. 이 외의 교회에서 개최되는 공연도 티켓 가격은 대개 20~30(캐나다)달러 정도이다(〈부록〉 참조). 토론토에서 개최되는 고급 콘서트홀의 티켓 가격은 100달러를 상회한다. 그리고 이 정도 가격의 공연의 관객은 토론토 주류 상류계층이 차지한

34 20(캐나다)달러는 한화로 1만 7천 원 정도이다.

다.[35] 20~30(캐나다)달러짜리 티켓은 중산층 관객을 위한 가격이다.[36] 한인 주최 공연 중에는 기부금을 받는 자선음악회도 있다.

〈사료 3〉 싱글맘 돕기 자선음악회(『토론토 한국일보』, 2018년 10월 5일자)

싱글맘과 자녀를 돕는 조이모자선교회의 16번째 자선음악회가 다음 달 3일(토) 오후 7시 다운스뷰 장로교회(4110 Chesswood Dr.)에서 열린다. 이번 자선음악회는 바리톤 정윤재 씨를 초청해 리사이틀 형식으로 꾸미며, 피아니스트 김영혜 씨가 함께 출연한다. 정 씨는 이날 공연에서 이탈리아 가곡과 오페라 아리아, 한국 가곡 등을 들려준다. 외국어로 된 가곡과 오페라 아리아에는 한글 자막을 제공하며, 오페라 해설을 곁들여 관객이 함께 즐길 수 있는 무대를 만들 예정이다. 큰빛크로마하프찬양단과 토론토장로성가단도 함께 무대를 빛낸다. 공연 관람은 무료지만, 기부금을 받는다. 조이모자선교회는 자선음악회에서 모아진 기금의 일부를 운영기금으로 쓰고, 나머지는 싱글맘과 자녀들을 위한 생필품 구입에 사용한다.

미주사회에서 자선사업을 통한 봉사활동은 매우 중요하다. 각종 사회단체나 종교단체에서 사회적 약자를 위한 자선사업은 미주사회를 이끄는 힘으로도 여겨진다. 한인 단체들은 각종 봉사활동을 통해 한인들의 삶의 질을 향상시키고 거주국 사회의 원활한 적응을 돕는 사업을 펼친다. 그리고 이를 통해 국민정체성을 재확인한다.[37] 특히 싱글맘은

---

35 2018년 2월 27일 오타와 국립예술센터(National Arts Centre)에서 개최된 조성진 피아노 리사이틀은 오타와 한인사회가 티켓 500장을 공동구매할 정도로 한인들에게 큰 인기를 얻었다("피아노 스타 조성진 加 온다," 『토론토 한국일보』, 2018.2.22).

36 토론토 대학교에서 지역 주민과 학생들을 위해 개최하는 공연의 티켓 가격도 대개 이 정도 수준이다.

37 이광규, 『뉴욕 한인사회의 현상과 교육문제』(북코리아, 2011), 재외한인학회총서 2, 71쪽.

경제적 · 정신적 어려움을 겪는 계층이다.[38] 그렇기에 한인교회에서 싱글맘을 돕기 위한 자선음악회를 개최하는 것은 한인교회가 한인사회뿐만 아니라 주류사회에 일조하여 국민정체성을 확고히 하는 효과적인 기회이다.

결국 토론토 한인사회에서 클래식음악을 선호하는 성향은 한인들의 중산층화를 반영하는 것이다. 그러나 이는 1970년대 이후 이민자들이 토론토 한인사회의 주류를 형성하면서 생긴 현상이다. 1970년대 이전 이민자들은 클래식음악보다 전통음악을 선호했다. 송방송이 조사한 1970년대 이전 이민자들 229명의 음악선호도는 이를 반영한다 (표 3).

〈표 3〉 당신은 어떤 음악을 좋아하십니까?(3항목을 선택하시오)[39]

음악 갈래	답변 수	총 답변에 대한 백분율(%)
고전음악(Court Music)	73	32.3(8.1)
시조(Short Lyric Song)	56	24.4(10.6)
민요(Folk Song)	191	83.3(27.8)
판소리(Dramatic Song)	37	16.1(5.4)
산조(Virtuoso Solo Music)	30	13.4(4.4)
가곡(Long Lyric Song)	69	30.14(10.0)
농악(Farmer's Music)	58	25.3(8.4)
예술가요(Modern Art Song)	79	34.4(11.6)
대중가요(Popular Song)	58	41.0(13.7)
합계	687(229)	300.0(100.0)

1972년 이전 이민자 229명을 조사한 결과 예술가요, 즉 클래식음악의 선호도는 11.6%에 지나지 않는다. 이는 오히려 대중가요(13.7%)

38 한인 봉사단체의 주요 봉사대상은 저소득층, 불우계층, 노인 등이다(이광규, 위의 책, 71쪽). 한인 싱글맘은 저소득층이자 불우계층에 속한다.

39 Bang-song Song, op. cit., p. 41. 필자의 번역.

보다도 적고, 심지어는 전통가곡(Long Lyric Song)과[40] 별 차이가 없다. 이 당시의 한인들은 궁중음악, 시조, 민요, 판소리, 산조, 가곡, 농악 등 전통음악을 선호하는 비중이 거의 75%를 차지할 정도였다. 1972년 이전 이민자의 58%가 전문직 종사자였고,[41] 전통음악에 대한 인지도가 높다. 이들은 오히려 클래식음악이나 대중가요를 그리 선호하지 않았고, 전통음악을 통한 한민족으로서의 민족정체성을 간직한 세대였다. 결국, 이 조사는 토론토에 거주하는 1970년대 이전 이민자와 1970년대 이후 이민자의 음악선호도가 다르다는 사실을 보여준다. 1970년대 이후 이민자들은 경제적 부를 축적하여 중산층으로 성장한 자신들의 이미지를 클래식음악으로 표상한다는 점에서 1970년대 이전 이민자들에 비해 훨씬 서구지향적 성향을 가졌다. 그리고 이런 서구지향적 음악성향은 거주국의 국민정체성을 긍정적으로 여기는 미주 한인의 인식을[42] 반영하는 것이다.

---

40 전통가곡은 시조시를 얹어 부르는 전문가의 전통음악을 의미한다.

41 Bang-song Song, op. cit., p. 32.

42 이광규, 『재외동포』, 236쪽.

Ⅳ. K-pop의 세계화와 한인사회의 반응

K-pop이 전 세계적으로 확산되면서 미주에도 K-pop 가수들의 공연이 무척 많아졌다. 특히 빌보드차트 1위에 오르면서 미주 팝시장을 석권한 '방탄소년단(BTS)'의 미주 순회공연은 한인사회를 열광의 도가니로 이끌었다. '방탄소년단'의 미주 순회공연 중 토론토 인근 해밀턴시 온타리오센터(Ontario Centre)에서 개최된 공연은 이례적으로 9월 20일, 22일, 23일의 세 차례 개최되었다. '방탄소년단'의 공연을 보기 위해 무려 8,521km를 날아온 백인 아미(army, '방탄소년단'의 팬)도 있었고, 스탠딩 앞좌석을 차지하기 위해 공연 며칠 전부터 공연장 밖에 텐트를 치고 노숙을 하며 기다리는 팬들도 있었다(그림 2).[43] '방탄소년단'의 뉴욕 시

〈그림 2〉 방탄소년단 해밀턴 공연 이모저모(CBC 방송 누리집)

43 미주 콘서트에서는 스탠딩석 티켓을 구입한 팬들은 선착순으로 입장시켰다.

티필드 공연 입장권은 60, 100, 140, 175, 210, 250달러였지만.[44] 온라인 판매 개시 15분 이내에 매진되었다고 한다. 심지어 미국 CNBC에 따르면 매사추세츠주에 사는 팬은 시카고 공연 티켓을 암시장에서 3,849달러(약 432만 원)에 샀다고 한다.[45]

'방탄소년단' 외에도 2018년에 토론토를 찾은 한국 대중가요 가수들은 많았다. 최근 국내에서도 인기를 얻은 '핫'한 가수들도 있었다. 그러나 이런 젊은 가수들은 단독 콘서트를 하는 경우가 많지 않고, 행사에 초청받는 경우가 대부분이다. 힙합 가수인 '다이나믹 듀오'나 인디밴드인 '새소년'이 중국 기획사가 매년 토론토, 뉴욕, LA에서 주최하는 모던 스카이 페스티벌(Modern Sky Festival)에 중국의 '티지 티'와 '포키 야오13', 대만의 '선셋 롤러코스터', 캐나다의 록 뮤지션 '캘빈 러브' 등과 함께 출연했다.[46] 이 공연은 중국 기획사의 주최로 중국, 대만, 캐나다의 뮤지션들과 함께하는 공연이었다. 즉, 모국에서 인기가 있는 젊은 뮤지션들은 토론토 사회에는 단독 공연보다는 이벤트 공연에 초청받아 오는 경우가 많다.

한인 단체에서 개최하는 각종 행사에는 주로 캐나다에서 활동하는 젊은 뮤지션들이 초청받는다.

〈사료 4〉 다 함께 즐기는 다양한 이벤트 '풍성'(『토론토 중앙일보』, 2018년 7월 27일자)

북부번영회 '2018 한가위 한인대축제'

토론토 북부번영회(회장 고정욱)가 8월 24일(금)부터 26일(일)까지 토론토 멜라스만 광장(5100 Yonge St.)에서 진행하는 '2018 KHF 한가위 한인 대축제'의 일정이 발표됐다.

---

44 한인교회에서 개최되는 공연 티켓이 20~30달러인 것과 비교하면 최대 20배 이상이다.

45 "텐트촌 된 방탄소년단(BTS) 콘서트장," 『세계일보』, 2018.9.6.

46 "'K 힙합', 일요일 밤 불태운다: '다이나믹 듀오' 23일 토론토 공연," 『토론토 한국일보』, 2018.9.21.

올해 행사에서도 멜라스만 광장의 모든 섹션을 다양한 부스와 비어가든 설치를 통해 활용할 예정이다. 부스에서는 한국 제품 소개 이벤트 등도 함께 진행한다. 또한 행사의 주 목적인 지역사회의 화합도모를 위해 방문자들이 직접 참가하며 즐길 수 있는 여러 행사들이 열릴 계획이다.

행사의 시작날인 24일(금)의 무대행사로는 라면 이름 맞히기 대회, 힙합 댄스 대회, K팝대회, 홍대 거리 Style이 열릴 예정이다. 공식 개막식이 열리는 25일에는 한국의 전통 사물놀이 공연, 온 가족이 참가하는 콘서트 1080, 김치 먹기 행사, 한복 패션쇼 등이 열릴 예정이다. 특히 올해는 추석이 토론토시의 공식 토론토시(시장 존 토리)에 의해 공식 기념일로 지정된 만큼 존 토리 시장이 25일 직접 행사에 참석해 선언문을 낭독할 예정이다. 또한 2018년 평창동계올림픽에서 남북한 단일팀으로 참가한 임데넬 선수와 박은정 선수가 무대 위로 초청된다.

행사의 마지막 날인 26일에는 어린이 한복 콘테스트와 투호 대회가 열리며, K팝 댄스 콘테스트와 복면 노래 챔피언 등 다양한 연령의 사람들이 참가할 수 있는 행사가 열린다.

올해 메인 초대가수로는 2010년과 2011년 연속 캐나다 비트박스 대회 챔피언을 차지한 비트박서 KRNFX, 테리 임씨와 TV 음악 프로그램「너의 목소리가 보여」의 우승자 가수 한여울 씨가 메인 초대가수로 각각 26일과 25일에 공연한다.

무대행사 외에도 한복 입기 행사, 미니 영화제 등이 열릴 예정이며, 어린이들을 위한 이벤트 공간이 준비될 예정이다.

자세한 일정은 웹사이트(www.torontokhf.com)를 통해 확인할 수 있다.

토론토의 한인 단체에서 한가위, 설날 등 한민족 명절에 개최하는 각종 행사는 거의 한인 1세들이 참여한다.[47] 고민의 지점은 한인 1.5세

47 토론토는 미주 지역에서도 비교적 한인 이주 역사가 짧기 때문에 한인 단체들은 대부분

및 2세들과 젊은 층의 참여가 부족하다는 점이다. 그렇기에 젊은 층을 위한 각종 이벤트를 벌이는데, 이는 대부분 모국에서 유행하는 각종 프로그램을 모방한 K팝 댄스 콘테스트, 복면 노래 챔피언 등의 이벤트이다. 그리고 젊은 층을 끌어들이기 위해 캐나다 비트박스 대회 챔피언인 비트박서와 TV 음악 프로그램 우승자인 한여울 등을 메인 초대가수로 초청한다. 이런 노력을 통해 부모를 따라 오는 초등학생들이나 초대가수를 보러 오는 10대가 참여하기도 한다. 그러나 향후 토론토 주류사회의 주축을 이룰 젊은 한인 1.5세와 2세들은 한인 단체가 주최하는 행사에 그다지 큰 호응을 보이지 않는다. 이들은 오히려 캐나다 주류사회의 행사나 각종 스포츠 이벤트에 훨씬 더 적극적으로 참여한다. 토론토 연고 아이스하키 팀인 메이플 리프스(Maple Leafs)가 2017-18시즌 스탠리컵 플레이오프에 진출해서 시내 던바 광장에서 개최된 길거리 응원전에는 많은 한인 2세들의 모습을 볼 수 있었다.[48]

한인사회에서 개최되는 대중가요 공연은 이문세나 거미처럼 '한물간' 가수들이 많았다.

〈사료 5〉 가객 이문세, 그가 토론토에 온다, 4월 14일 소니센터 콘서트(『토론토 중앙일보』, 2018년 2월 2일자)

이문세의 '힘 있으되 낭랑한 목소리'가 토론토에 울려 퍼진다. 지난 2014년 성공적인 캐나다 공연을 마쳐 이미 한인들과 한 차례 호흡한 기록이 있는 이문세. 7080세대는 물론 R&B와 랩에 익숙한 10~20대들도 친밀도가 높아 '세대를 넘나드는' 대형가수로 꼽힌다. 그 이문세

한인 1세가 주도한다. 그렇기에 한인 단체가 주도하는 행사도 대부분 한인 1세가 참여하고, 1.5세나 2세의 참여는 매우 적다.

48 캐나다는 아이스하키가 국기(國伎)이고, 북미아이스하키리그(NHL)의 인기는 엄청나다. 토론토 메이플 리프스가 2017-18시즌 플레이오프에 올랐을 때 던바 광장에서 개최되었던 길거리 응원은 월드컵에서 길거리 응원을 했던 우리나라의 응원문화를 방불케 했다.

가 오는 4월 14일 오후 7시 다운타운 소니센터(1 Front St. E.)에서 '2018 시어터 이문세'를 롤타이틀로 걸고 토론토 콘서트 무대에 오른다.

티켓은 H마트 매장에서 이르면 2일 이후 구입이 가능할 전망이다. 가격은 80~230달러. 문의: 시엘엔터테인먼트 (437)346-0943. 에어캐나다 · 정관장 · 파란여행 · 더드림 · 강병욱부동산 · 코어서비스 등이 후원한다.

이문세 공연은 '7080세대'를 대상으로 하는 공연이었다. 한인사회에서 티켓 구매력이 있는 세대는 '7080세대'이다. 티켓 가격이 80~230달러이면 방탄소년단의 공연과 비슷한 가격대이다. 이 정도 티켓을 구입할 수 있는 연령대가 '7080세대'이다. 이 공연이 중년세대를 겨냥한 공연이기에 티켓 판매처도 중년세대 여성들이 많이 찾는 한인 마트였다.

미주 한인사회에는 나이 많은 '퇴직 가수'들이 인기가 많다. 1970~1980년대 한국에서 인기 많았던 이장희, 윤항기 등이 미국에 이주하면서 한인사회에서 쉽게 접할 수 있는 인기 가수가 되었다. 특히 윤항기 목사는 간증을 함께하는 '찬양 콘서트'를 통해 미주 한인교회의 단골손님으로 자리매김했다.

〈사료 6〉 에로스 읊조리던 그가 아가페를 노래했다(『토론토 중앙일보』, 2018년 3월 29일자)

윤항기 목사, 토론토 공연-집회 성료

「나는 어떡하라고」, 「친구야 친구야」. 제목은 그 자체가 시였고, 가사는 관중의 가슴에 감동으로 파도쳤다. 1970년대 한국 국민들의 감성을 자극했던 가요계의 기린아 윤항기(목사)가 토론토를 찾았다. 그의 공연장은 조명이 번쩍이는 예전의 무대가 아니다. 오히려 경건한 무대에서 썩 잘 어울렸다. 40년 전 '에로스(남녀 간의 사랑)'를 읊조렸던 그가 지금 '아가페(절대적인 하나님의 사랑)'를 노래하고 있다.

토론토 거주 원조 드러머 권순근 씨와 함께 23~24일 한인회관 공연과 25일 큰충성교회(담임 박광수 목사)에서 '키보이스'의 스테이지와 찬양 콘서트를 열었던 그는 대한민국 싱어송 라이터의 원조이자 록 그룹의 원조로 가요계를 휩쓸던 카리스마 그대로 '예수의 나라'를 자신의 인생역정에 비춰 설파했다.

그가 창단한 키보이스는 그룹 사운드 개념이 없던 한국 가요계에 일대 파란을 일으켰다. 만드는 곡마다 히트 쳤고, 부르는 노래마다 순위 1위였다. 위기는 인기 절정의 1977년 찾아왔다. 폐결핵 말기 판정을 받았다. 죽음의 위기 앞에서 그는 신앙인 윤항기로 거듭나게 된다. 증오했던 아버지를 용서했고, 지난날을 회개했다. 최근 「나는 가수다」에서 임재범이 불러 화제가 된 명곡 「여러분」은 폐결핵 투병생활 중 탄생했다.

그는 간증에서 "「장미빛 스카프」를 불렀던 윤항기는 폐결핵과 함께 이미 죽었다"라면서 "하나님을 만난 뒤 「여러분」의 윤항기로 다시 태어났다"라고 회고했다. 동생인 윤복희 권사와 가을을 전후해 다시 토론토를 찾겠다는 약속을 남겼다. 가을이 성급히 기다려진다.

윤항기 목사는 "조명이 번쩍이는 예전의 무대"가 아니라 교회라는 "경건한 무대"에서 하나님의 사랑인 아가페를 노래했다. 이 공연은 한인사회 음악의 결정체였다. 과거의 인기 가수가 하나님의 간증을 겸한 교회에서의 '찬양 콘서트'는 기독교인이 많은 한인사회의 대중적 취향을 가장 선명하게 보여주는 무대였다.

V. 전통예술과 모국의 이미지

토론토뿐만 아니라 미주 한인사회에서 전통예술은 한국어와 더불어 '모국의 이미지'를 표상한다. 이런 점에서 국내 최고의 국악교육기관인 국립국악고등학교 '소리누리 예술단'의 토론토 공연은 한인사회뿐만 아니라 캐나다 주류사회의 엄청난 호응을 얻었다.

〈사료 7〉 가을밤 국악 한마당 성황(『토론토 중앙일보』, 2018년 10월 1일자)

한국국립국악고등학교 공연 갈채

캐나다한국문화예술협회(대표 김정희), 캐나다한국교육원(원장 이병승), 국립국악고등학교(교장 김상순), 토론토 대학교가 공동으로 주관한 '국립국악고등학교 소리누리 예술단 초청 공연'이 성료됐다. 이번 공연은 지난 30일(일) 오후 6시부터 7시 30분까지 1시간 반 동안 토론토 노스욕에 위치한 아트센터(5040 Yonge St.)에서 열렸다. 온타리오주 한국의 달을 기념하기 위해 기획된 공연으로 입장권은 무료였으며, 중앙일보(발행인 김완수), 아리랑코리아(대표 김민구), 문화체육관광부(장관 도종환), 주토론토총영사관(총영사 정태인), 한국학중앙연구원(원장 안병욱)이 후원했다.

국가무형문화재 제1호인 종묘 제례악 이수자 이동희 상임 지휘자가 기획과 지휘를 맡았으며, 31명의 소리누리 예술단 연주자들은 이 지휘자의 지휘 아래 대취타, 태평무, 산조, 수제천, 허튼춤아리랑 등 전통 국악 관현악, 민요, 무용 공연을 펼쳤다.

한국의 전통국악뿐 아니라 퓨전국악도 공연됐다. 영국 인기 록밴드 비틀스의 대표곡인 「Let it be」, 「I want to hold your hand」, 「Ob-La-D Ob-La-Da」를 25현 가야금, 대금, 소금, 해금 등 국악기로 연주했으며, 또한 캐나다의 국가 「오 캐나다(O, Canada!)」를 국악 관현악으로 편곡하여 연주해 관객들의 호응을 받았다. 이날 관중들은 특히 이동희 지휘자의 창작곡 「축제」의 연주가 끝난 후에는 우레와 같은 박수갈채를 보내며 앵콜공연을 요구했다.

국립국악고의 김상순 교장은 "학생들을 더욱 열심히 가르쳐 교민들을 위해 토론토를 다시 방문하겠다"라고 전했으며, 캐나다한국문화예술협회의 김정희 대표는 "동포사회의 화합을 도모할 수 있었던 공연이 됐기를 바란다"라고 말했다.

한편 국립국악고등학교는 가야금, 거문고, 대금, 피리 해금, 민요, 무용 등 13개의 전공과목을 가르치고 있는 국악 인재 양성학교이며, 소리누리 예술단은 오는 10월 3일(수) 토론토 다운타운에 위치한 온타리오주의사당(111 Wellesley St W.)에서 개최될 개천절 및 한인의 날 기념식에서 공연한다(화보 A4면).

토론토시가 소재한 온타리오주는 다민족국가인 캐나다의 국가정체성을 확고히 하기 위하여 각 민족을 위한 '한국의 달' 등을 기념한다. 국립국악고등학교 '소리누리 예술단'은 이를 기념하기 위하여 토론토 한인사회의 초청으로 9월 30일과 10월 3일 두 차례 공식 공연을 개최했다.[49] 공연이 개최된 노스욕(〈그림 1〉의 위 □ 부분)은 한인들이 밀집거주하는 코리아타운이고, 아트센터(Toronto Centre for the Arts)는 1993년 개관한 1,727석 객석 규모의 대극장을 갖춘 토론토에서도 가장 큰 공연장 중의 하나이다. '소리누리 예술단'의 공연은 캐나다 국가인 「오 캐나다(O, Canada)」를 시작으로[50] 궁중음악인 「수제천」과 대취

49 9월 29일에는 토론토 소재 카디널 카터 예술학교(Cardinal Carter Academy for the Arts)를 방문하여 학생들을 위한 비공식 공연을 갖기도 했다.

50 '소리누리 예술단'이 전통악기로 캐나다 국가인 「오 캐나다」를 첫 곡으로 연주하자 캐

타, 산조, 태평무 등의 전통음악과 대중에게 친숙한 비틀스의 음악, 국악관현악곡 「축제」 등의 다양한 레퍼토리로 구성되었다.

이날 공연장을 찾은 관객은 물론 대부분이 한인들이었지만, 토론토 시교육청 관계자 등 캐나다인들도 많았다. 캐나다인들뿐만 아니라 대부분의 한인 관객들에게 궁중음악인 「수제천」과 대취타, 국악 관현악곡 등은 매우 낯선 음악이었다.[51] 공연이 끝난 후 캐나다인 관객들은 "너무 아름다웠어요(Wonderful)!", "환상적이었어요(Marvelous)!", "상상했던 건 이상이었어요(Extraordinary)!" 등의 반응을 보였다. 공연을 관람했던 한인 관객들도 대부분 처음 보는 궁중음악의 웅장함에 놀라워하면서 찬탄을 금하지 않았다. 그러면서 이런 훌륭한 전통을 통해 계승하는 모국의 '반만 년 역사와 문화'의 우수성과 자긍심을 느낀다는 반응이었다. 한인들에게 이 공연은 모국의 전통문화를 주류사회에 자랑하는 현장이었다.

그러나 실제 한인사회에서 전통음악은 클래식음악과 대중음악에 밀린 '주변부의 음악'이다. 한인 단체가 개최하는 행사에서 전통공연예술은 '구색 맞추기'를 위한 레퍼토리에 불과한 경우가 많다. 앞서 언급했던 〈사료 4〉의 경우처럼 한민족의 명절을 맞아 한인 단체가 주최한 행사에서 사물놀이 공연이 있거나, 토론토 한인회가 주최한 설날 대축제에서 '진도북춤'과 '장구병창'이 공연되는 정도였다.

젊은이들도 참여하는 '세계적 한국음악'인 사물놀이를 제외하면 전통공연예술은 대부분 중장년층 여성들이 참여한다.[52] '진도북춤'의 무용수들과 '장구병창'의 소리꾼은 전원 중장년층 여성들이었다. 토론토

나다인 관객이 국가에 맞춰 기립하기 시작하여 모든 관객이 기립하기도 했다.

51 우리나라의 개천절인 10월 3일에 온타리오주 의사당에서 거행된 기념식 겸 공연에서는 의사당 앞에서 대취타를 공연하여 장엄함을 보여주기도 했다.

52 뉴욕, 로스앤젤레스, 샌프란시스코, 시카고, 보스턴, 워싱턴 등 미국 대도시에는 한인 청년회와 대학생을 중심으로 사물놀이패가 활성화되고 있는 데 비하여(권혜련, 앞의 글, 40-41쪽), 토론토에서 청년이 조직한 사물놀이패/풍물패는 극히 적다. 토론토의 사물놀이패/풍물패에 관해서는 이후 고를 달리하여 논의할 예정이다.

한캐노인회가 '전국 노인의 날'을 맞아 공연한 마당놀이 「심청전」 공연에서 심 봉사를 제외한 대부분의 역할은 중장년층 여성들이 맡았다.

〈사료 8〉 웃음 · 감동의 한마당(『토론토 한국일보』, 2018년 10월 3일자)

마당놀이 「심청전」 뜨거운 반응
'교민 배우들' 열연
"청아~ 내 딸 청아!"

'갈지자' 걸음의 심 봉사가 딸에게 다가가는 순간, 객석이 조용해졌다. 「심청전」을 현대적 감각으로 재해석한 마당놀이가 교민들에게 감동과 웃음을 선사했다.

한캐노인회가 '전국 노인의 날(1일)'을 맞아 야심 차게 준비한 「심청전」 공연이 2일 토론토한인회관에서 두 차례 열렸다. 1회 공연엔 230여 명, 2회 저녁 공연엔 160여 명이 관람했다.

3개월 동안 땀 흘리며 준비한 이번 공연에서 출연진은 최신 댄스 음악에 맞춰 흥겨운 춤을 추며 등장했고, 장면마다 고전적 해학에 현대적인 유머까지 보여줘 뜨거운 박수를 받았다.

한인사회에서 중장년층 여성들은 전통무용을 비롯한 전통 공연예술에 참여하는데, 이들은 캐나다 주류사회에서 운영하는 무용 등은 참여하기가 어렵기 때문에 주로 한인 단체에서 운영하는 전통무용을 찾는다. 즉, 전통 공연예술을 배우고 참여하는 계층은 영어에 능숙하지 못하고 토론토 주류사회에 편입하기 어려운 중장년층 여성이 주를 이룬다.[53] 이런 상황이기에 전통음악은 모국의 '과거의 문화'라는 이미지가 강하다.

---

53 2006년 인구통계조사에 의하면 캐나다 거주 한인 중에서 캐나다 공용어인 영어와 프랑스어를 둘 다 구사하지 못하는 65세 이상의 한인이 35.9%에 이른다(Jungwee Park, op. cit., p. 25).

이런 전통음악에 대한 부정적 이미지로 인하여 토론토 한인교회에서는 거의 공연되지 않고, 한인 기독교사회에서는 쉽게 받아들여지지 않는다. 국내 기독교계에서도 진보적 교회에서는 그 민중적 성격으로 인하여 사물놀이와 풍물을 적극 수용하지만, 보수적 교회에서는 풍물이 갖는 "무속과 연관된 이미지"로 인하여 풍물은 거부하고 "종교와의 연관성을 끊어내고 순수한 음악으로 재창조된 사물놀이"만 수용하고 있는 현실이다.[54] 이런 점에서 토론토 한인교회는 오히려 국내 교회보다도 더 보수성을 고수하기에 전통음악을 소홀히 한다. 토론토 한인교회 중에서 사물놀이 교실을 운영하는 곳은 극소수이다. 이는 한인교회에서 운영하는 한인(문화)학교에서 한국 역사가 전통종교인 불교와 관계된 사안이 많기 때문에 이를 가르치지 않는 현실과 궤를 같이한다. 이런 현상에 대해 문화인류학자인 이광규는 다음과 같이 지적했다.

> 무엇보다 문제인 것은 한국교회가 한국 역사를 수업하는 것을 저지하는 것이다. 한국 역사는 불교를 자랑하는 것이 너무 많고 이것이 기독교 정신에 위배되기 때문이라는 것이다. 한국어와 한국적인 것을 가르쳐 한국인으로서의 정체성을 유지하게 하려는 한국학교에서 기독교 정신에 위배된다고 한국사를 가르치지 못하게 하는 것은 문제가 아닐 수 없다. 따라서 한국학교는 교회에서 독립해야 소기의 목적을 달성할 수 있는 교육기관이 된다. 이것은 미국에 거주하는 한인들에게 문제가 아닐 수 없다.[55]

오히려 모국의 전통종교인 불교에서는 전통공연예술을 장려한다.[56] 불교계가 전통문화를 존중하고 미주 주류사회에 전통종교를 전파하

54 김묘신, "풍물과 사물놀이의 교회 수용양상," 『음악과 문화』(세계음악학회, 2014), 제30집, 105쪽.

55 이광규, 『뉴욕 한인사회의 현상과 교육문제』, 325쪽.

56 토론토에는 조계종의 한마음선원과 대각사, 천태종의 평화사의 3개 불교 사찰이 있다.

는 역할을 하는 현상은 뉴욕 등 한인사회에서 보편적으로 나타나는 현상이다.[57] 토론토에서 개최된 각종 불교 행사에는 사물놀이 공연이 빠지지 않는다. 5월 12일에 캐나다 불교인회(회장 최등용) 주최로 불교인회관에서 거행된 부처님오신날 봉축법요식에서 한마음선원 사물놀이 연주단이 초청되어 기념공연을 했다. 조계종 사찰인 한마음선원에서는 중 · 고등학생들을 대상으로 사물놀이 교실을 운영한다. 사물놀이 연주자인 김영직의 지도로 매주 운영되는 사물놀이 교실을 통해 한인 1.5세와 2세에게 전통문화의 우수성을 일깨우려는 노력을 한다.

천태종 사찰인 평화사[58]에서 5월 20일에 거행된 부처님오신날 봉축법요식에서도 한캐노인회 사물놀이팀이 초청되어 기념공연을 했다. 평화사에서는 중요한 불공을 드리거나 천도재를 봉행할 때 작법(作法)을 연행하는데, 주지인 덕재 스님이 바라춤을 추고 신도들이 나비춤과 법고춤을 춘다(그림 3). 덕재 스님은 「예불」, 「천수경」, 「반야심경」, 「법화경」 등을 구송하는 각종 CD를 발간했고 작법을 추는 동영상이 유튜브에 나돌 정도로 불교음악에 능통하다. 그는 2017년 9월에 평화사 주지로 부임하면서 신도들에게 나비춤과 법고춤을 가르쳐서 중요한 행사가 있을 때마다 작법을 거행한다. 이에 대해 덕재 스님은 다음과 같이 전통문화의 중요성을 말한다.

> 이용식: 여기 작법무 하시는 분들은 스님이 오신 후에 가르치신 거예요?
>
> 덕재: 네, 내가 가르쳤어요. 재 드리고 그럴 때 많이 하니까 가르쳐서 같이 해요. 같이 해야지 혼자 하면 힘들어서 못 해요. 같이 해서 막 신나게 해야지. 그래서 같이 이렇게 북을 치고 그러

57 주동완, "뉴욕 한인 시민단체들의 현황과 활동," 『재외한인연구』(재외한인학회, 2018), 제44집, 141쪽.

58 평화사(12085 Yonge St.)는 2006년 설립되었다. 덴마크에 이어 두 번째로 낙성된 천태종 해외 포교당이다. 3년 정도마다 본국에서 주지를 파견한다.

니까 신나잖아요. 염불도 신나게 해야 된다 그랬어요. 기도를 해도 그렇고 신나야.

이용식: 작법을 어느 정도 배워야 저 정도 할 수 있나요? 한 6개월 배우면 해요?

덕재: 뭐 6개월까지 배울 거 있나요? 그냥 가르쳐주고 자기가 노력을 하면 금방 배워요. 지난번 백중 때인가, 매일, 40여 일을 매일 불공을 드리면서 하니까 이제 숙달이 됐어요.[59]

덕재 스님은 염불을 해도 여럿이 함께 "신나게 해야 한다"라고 했다. 그리고 그 일환으로 신자들에게 작법을 가르쳤다. 작법을 배운 신도들은 "작법을 통해 부처님의 가르침을 깨우친다"라고 입을 모았다. 이렇듯이 불공을 드리고 재를 올릴 때 신자들이 작법을 행하는 경우는 국내 사찰에서도 흔하지 않은데, 캐나다 사찰에서 작법을 행한다는 사실에 신자들은 "전통문화를 지키는 일에 매우 자긍심을 느낀다"라고 토로했다.[60]

〈그림 3〉 토론토 평화사의 작법 연행(이용식 촬영)

59 토론토 평화사 덕재 스님 인터뷰, 토론토 평화사 2018.8.7.

60 토론토 평화사에서 작법을 연행하는 현상이 매우 이례적인 것일 수도 있다. 그리고 이는 작법을 중요하게 여긴 주지 스님이 주도한 특별한 현상일 수도 있다. 그러나 불교 사찰에서 영산재 등을 거행할 때 작법을 연행하는 현상은 전통적인 현상이기 때문에 평화사의 특별하고 이례적인 상황이 평화사만의 현상이라고 제한하는 것은 무의미하다.

이처럼 토론토 한인사회에서 불교계는 전통문화를 유지하고자 노력하는 데 비하여 기독교계는 전통문화에 큰 관심이 없다. 전통음악을 비롯한 모국의 전통문화를 전승하려는 불교계와 이를 소홀히 여기는 기독교계의 양분된 인식과 현실이 토론토 한인사회에 팽배하다. 그러나 앞서도 언급했듯이 전통음악에 대한 인식은 1970년대 이전과 이후 이민자들이 다르다(〈표 2〉 참조). 1970년대 이전 토론토 이민자들은 민요를 즐겨 듣고 전통악기에 대한 지식도 해박했다(〈표 4, 5〉).

〈표 4〉 당신은 캐나다에서도 한국 민요를 즐겨 듣습니까?[61]

	20세 이하	21~ 30세	31~ 40세	41~ 50세	51~ 60세	61세 이상	총계	백분율(%)
예	7	35	102	23	12	10	189	82.5
아니오	0	0	3	0	0	0	3	1.3
그저 그런 편	3	16	12	5	1	0	37	16.2
	10	51	117	28	13	10	229	100.0

〈표 5〉 당신이 좋아하는 악기를 세 가지 고른다면?[62]

전통악기	응답 수	총답에 대한 백분율(%)
장구	77	33.6(11.2)
거문고	144	62.8(20.9)
가야금	191	83.4(27.8)
피리	112	48.9(16.3)
대금	32	14.0(4.7)
태평소	20	8.7(2.9)
단소	55	24.0(8.0)
북	34	15.0(5.0)
양금	11	4.8(1.6)
해금	11	4.8(1.6)
	687(229)	300.0(100.0)

61 Bang-song Song, op. cit., p. 39. 필자의 번역.

62 ibid., p. 42. 필자의 번역.

1972년 이전 이민자 중에서 한국 민요를 즐겨 듣는다는 응답은 무려 82.5%에 이른다. 가야금과 같이 널리 알려진 전통악기뿐만 아니라 거문고와 심지어는 양금을 알 정도이다. 지금처럼 전통음악을 도외시하는 인식은 1970년대 이후 한국에서 이민자가 폭증하면서 일어난 현상이다. 이들은 대부분 모국이 경제적으로 암울했던 시기에 이민했기 때문에 전통문화에 부정적인 시각을 갖고,[63] 전통음악을 '과거의 유산'으로 치부하는 부정적 민족정체성을 갖는다. 그러면서 기독교가 선진적이라는 20세기 초의 서구지향적 인식을 여전히 유지하면서 서구음악을 지향하는 국민정체성을 갖는다.

63 이광규, 『재외동포』, 236쪽.

VI. 맺는말

토론토 한인사회는 비교적 한인 이민 역사가 짧기 때문에 1980년대 이후 이민 온 한인 1세대와 1.5세대가 주류를 이룬다. 그리고 캐나다와 미국의 이민자에 대한 정책의 차이도 있다.[64] 그렇지만 토론토 한인사회도 여느 미주 한인사회와 그 속성상 큰 차이는 없다. 한인 이민자의 대부분이 자영업 또는 임금노동에 종사하고, 대부분 기독교 신자로서 교회가 한인사회에서 차지하는 비중이 막중하다. 그렇기에 토론토 한인사회의 디아스포라 음악문화는 토론토라는 한 도시에 제한된 것이 아니라 미주 한인사회의 문화현상을 보여주는 것이다.

토론토의 한인 음악공연은 한인교회에서 개최되는 경우가 많았다. 공연을 개최할 정도의 교회는 대형교회들이고, 넓은 예배당과 많은 부속시설을 갖추기 위해 대부분 땅값이 저렴한 토론토 외곽지역에 위치한다. 그렇기에 공연장의 접근성이 용이하지 않더라도 교회에서 공연을 개최하는 이유는 이런 공연이 재력을 갖춘 아마추어 음악애호가들이 개최하는 "교인에 의한, 교인을 위한, 교인의" 공연이기 때문이다. 미주 한인교회의 심각한 "중산층 교회의 성장주의 위험"에 대한 경고에도 불구하고 한인교회는 아마추어 음악애호가들이 재력을 과시하는 장이 되고 있다. 그렇기에 한인교회에서 열리는 공연은 입장료도 무료

64 미국은 이민자들을 하나의 끓는 솥에 넣어서 새로운 미국문화를 만드는 '끓는 솥(melting pot)' 정책을 펼치지만, 캐나다는 이민자들의 조각된 다민족의 다양성을 모자이크처럼 서로 붙여서 커다란 캐나다문화를 만드는 '모자이크(mosaic)' 정책을 펼친다[Laurence Brosseau and Michael Dewing, *Canadian Multiculturalism* (Ottawa: Parliamentary Information and Research Service, 2013), 4쪽].

이고, 때로는 기부금을 받는 자선음악회인 경우도 있다. 그리고 이런 음악회는 유명한 서양 작곡가의 대중적이고 통속적인 클래식음악 레퍼토리를 공연하기 마련이다. 기독교를 통한 중산층의 한인사회 이미지가 한인교회를 중심으로 확대 · 재생산되고 있는 현실이다. 결국 한인사회의 중산층화는 교회를 중심으로 클래식음악을 통한 거주국 국민으로서의 국민정체성의 표출로 나타난다.

한인사회의 대중음악도 티켓 구매력이 있는 '7080세대'를 겨냥하여 모국에서는 '한물간' 가수들이 찾는다. 최근의 '핫'한 젊은 가수들은 이벤트성 행사에 초청받는데, 이는 젊은 층을 동원한 행사의 성공을 위한 전략에 불과하다. 그러나 한인 1.5세와 2세들은 한인 주최의 행사보다 캐나다 주류사회의 행사에 훨씬 많은 관심을 갖는다.

이에 비하여 '모국의 이미지'를 표상하는 전통음악은 클래식음악과 대중음악에 밀려 '주변부 음악'으로 취급받는다. 전통 공연예술을 배우려는 이들은 언어 장벽으로 말미암아 주류사회에 녹아들기 어려운 중장년층 여성이 대부분이다. 그렇기에 전통문화는 모국의 '과거의 문화'로 인식되는 실정이다. 그나마 불교계에서는 전통문화를 지키려는 인식이 팽배하다. 불교 사찰에서는 사물놀이를 강습하고 각종 행사에 사물놀이 등 전통음악을 공연한다. 심지어 평화사의 경우에는 주지와 신도들이 작법을 연행하기도 한다. 이렇게 불교계에서는 전통음악을 통한 민족정체성을 지키려는 노력을 경주한다.

토론토 한인사회에서 서양음악을 선호하는 기독교와 전통음악을 전승하는 불교의 양분된 인식과 현실은 현재 우리나라의 문화현상과 별반 다를 바 없다. 토론토를 비롯한 미주 한인사회에서 차지하는 기독교의 비중은 매우 막중하다. 한인교회는 한인사회의 심리적 '보호된 적소' 기능을 한다. 그리고 한인교회는 한인 음악문화의 중심지 역할을 하면서 한인사회의 보수적 · 서구지향적 중산층 음악문화가 분출되는 장이다. 그러나 기독교계는 민족정체성에 대해서는 부정적 시각을 갖는다. 이에 비해 불교계는 전통지향적 음악문화를 유지하면서 긍정적 민족정체성을 유지한다. 이런 토론토 한인사회의 음악문화는 아마도 미주 한인사회에서 보편적으로 나타나는 디아스포라 음악문화 현상일 것이다.*

참고문헌

공기태. "미국 한인 교회의 역사와 찬양대의 현황." 『한국문학과 예술』(숭실대학교 한국문학과예술연구소, 2013), 제5집.

권혜련. "풍물과 사물놀이의 교회 수용양상." 『음악과 문화』(세계음악학회, 2001), 제30집.

김보희. "고려인 전래민요의 전승과 변천." 『한국민요학』(한국민요학회, 2005), 제16집.

____. "고려인사회 문화예술집단 소인예술단." 『한국음악사학보』(한국음악사학회, 2005), 제34집.

____. "우즈베키스탄 꼴호즈(집단농장) 소인예술단의 음악활동." 『한국음악사학보』(한국음악사학회, 2006), 제36집.

____. 『소비에트 고려민족의 노래』. 도서출판 한울, 2008.

____. 『소비에트 고려인 소인예술단의 음악활동』. 도서출판 한울, 2009.

____. "한인 디아스포라 아리랑의 원형과 파생관계." 『한국음악연구』(한국국악학회, 2012), 제51집.

김영목. "초기 미주 한인 이민사." 『미주한인100년사』(한미동포재단). Los Angeles: 한미동포재단, 2002.

박순아. "금강산가극단: 재일동포가 해외에서 유지한 한국전통음악문화." 『음악과 문화』(세계음악학회, 2011), 제25권.

옥성득. "미국 한인 개신교회의 사회적 책임." 『한국 기독교와 역사』(한국기독교역사연구소, 2008), 제29집.

유의영. "한인사회 공동체적 기반으로서의 미주한인교회." 『신학논단』(연세대학교 신과대학, 2004), 제35집.

---

* 출전: 이용식, "미주 한인사회의 디아스포라 음악문화: 캐나다 토론토를 중심으로," 『동양음악』(서울: 서울대학교 동양음악연구소, 2020), 제47집, 131-168쪽.

윤경로. "미주 한인사회의 초기 구국운동과 한민족의 정체성: 1910년대 한인교회를 중심으로." 『한인 기독교와 역사』(한국기독교역사연구소, 2004), 제20집.

윤인진. "토론토지역 한인의 생활과 의식." 『재외한인연구』(재외한인학회, 2001), 제11집.

이광규. 『재외동포』. 서울대학교출판부, 2000.

____. 『뉴욕 한인사회의 현상과 교육문제』. 재외한인학회총서 2. 북코리아, 2011.

이만열. "미주 한인교회와 독립운동." 『미주 한인의 민족운동』(연세대학교 국학연구원 편). 혜안, 2003.

이용식. "미주 한인사회의 디아스포라 음악문화: 캐나다 토론토를 중심으로." 『동양음악』(서울: 서울대학교 동양음악연구소, 2020), 제47집, 131-68쪽.

주동완. "뉴욕 한인 시민단체들의 현황과 활동." 『재외한인연구』(재외한인학회, 2018), 제44집.

중국조선족음악연구회. 『20세기 조선족 음악문화』. 민족출판사, 2005.

진용선. 『중국 조선족의 아리랑』. 수문출판사, 2001.

____. 『러시아 고려인 아리랑 연구』. 정선아리랑문화재단, 2009.

____. 『중국 조선족 아리랑 연구』. 정선아리랑문화재단, 2009.

岡山善一郎. "일본에서의 「아리랑」의 수용." 『한국문학과예술』(숭실대학교 한국문학과예술연구소, 2011), 제7집.

삐에르 부르디외. 최종철 옮김. 『구별짓기: 문화와 취향의 사회학』. 새물결, 2006.

Brosseau, Laurence and Michael Dewing. *Canadian Multiculturalism.* Ottawa: Parliamentary Information and Research Service, 2013.

Harkness, Nicholas. *Songs of Seoul: An Ethnography of Voice and Voicing in Christian South Korea.* Berkeley: University of California Press, 2014.

Kim, Ann H., et al. "Introduction: historical context and contemporary research." Noh, Samuel, et al. *Korean Immigrants in Canada: Perspectives on Migration, Integration, and the Family.* Toronto: University of Toronto Press, 2012.

Koo, Sunhee. "Selective identity: Korean minority composers and the performance of ethnicity in the People's Republic of China." *Asian Musicology* (2008), Vol. 12.

____. "Sounds of the border: music, identity, politics of the Korean minority nationality in the People's Republic of China." Ph.D. diss., University of Hawaii at Manoa, 2007.

____. "Inventing ethnic music: the vocal music of Korean ethnic minority music in the People's Republic of China." *Asian Musicology* (2010), Vol. 16.

____. "More than two Koreas: cultural intersection and Chinese Korean musicians in contemporary South Korean music scenes." *Yearbook for Traditional Music* (2014), Vol.46.

Marienstras, Richard. "On the Notion of Diaspora." Gérard Chaliand, ed., *Minority Peoples in the Age of Nation-State.* London: Pluto Press, 1989.

Noh, Samuel, et al(2012). *Korean Immigrants in Canada: Perspectives on Migration, Integration, and the Family.* Toronto: University of Toronto Press, 2010.

Pak, Jenny Hyung Chung. *Korean American Women: Stories of Acculturation and Changing Selves.* New York: Routledg, 2006.

Park, Jungwee. "A demographic profine of Koreans in Canada." Noh, Samuel, et al. *Korean Immigrants in Canada: Perspectives on Migration, Integration, and the Family.* Toronto: University of Toronto Press, 2012.

Song, Bang-song. *The Korean-Canadian Folk Song: An Ethnomusicological Study.* Ottawa: National Museum of Canada, 1974.

Song, Young I. and Alice Moon eds. *Korean American Women: From Tradition to Modern Feminism.* Westport, CT: Praeger, 1988.

Tölölyan, Khachig. "The Nation-State and Its Others: In Lieu of a Preface." *Diaspora* (1991), 1(1).

Um, Hae-kyung. "Community, identity and performing arts: the Korean diaspora in the former Soviet Union and China." Hae-kyung Um ed., *Diaspora and Interculturalism in Asian Performing Arts: Translating Traditions.* New York: Routledge Curzon, 2005.

Um, Hae-kyung. "The dialectics of politics and aesthetics in Chinese Korean dance drama: Spirit of Changbai Mountain." *Asian Ethnicity* (2005), 6(3).

『세계일보』, 2018.9.6.

『토론토 중앙일보』 2017.12.6., 2018.2.2., 2018.3.29., 2018.7.27., 2018.9.6., 2018.9.20., 2018.10.1., 2018.12.1.

『토론토 한국일보』, 2018.2.22., 2018.9.6., 2018.9.21., 2018.10.3.

〈부록〉 2018년 토론토에서 개최된 한인 음악공연 현황

날짜	공연 제목	음악 갈래	공연 장소	공연 주체
1.13	제7회 실내악 공연	클래식	세인트조지교회	캐나다 한인음악협회
1.20	Music for 4	클래식	본 한인교회	Prime chamber music society
2.24	아리랑갈라	클래식+전통무용	셰라턴 파크웨이	한인여성회
2.27	조성진 콘서트	클래식	국립예술센터 (오타와)	조성진
3.3	아코르 색소폰*	경음악+대중+찬송가	다운스뷰 장로교회	아코르 색소폰
3.18	자이언티 콘서트	대중가요	퀸엘리자베스 극장	K-Pop Me
3.23~25	윤항기 목사 찬양콘서트	찬송가	한인회관, 큰충성교회	윤항기 목사
3.31	거미 콘서트	대중가요	토론토컨벤션센터	
4.14	2018 시어터 이문세	대중가요	소니센터	CL Entertainment
4.21	봄맞이 콘서트	클래식	그레시스교회	토론토 한인합창단
5.1	메이데이 공연*	국악(풍물)	철강노동자센터	토론토 철강노동자조합
5.5	어린이날 기념공연	클래식	온누리교회	캐나다 한인음악협회 (한인어린이합창단)
5.12	부처님오신날 법회*	국악(사물)	불교인회관	캐나다 불교인회
6.3	예멜합창단*	클래식	제일장로교회	예멜합창단
6.16	에릭남 콘서트	대중가요	피닉스 시어터	에릭남
6.16	토론토 K-pop 예선*	대중가요	이니스 타운홀	외교부
8.18	에스프레시보	클래식	리치몬드힐 아트센터	AK 프로덕션
8.24~26	한가위 한인 대축제*	국악+대중가요	멜라스만 광장	토론토 북부번영회
9.15~16	힐링 콘서트+	대중가요	큰충성교회	순복음 캐나다 동부지방회
9.22	One Sky Festival	국악+대중가요	레니슨 칼리지	토론토 총영사관
9.22~24	방탄소년단	대중가요	해밀턴	방탄소년단
9.23	Modern Sky Festival (다이나믹 듀오, 새소년)	대중가요	Budwiser Stage	Modern Sky Entertainment

9.26	원프로젝트 합창단*	클래식	서부장로교회	원프로젝트 남성합창단
9.28	Star Moon Water Stone (Ensemble Jeng Yi [쟁이])	국악(퓨전사물)	Redeemer Church	Nuit Blanche Toronto
9.30	국악고 소리누리 초청*	국악	토론토 아트센터	캐나다 한국문화예술협회 외
10.3	개천절기념식(국악고)*	국악	온타리오주 의사당	토론토 한인회
10.11	마당놀이 심청전*	국악(퓨전)	토론토 한인회관	한캐노인회
10.13	나빌레라 공연	전통무용+국악	토론토 아트센터	나빌레라 무용단
10.13	필그림 25주년*	클래식	영락교회	필그림 남성합창단
10.19	제8회 노인의날*	국악+경음악+찬송가	무궁화 홈스	무궁화 홈스
10.27	루체아카데미	클래식	트리니티 장로교회	루체아카데미
11.3	싱글맘돕기 음악회**	클래식	다운스뷰 장로교회	조이모자선교회
11.24	한국의 소리	국악+클래식	밀알교회	캐나다 한인음악협회

* 무료 / ** 무료 + 기부금

[ABSTRACT]

Diaspora Music Culture of Korean Immigrant Society in North America: Focusing on Toronto, Canada

Lee, Yong-Shik*

Korean diasporas exist in all corners of the world. Koreans in North America in particular have developed a distinct diaspora culture compared to Koreans in other countries. In this paper, I explore the diaspora music culture of Korean immigrant society in Toronto, Canada.

A great number of Korean Canadians are Christians, so much so that the church not only serves as a religious center but also as the center of Korean community sustaining the Korean immigrant society. The church is also the center of diaspora music culture. Many concerts are held in churches despite their inadequacy as concert halls in terms of accessibility and efficiency. And yet, Korean Canadians prefer to hold concerts in churches because most of the concerts are "by the believers, for the believers, and of the believers." Most of the repertoires of the concerts held in churches are Western classical music. The church is an arena for Korean Canadians to show off their middle-class social status, which is demonstrated in the classical music concerts held in the church by amateur music lovers. The 'national identity' of Korean Canadians, which tend to favor the host country's culture, is particularly expressed through their preference of Western music.

Although K-pop is very popular in the Korean immigrant society,

* Professor, Department of Korean Music, Chonnam National University

popular musicians rarely host their own concerts and tend to appear in crowded public events held by the Korean immigrant society. Most of the musicians that perform for the Korean Canadian stages are singers from elder generations who are adored by middle age Koreans that are able to purchase expensive tickets. The singer-turned-pastors who hold 'gospel concerts' in church are the most popular musicians within the Korean Canadian community.

Traditional music is a symbol of the 'image of the motherland' but is nevertheless considered 'peripheral music' eclipsed by Western classical music and popular music. It often takes part in events hosted by Korean Canadian organizations for the sake of variety. Furthermore, it is mostly middle-aged woman, who have difficulties entering mainstream society due to limited language abilities, that learn traditional performing arts. Accordingly, traditional music has been regarded as 'heritage of the past.' Buddhists, on the other hand, promote traditional music. Buddhists events tend to include samulnori and even perform aspects of it during the ceremony.

The dual perception of Buddhist preservation of traditional music and Christian disregard for traditional music among Korean Canadians in Toronto reflects the same phenomenon in their homeland. Korean Christian churches are the center of Western-oriented middle-class Koreans who do not harbor a positive view of their ethnic identity. However, Korean Buddhist temples still preserve and promote traditional music in a manner that manifests a positive ethnic identity.

중국 조선족 음악과 전통의 문제:* 타민족과 다른 지역의 영향을 중심으로

이훈**

어떠한 예술작품이나 자기 민족의 정신적이고 예술적인 바탕을 떠나 창작될 수 없다. 중국 조선족 음악도 형성되면서부터 오늘에 이르기까지 조선 민족의 전통음악을 바탕으로 형성되고 발전되어 왔다. 하지만 동아시아의 여러 나라와 마찬가지로 조선족도 자기 음악의 형성과 발전의 과정에서 전통음악을 홀시한 시기가 없지 않았으며, 또한 역사적이고 지역적인 특수한 원인으로 전통에 대한 계승과 발전의 어려운 길을 걸을 수밖에 없었다.

특히 타민족 음악문화의 전파는 조선 민족 전통음악을 보다 순수하게 계승하고 발전시킬 수 있었던 조선족 음악사회에 이질적인 요소들을 첨가하게 된다. 그뿐 아니라 이러한 요소들에 대한 비판적인 수용은 조선족 음악의 한 부분으로 자리 잡게 된다. 따라서 타민족문화의 전파에 대한 연구는 조선 민족 전통음악에 대한 진화의 길을 연구하는 작업과 마찬가지로 중요한 의의를 가지게 되며, 전반 조선족 음악의 정체성을 밝히는 데 중요한 작용을 하게 될 것으로 기대한다.

조선족 음악사회도 동아시아의 기타 민족과 거의 동일한 시기에 전

* 『동양예술』(서울: 韓國東洋藝術學會, 2004), 제9호, 432-470쪽.

** 전 연변대학 예술학원 원장

통음악에 대한 발굴과 정리 및 출판을 시작하였으며, 전통음악에 대한 첫 번째의 조명은 개혁개방의 시작과 함께 이루어졌다고 볼 수 있다. 이러한 조명으로 조선족 음악은 재래의 특수하게 표현하는 경향에서 벗어나 독립적인 음악미로 대중들에게 강렬한 생명충동을 주는 새로운 역사 시기를 맞이하게 되며, 따라서 예술작품과 예술인들이 여러 차례에 걸쳐 국가 문화부의 대상인 '문화상'을 받는 등 조선족 음악예술은 그 차원이 한층 높아지게 되었다. 그러나 지금까지 조선족 음악사회에서는 조선족 음악의 국부적인 연구에만 급급할 뿐 조선족 음악의 정체성에 대한 연구, 특히 타민족과 지역의 음악문화가 조선족 음악의 형성과 발전과정에서 일으킨 영향에 대한 체계적인 연구는 전개하지 못하고 있는 상황이다.

필자는 21세기의 벽두에 진행되는 조선 민족 전통예술에 대한 전통의 문제, 그중에서 조선족 음악의 형성과 발전에 대한 기타 민족과 다른 지역의 영향을 중점적으로 분석함으로써 전반 조선 민족 음악의 정체성을 밝히고 조선족 음악의 특성을 찾는 데 도움을 주고자 한다.

중국 조선족 음악은 형성되면서부터 오늘에 이르기까지 조선 민족의 전통음악을 주축으로 하면서 타민족과 기타 지역의 상이한 음악문화에 대한 비판적인 수용의 여러 단계를 거쳐 자기의 독특한 풍격을 창조하고 발전시켜 왔다. 조선족 음악이 타민족과 지역의 많은 영향을 비판적으로 수용하고 조선족 음악의 특성을 보전하면서 발전할 수 있었던 가장 중요한 원인의 하나가 바로, 조선족 음악사회에 조선 민족의 전통음악이 바탕이 되어 튼튼히 자리하고 있었기 때문이다. 만약 이러한 전통음악의 바탕이 없었다면 서양음악을 비롯한 타민족 음악이 유입되어 한 세기가 지난 오늘, 조선족 음악은 이미 타민족 음악문화에 완전히 동화되어 버렸을 것이다.

연구자는 조선족 음악에 있어서의 전통에 대한 문제를 밝히기 위하여 조선족 음악사회에 대한 타민족과 기타 지역의 영향을 분석하고 그에 대한 조선족 음악사회의 수용과정을 살펴보았으며, 이상의 논의를 요약하면 다음과 같다.

조선족 음악의 형성기(形成期)에 주로 서양음악이 조선족 음악사회에 유입되었는데, 이러한 음악은 종교와 학교에서의 창가과 및 취주악을 통하여 유입되었으며 그 보급에는 일본에서 유학을 하고 중국에 온 음악교육가들이 가장 많았음을 알 수 있었다.

또한 조선족 음악사회는 그 발전의 길에서 정착국인 중국공산당과 정부의 문화시책에 대한 영향을 많이 받게 되었으며, 그 주요한 영향으로 사실주의 미학관과 사회주의 리얼리즘 및 실사구시(实事求是)적 다양화 등 상이한 미학 관념을 들 수 있었다. 그뿐 아니라 중화인민공화국이 탄생한 이후에는 상이하게 변화된 남북한의 음악시책과 음악실태가 조선족 음악사회에 매우 큰 영향을 주게 되었음을 알 수 있었다.

이러한 영향에 대한 냉철한 비판을 통하여 조선족 음악사회는 자기의 실제에 잘 맞는 발전의 길을 택하게 되었다. 특히 개혁개방 이후 전통음악에 대한 조명을 통하여 조선족 음악은 장기간 지속되어온 '특수하게 표현하는 경향'에서 벗어나 음악의 독립적인 미로 대중에게 강렬한 생명충동을 줄 수 있었으며, 이러한 충동을 줄 수 있는 작품들은 모두 조선 민족의 전통음악과 철학적 사유를 바탕으로 하고 있었다.

조선족의 음악작품에는 조선 민족의 전통음악이 스며들어 있지만, 그러한 작품들은 단순히 손쉬운 방식으로 조선 민족의 전통을 서양 형식으로 가져다 쓴 것은 아니다. 오늘도 조선족 음악가들은 조선 민족의 전통음악에 바탕을 두고 있지만, 이러한 전통을 자신만의 고유한 개성적인 형식으로 표현하고 있으며 무엇보다 세계적으로 감상될 수 있는 수준에 이르기 위하여 노력하고 있다.

조선족 음악의 미래를 위하여 전통음악의 본질과 정수를 아주 깊이, 그리고 아주 조심스럽게 연구하고, 미지의 세계를 탐색하며, 전통으로부터 배운 것을 새롭고 현대적인 형태로 재창조하거나 새롭게 해명함으로써 날로 발전하는 대중의 미감에 대한 욕구에 만족을 주고, 인간 본질 실현의 길에서 초월(超越)과 승화(升华)를 이루어야 할 것이다.

Ⅰ. 서론

어떠한 예술작품이나 자기 민족의 정신적이고 예술적인 바탕을 떠나 창작될 수 없다. 중국 조선족[1] 음악도 형성되면서부터 오늘에 이르기까지 조선 민족의 전통음악을 바탕으로 형성되고 발전되어 왔다. 하지만 동아시아의 여러 나라와 마찬가지로 조선족도 자기 음악의 형성과 발전의 과정에서 전통음악을 홀시한 시기가 없지 않았으며, 또한 역사적이고 지역적인 특수한 원인으로 전통에 대한 계승과 발전의 어려운 길을 걸을 수밖에 없었다.

특히 타민족 음악문화의 전파는 조선 민족 전통음악을 보다 순수하게 계승하고 발전시킬 수 있었던 조선족 음악사회에 이질적인 요소들을 첨가하게 된다. 그뿐 아니라 이러한 요소들에 대한 비판적인 수용은 조선족 음악의 한 부분으로 자리를 잡게 된다. 따라서 타민족문화의 전파에 대한 연구는 조선 민족 전통음악에 대한 진화의 길을 연구하는 작업과 마찬가지로 중요한 의의를 가지게 되며, 전반 조선족 음악의 정체성을 밝히는 데서 중요한 작용을 하게 될 것으로 기대한다.

조선족 음악사회도 동아시아의 기타 민족과 거의 동일한 시기에 전통음악에 대한 발굴과 정리 및 출판사업을 시작하였다. 전통음악에 대한 첫 번째의 큰 조명은 개혁개방의 시작과 함께 이루어졌다고 볼 수 있다. 이러한 조명으로 조선족 음악은 재래의 특수하게 표현하는 경향에서 벗어나 독립적인 음악미로 대중에게 강렬한 생명충동을 주는 새

1 '조선족'이란 용어는 중화인민공화국이 창건된 이후(1952)에 나타난 명칭이지만, 본문에서는 중화인민공화국이 창건되기 이전의 조선인들을 모두 '조선족'이라 부르기로 한다.

로운 역사 시기를 맞이하게 되며, 따라서 예술작품과 예술인들이 여러 차례에 걸쳐 국가 문화부의 대상인 '문화상'을 받는 등 조선족 음악예술은 그 차원이 한층 높아지게 되었다. 그러나 지금까지 조선족 음악사회에서는 조선족 음악의 국부적인 연구에만 급급할 뿐 타민족과 지역의 음악문화가 조선족 음악의 형성과 발전과정에서 일으킨 영향에 대한 체계적인 연구는 전개하지 못하고 있는 상황이다.

필자는 21세기의 벽두에 진행되는 조선 민족 전통예술에 대한 재조명을 통하여 조선족 음악의 형성과 발전에 있어서 계속 제기되었던 조선족 음악에 대한 전통의 문제, 그중에서 조선족 음악의 형성과 발전에 대한 기타 민족과 다른 지역의 영향을 중점적으로 분석함으로써 조선 민족 음악의 정체성을 밝히고 조선족 음악의 특성을 찾는 데 도움을 주고자 한다.

Ⅱ. 조선족 음악의 형성과 발전에 미친 타민족과 다른 지역의 영향

19세기 후반 서양음악의 도입으로 조선족뿐 아니라 동아시아 각국의 음악문화는 커다란 변화를 겪게 된다. 비록 여러 나라의 역사적 배경이 상이하였지만, 근대화 · 서구화 과정에서 대두된 전통적인 가치와 서구적인 가치의 충돌에서 그들이 부딪힌 문제는 크게 다르지 않다.[2]

조선족의 천입과 거의 동시기에 서양음악이 유입되기 시작하며 이러한 원인으로 서양음악이 조선족 음악사회에 대한 영향은 그 어느 나라와 지역보다 더 클 수밖에 없었다. 그뿐 아니라 남북이 분단되면서 전통예술에 대한 그들의 계승과 발전은 상이하였으며, 그러한 모습은 여러 경로를 통하여 조선족 음악의 발전에 영향을 미치게 된다. 특히 정착국인 중국에서 일어난 여러 차례의 정치, 문화운동은 그 옳고 그름을 떠나서 조선족 음악의 발전에 매우 큰 영향을 주게 된다.

그렇기 때문에 본문에서는 먼저 조선족 음악의 형성에 대한 타민족 문화예술의 영향을 분석하고, 다음으로 조선족 음악의 발전기에 있었던 한국 · 북한과 중국문화의 영향을 살펴보고자 한다.

2 이희경, “일본 현대음악과 전통의 문제,” 『한국음악사학보』(서울: 한국음악사학회, 2003), 제30집 참조.

1. 건국 전

이주 초기, 중국 조선족 문화의 중심인 연변에는 조선족이 전체 주민의 대부분을 점하였으며, 전반 조선족 음악에서 민요를 포함한 민속악이 가장 큰 밑거름이 되어 전반 조선족 음악사회에 영향을 주게 된다.[3] 하지만 조선족 사회에서 학교교육이 본격적으로 이루어지면서 여러 가지 경로를 통하여 전파된 서양음악이 학교의 정식 교과과정이 되며, 따라서 서양음악이 조선족 음악에 가져다준 영향이 확대되게 된다.

그뿐 아니라 종교음악과 취주악 및 일본군악대와 같은 단체들의 활동으로 이루어진 서양음악의 전파는 조선족 음악에 큰 영향을 주게 된다. 따라서 이 장에서는 먼저 서양음악의 유입 경로와 활동 상황을 분석하고, 다음으로 이 시기에 창작되고 공연된 작품들을 통하여 전통예술에 대한 사실주의(寫實主義)의 영향(影向)을 분석할 것이다.

1) 서양음악의 영향

조선족 음악에 대한 서양음악의 보급은 매우 일찍 이루어졌으며, 그 보급경로와 주요한 활동에 대한 분석은 조선족 음악에 대한 서양음악의 영향을 밝히는 데 꼭 필요한 작업이 된다.

중국에서 가장 일찍 설립된 조선인 학교는 용정에 설립된 서전서숙(瑞甸書塾)이다. 1906년 조선의 반일지사 이상설(李相卨)은 용정에 와서 이동녕, 여조현, 전순만(별명 왕창동), 박정세(별명 박무림), 황달영(별명 전공달) 등과 함께 서전서숙을 설립하였으며, 이를 계기로 조선족들이 살고 있는 지방마다에 본격적으로 학교가 설립되기 시작하였다.[4]

특히 1920년대에 들어서면서 당시 중국 조선족 문화의 중심지인 용

3 조선족 음악의 기초를 이루고 있는 조선 민족의 전통음악에 대한 조사작업과 분류 및 그에 대한 분석은 졸고 “中國 延邊朝鮮族民族音樂의 史的 考察”(서울대학교 음악학 석사학위논문, 2001)을 참조하기 바란다.

4 최순덕, 『예술사』(중국: 민족출판사, 1994), 31쪽.

정에는 은진중학과 대성중학을 비롯한 많은 학교들이 설립되었다. 이런 학교들에서 공부하고 있는 학생들 중에는 만주에서 살고 있는 조선족 자녀들뿐 아니라 한반도와 일본 및 연해주에서 온 유학생들도 많았으며, 이러한 원인으로 용정 주민호의 80%가 하숙집을 운영하였다고 한다.

〈표 1〉 반일 민족독립운동 시기 중국에 설립된 조선인 학교[5]

구분	학교 명칭	설립자	설립 이념	설립 연대
1	용정 서전서숙	이상설	반일지사	1906
2	용정 명신여자학교	박걸	종교	1914.6.
3	용정 은진중학교	스코트, 부트	종교	1917.7.
4	용정 명신여자중학교	기예스라	종교	1920.6.
5	용정 해성학교	임석충, 한흥열	종교	1927.8.
6	용정 대성중학교			이하 1920년대
7	용정 여자국민고등학교			
8	용정 근화여자중학교			
9	용정 영신중학교			
10	용정 광명여고			
11	동산야학교			
12	도문중학교			
13	용정 동흥중학교			
14	용정 광명중학교			
15	광명소학교			
16	두도구 보통학교			
17	광성학교(집안현)			
18	배달학교(통화현)			
19	용정 영신소학교			
20	百草勾普通學校			
21	光進女學校			

5 강련숙, 『중국조선족100년문학예술대사기』(길림인민출판사) 참조.

〈표 1〉을 통하여 당시 중국에 설립된 학교들이 매우 많았음을 알 수 있으며 이러한 학교들을 다음과 같은 세 가지 유형으로 분류할 수 있다. 첫째는 조선의 반일계몽사상의 영향하에 백성들이 애써 세운 사립학교이고, 둘째는 종교계에서 포교와 결합하여 세운 학교들이며, 셋째는 일본인들이 식민지 노예교육을 위해 세운 학교들이다. 비록 학교를 세운 목적은 서로 달랐지만, 이들 모두는 '창가과'를 정식과목으로 두었다.

창가과를 맡은 교원들은 그 대부분이 일본에서 유학을 한 조선인들이었으며, 그들은 학생을 가르치는 한편 개인음악회와 음악활동에 참가하고, 또 음악작품들을 창작하였다. 따라서 당시 일본에서의 민족음악과 서양음악의 문제들이 일본을 유학하고 돌아온 음악교원들에 의하여 조선족 음악사회에 반영된다.

서양음악이 유입된 이후 초창기 아시아의 작곡가들은 유럽과 미국 등지에서 유학하고 돌아와(중국과 한국의 경우는 일본도 포함), 자신들이 그곳에서 배운 근대적인 음악양식을 소개하는 데 주력하였으며, 자신의 음악 또한 그러한 양식으로 작곡하고자 했다. 그렇기 때문에 조선족 음악에 대한 서양음악의 영향을 분석하기에 앞서 일본을 포함한 동아시아 음악사회에서의 서양음악의 유입에 대한 경향을 짚고 넘어가지 않을 수 없다.

일본의 경우 근대화는 곧 서구화를 의미했으며, 유럽식 모델에 따라 사회를 변화시키는 것이 최대의 목표였다. 이들에게 '아시아'는 단순히 지리학적인 용어가 아니라 모든 낡고, 전통적이고, 비합리적이며, 단순한 것, 그래서 무시해야 하는 그러한 것의 상징이었으며, '유럽'은 새롭고 모던하며 합리적이고 민주주의적이고 인간적인 것, 그래서 추구해야만 하는 그러한 것이었다.[6]

---

6 이희경, "일본 현대음악과 전통의 문제," 『한국음악사학보』(서울: 한국음악사학회, 2003), 제30집, 638쪽.

이러한 사고방식은 자연히 일본에 유학하는 학생들에게 영향을 주게 되었으며, 음악교육의 기초를 이루는 교원들 대부분이 일본 유학생인 조선족 학교에서의 음악교육도 이러한 영향에서 벗어날 수 없었다. 따라서 서양음악의 수용에 대한 긍정과 부정을 떠나 조선족 학교들에서의 서양음악에 대한 교수가 조선족 전통음악에 대한 전수보다 훨씬 많은 비중을 차지하게 되었다.

당시에 중국 조선족 음악사회에서 활동한 음악가들을 소개하면 다음과 같다.

문하연은 1909년 2월 23일에 함경북도 길주군에서 출생하였으며, 1987년 5월 17일 평양에서 사망하였다. 그는 1932년 일본음악학교를 졸업하였으며, 1932년에 만주에 온 후 1946년 전후하여 용정 대성중학교, 연길 간도사도학교, 용정 여자국민고등학교, 근화여자중학교, 연신중학교 등 학교들에서 음악 교원사업과 교장을 맡아 하였으며, 14년 동안에 많은 인재를 육성하였다.[7]

황병덕은 일본 동양음악학교의 졸업생이며 용정에 있는 동안 광명여자고등학교에서 음악교학을 하였다. 학교 교학을 하는 한편, 여학생들로 성가합창대를 조직하여 남다른 재능을 보였으며, 성악 지도와 합창 지도에 능하였다. 특히 크리스마스와 같은 명절이 오면 성가음악회를 조직하였는데, 수많은 관중들이 음악회를 감상하였다.[8]

김광의도 일본에서 음악교육을 받았으며, 1930년대 중반에 용정에 온 후 바이올린 독주회를 여는 한편 학생들을 가르쳤다. 해방되어

---

7 김덕균, 『조선민족음악가사전』(중국: 연변대학출판사, 1998), 253쪽.

8 1935년 11월 20일 『간도신문』(일문판) 제3면에는 다음과 같은 광명여자고등학교의 소식이 기재되어 있다.
光明女高의 「바자」音樂會는 모두 호평.
광명여고의 「바자」는 9日, 10日에 열렸다. …
敎內音樂會는 9日 오전과 오후 두 번 본교 강당에서 성대히 열렸으며 매우 좋은 평을 받았다. 그중 4중창, 코라스는 매우 열렬한 환영을 받았고, 특히 미성의 소유자로 평가가 높은 崔南과 尹仁子娘의 獨唱으로 청중의 절찬을 받았다.

연신중학교에서 음악교원으로 있으면서 「세태」 1, 2, 3부와 연신중학교 교가인 「용진」 등을 창작하였고, 1946년에 병으로 세상을 떴다.

윤극영은 1903년 9월 6일, 서울 종로구 소격동에서 출생하였으며, 일본 동양음악학교에서 공부하였다. 1926년 1월 용정에 온 후 그는 광명중학교 음악교원들과 함께 「예우사」를 세우는 한편, 과외공연을 자주 하였다. '예우사'를 운영하는 기간, 그는 중 · 소학교 음악교원들을 조직하여 음악창작과 평론활동을 하였으며, 잡지 「예우」를 발간하고 「반달」을 비롯한 100여 수의 동요를 발표하였다. 용정에 있는 동안 그는 선후로 동흥중학교, 광명중학교, 광명여고에서 1935년까지 음악교원으로 있었으며, 1947년에 용정을 떠나 서울에 갔다.

상기한 음악 교육가들은 모두 조선족 음악의 형성기에 활동하면서 조선족 음악의 형성에 많은 영향을 주었다. '어떠한 원칙에서 그들의 공연활동이 이루어졌고, 또 음악작품을 창작하였는가?' 하는 문제에 대한 분석을 떠나 당시 진행되었던 창가과의 내용과 여러 공연 종목만을 통하여서도 이 시기 일본에서 있었던 전통의 문제들이 그대로 중국 조선족 음악사회에 반영되었음을 알 수 있다.[9]

경술국치 직전에 편찬된 『보통교육 창가집』과 집안현 화전자의 광성학교 및 통화현 배달학교에서 사용한 교재 내용의 일부를 보면 〈표

---

9 일본에서 1879년에 제출한 교육계획서에 "동서의 음악을 절충한 새로운 음악의 창조를 목표로 유럽음악과 일본음악을 다 가르쳐야 한다"라고 되어 있긴 하지만, 실제로 출판된 음악 교과서들에는 서양음악이 대부분이었다. 학교교육에서 전통음악은 완전히 경시되었고, 아이들은 유럽적인 미학에 따라 '아름답게' 노래하도록 강요받았으며, 전통음악의 음향 표상은 완전히 무시되었다. 당시 일본인들은 정치적인 이유에서 서양인들보다 더욱더 유럽중심주의적이었다고 하는데, 일본 최초의 공공 음악학교인 도쿄음악학교(東京音樂學校) 역시 이러한 경향을 정확히 반영하며 서양음악 일변도의 교육을 했다. 일본 노래와 고토(箏)가 가르쳐지긴 했지만, 처음부터 유럽식으로 연주되어 당시 드물었던 피아노 대용으로 사용됐으며, 그나마 초대 교장이던 이자와가 물러난 후에는 그것조차 사라졌다고 한다. 작곡가들은 오랫동안 일본의 선율에 유럽 화성을 붙였는데, 오선보로 기보된 일본 선율은 고유의 특성을 잃게 되어 그 결과 이국적인 선율진행을 갖는 유럽음악이 될 따름이었다[Bonnie C. Wade, 이혜영 역, "미래만들기: 일본음악의 경우를 중심으로," 『동양음악』(서울: 서울대학교 동양음악연구소, 2000), 제22집, 20쪽].

2〉와 같다.[10]

〈표 2〉『보통교육 창가집』과 광성학교 및 배달학교에서 사용한 교재내용

구분	제목	내용
1	안(雁), 兎와 龜, 學問歌, 勸學歌	일본창가집에서 직역
2	갈지라도, 직송(直松), 춘조(春潮)	찬송가곡에 새 가사
3	접(蝶), 필업가	타국 민요에 새 가사
4	모험맹진가, 복수설치가, 운동가, 동심가, 학생전진가, 쾌남가(快男歌), 상봉유사가 등	반일 민족적 의식 강조
5	소년남자가, 학도가, 권학가, 행보가, 혈성대가, 우리의 운동장, 의무가, 세계일주가, 태평양가, 부모의 은덕, 상봉가 등 28수	북한의 보통교육창가집에서 발췌. 신식교육의 의도 강조
6	기미가요, 기원절의 노래, 천장절, 軍艦行進曲, うみゆかば, ささき中佐のうた, かってくるぞと	황민화교육과 군국주의 정서교양 강조

〈표 2〉에 표기된 곡들에서 내용과 형식을 떠나 그 대부분이 서양음악의 선법에 의하여 창작된 작품들이고, 또 종교음악과 외국 민요가 얼마간 있을 뿐 조선 민족의 민요를 포함한 민속음악은 한 수도 없음을 알 수 있다.

창가과뿐 아니라 취주악과 종교음악 및 일본군악대의 활동도 서양음악을 조선족 음악사회에 유입시킨 또 다른 경로였다.

취주악의 보급은 주로 한반도와 일본 및 종교의 영향에서 비롯되었다. 한반도에서는 광종 4년(1900) 고종의 군악대 창설령에 의하여 12월 9일 의정부참정 조병식의 이름으로 군악대 2개 대대를 설치할 것이라는 칙령 49호가 발표되었다. 이듬해인 1901년 2월 19일 일본해군의 초빙으로 일본에 머물고 있던 독일 해군 군악대 대장 프라니 에케르트(Frani Eckert, 28세)를 초청하였으며,[11] 이렇게 설립된 악대가 한반도에서

10 최순덕, 『예술사』(중국: 민족출판사, 1994), 31-33쪽 참조.

11 『고종실록』 권40, 4년 12월 19일 참조.
남궁요열, 『韓國音樂總攬』(한국음악협회, 1991), 363쪽.

설립된 첫 취주악대였다. 그 후 이 취주악대에 있었던 많은 대원들이 여러 중 · 소학교에서 음악교원으로 있으면서 취주악대를 세웠는데, 이러한 영향으로 중국에 있는 조선인 중학교들에서도 1920년대를 전후하여 취주악대를 설립하게 되었다.

중국에 이주한 조선인들에게 가장 일찍 알려진 종교는 1896년 반일 민족주의자 김영렬이 화룡 일대에 와서 전수한 천주교이다. 그 후 1902년에 캐나다로부터 조선을 거쳐 온 장로교 선교사 홍승국도 간도 일대에 와서 포교사업을 하였고, 이러한 활동들에 의하여 1903년에 이르러 용정 팔도구에는 이미 천주교가 널리 보급되었으며, 1906년 용정에는 96호밖에 안 되는 조선인들이 살고 있었지만 그곳에는 큰 교회당이 있었다.

1924년부터 남만과 북만에도 기독교와 천주교가 포교되었으며 통화, 유하, 신빈, 집안, 장백, 휘남, 해룡, 안동, 봉천 등지에 장로교 신자 6천여 명과 감리교 신자 4천여 명이 있었다.[12]

천주교에서는 해마다 6월 중순이면 지정된 날에 '성체거동' 활동을 하였다. 이날에는 전체 신도들이 교회당에 모여 활동하였는데, 그중에서 가장 중요한 내용은 웅장한 취주악 반주에 맞추어 성가를 부르는 것이었다. 그러므로 교회당마다 자기의 취주악대를 가지고 있어야 하였다.

당시 용정에는 예배당과 성당이 네 곳에 있었으며, 기독교 계통의 교육망, 천주교 계통의 '해성학교체계'까지 이루어져 있었다.

종교뿐 아니라 조선족들이 꾸린 학교들에는 거의 취주악대가 있었으며 일제가 세운 학교와 군대에도 군악대가 있었는데, 그들의 취주악대와 서양음악 활동은 비교적 높은 수준을 가졌었다. 특히 연길에 주둔한 일본 육군부대에는 50여 명의 편제를 가진 군악대가 있었으며, 그 존재의 목적을 떠나 그들의 연주활동은 당시 취주악의 보급에 홀시

---

12 최순덕, 『예술사』, 30쪽.

할 수 없는 영향을 주었다.

상술한 여러 경로를 통하여 조선족이 집거하고 있는 지방마다 취주악과 서양음악이 보급되었다. 당시 조선인들에게 자체 직업예술학교가 없었던 상황에서 조선족 첫 음악인은 대부분 사람들은 이러한 환경에서 음악교육을 받게 되었으며, 그 속에서 배출된 많은 기술인재들은 그 이후의 공연활동에 큰 영향을 미치게 되었다. 따라서 이러한 영향은 지금까지 이어지고 있는데, 지금도 중국의 유명한 악단마다 동관파트에는 조선족이 있으며, 2004년에도 심수예술학교와 같은 먼 곳에서도 연길에 와서 동관파트 학생들을 특별히 모집하였다.

그뿐 아니라 2004년 5월 연길시 초등학교에서 진행한 관악경연에는 여덟 개 학교의 관악대가 참석하였으며, 그중 연길시 하남소학교에서는 130명에 달하는 학생들이 출연하여 「이탈리아」, 「경축행진곡」, 「휘파람」 등 풍격이 다양한 곡들을 훌륭히 연주하였다. 그들의 공연은 국제관악절에 참석하였던 교수들로부터 그 연주수준이 국제급에 이른다는 높은 평가를 받았다.

이와 같이 조선족 음악의 형성기에 중 · 소학교에 설립된 창가과목과 취주악, 그리고 종교단체와 일본군악대와 같은 단체들의 공연활동을 통하여 서양음악이 전파되기 시작하였음을 알 수 있으며, 이러한 서양음악의 영향은 조선족 음악의 형성과 발전에 매우 큰 영향을 가져다주었음을 알 수 있다.

2) 사실주의 미학관의 영향

1949년 이전 중국에는 '5.4정신'[13]이 잉태한 사실주의 미학관이 주

---

13 '5.4정신'은 현실을 담고 사회문제를 비판하는 사실주의 문학이라는 공통된 지향점을 갖고 있다. 신문화운동의 전개과정에서 1919년 5월 4일에 일어난 '5.4운동'은 청말의 개혁운동과 민족혁명이 좌절을 겪은 후 일어난 신사조, 문화혁명, 학생운동, 상인 · 노동자 파업, 일본상품 배척 및 신지식층의 기타 사회 정치활동을 포함하는 복합적 변혁이 요구되는 총체적인 개혁운동이라 정의할 수 있다. 또 '5.4운동'은 중국의 새로운 청년과 지식인들이 문화혁명에서 정치비판으로 전환하고 혁신에의 요구를 진전시켜서 직접적

류를 이루고 있었다. 한민족의 경우와 마찬가지로 5.4운동의 문학적 갈래가 신문학운동이었듯이, 그 결과 당시 예술가들의 세대의 미학적 목표가 사실주의적 문학의 창조로 나타났다. 이러한 사실주의적 성격은 1937년에서 1945년까지 8년간의 항일투쟁 시기에 민감하게 반응했고, 사회변혁에 발맞추어 예술인들의 활동도 점점 투쟁성을 부각해야만 하는 결과를 가져왔다.

그렇기 때문에 이 시기 공연단체의 작품들에는 중국공산당의 지도하에 어려운 환경에서 싸워온 영웅들에 대한 형상을 생동하게 부각하고, 그러한 투쟁으로 얻어낸 항일의 성과를 노래하는 내용들이 주류를 이루고 있다.

〈표 3〉 조국해방전쟁 시기 사실주의를 부각한 공연작품

구분	종목	장르	창작인	연도
1	이홍광지대의 노래	합창	정진옥 등	1946.5.
2	공산당이 없으면 새 중국도 없다	합창		1946.5.
3	황하대합창	합창	선성해	1933.9.
4	9.18, 노들강변	독창		1946.5.
5	팔로군행진곡, 연수요, 연안송	가요	정율성	1942
6	팔로군행진곡, 최후의 결전, 조선의용군행진곡, 군민대생산, 나의 집은 송화강반에 있다	취주악합주		1947
7	이홍광	연극		1946.5.
8	아리랑	장막가극	라월환	1940
9	무산대중의 봄이 왔네	단막가무극	제7지대	

인 정치의 운동으로 이행한 것을 의미한다. 중국공산주의자는 '5.4운동'이 단지 애국운동이 아니라 인간해방운동이라 평가하면서 중국근대사의 시대구분에서 하나의 커다란 전환점으로 삼고 있다. 특히 마오쩌둥(毛澤東)은 더욱더 진보하여 제국주의와 봉건제도에 반대하는 중국혁명의 선인으로서, 신해혁명이 이룩하지 못한 혁명의 철저성과 명확한 지향성을 구체적으로 실현시킨 기념비적인 사건이라 평가하고 있다. '5.4운동' 후 중국의 혁명운동은 보다 활발해져서 사회주의 사조가 더욱 고양되었다. http://my.netian.com/~holee00/15.html 참조.

구분	종목	장르	창작인	연도
10	조선의 어머니	연극	제7지대	
11	동북인민은 무장하자	가무	제7지대	
12	지뢰수 조성두용사	연극		1947.3.
13	지주보복반대투쟁	대형극		1947.8.
14	해방구로 가자, 영웅만세, 유문성의 적구해방, 옥노파의 아이보기			1947.9.

이러한 작품들은 당시 사실주의 창작원칙에 의하여 창작되어 혁명투쟁을 불러일으켰으며, 그중 가극「아리랑」은 가장 인기가 높았던 작품이다.

가극「아리랑」은 4장이었는데 독창「봄이 왔네」,「목가」, 합창「한국강산삼천리」, 주제가「아리랑」, 혁명군 합창「한국행진곡」, 2중창「사향곡(思鄕曲)」으로 구성되었다.

가극의 주요한 내용을 보면 다음과 같다. 평화로운 환경에서 사랑을 속삭이던 처녀 총각이 백년가약을 맺고 깨가 쏟아지게 살았는데, 일제의 조선 강점에 의하여 그들의 행복한 생활은 파괴되고 삼천리 금수강산은 피바다에 잠긴다. 일제의 순민이 되지 않기 위하여 그리고 빼앗긴 나라를 되찾기 위하여 그들 부부는 늙은 부모님과 눈물로 하직하고 혁명군에 참가하여 압록강을 건너 중국의 광활한 대지에서 일제가 패망할 때까지 싸운다.[14]

이 내용은 당시 일제의 조선 강점으로 나라가 피바다에 잠기고, 또 그러한 참혹한 현실에서는 사랑과 가정을 포함한 모든 것이 있을 수 없다는 주제를 담고 있으며, 수많은 조선족 청년들을 항일투쟁으로 불러일으켰다. 이처럼「아리랑」의 예술창작 원칙이 당시의 사회현실을 진실하게 반영하였기 때문에 가장 훌륭한 작품으로 인정받을 수 있었다.

당시『서북일보』,『서북문화보』,『공상일보』,『서경일보』등 신문

14 정영숙, "중국조선족전문예술단체초창기공연회고,"『예술세』(2003.11), 41-53쪽.

들에 실린 기사에서 이 공연에 대한 높은 평가가 있었음을 알 수 있다.

> 한유한 선생의 몇 개월간 정력의 결정(結晶)인 가극 아리랑은 위대한 가극작품이라 할 수 있다. 4장으로 된 가극은 음악, 연기, 조명, 장치, 화장, 악대구성 등에서 모두 소기의 효과를 거두었다. 오늘과 같이 물질조건이 어려운 서안에서 그와 같은 악대를 구성한다는 것은 매우 어려운 일이며 그렇게 각이한 악기들의 교묘한 배합은 서안음악계에 전례 없던 대연합을 이루었는데 참으로 놀라운 일이었다.

가극 「아리랑」에서뿐만 아니라 1946년 3월 1일 화전현의 '조선독립운동기념일'에 올려진 제7지대의 단막가무극 「무산대중의 봄이 왔네」와 연극 「조선의 어머니」 및 가무 「동북인민은 무장하자」와 같은 작품들에도 이러한 사실주의 경향이 뚜렷이 나타나 있다.

상술한 공연작품들은 예술적인 특수성보다는 사회현실을 생동하게 반영하고, 그러한 현실에 대한 반영으로부터 항일 · 조국해방이라는 목적을 달성하려는 원칙이 강조되어 있음을 알 수 있으며, 이러한 추구로 이미지에 의한 감화보다는 직설적이고 효과가 빠른 극 종목이 많이 공연되었음을 알 수 있다.

2. 건국 후

1949년 중화인민공화국이 창건되면서 문화예술에 대한 당과 정부의 문화시책이 변화되며, 따라서 문화예술에 대한 미학관념에도 변화가 생기게 된다. 또한 개혁개방이 시작되면서 남북한과의 예술교류가 이루어지게 되며, 그들의 문화시책과 예술실태가 조선족 음악사회에 유입된다. 그렇기 때문에 이 장에서는 먼저 건국 이후 중국 미학 관념의 변화에 대하여 살펴보고, 다음으로 남북한의 문화시책과 예술실태가 중국 조선족 음악에 미친 영향을 분석하고자 한다.

1) 사회주의 리얼리즘의 영향[15]

1930년대 이후 5.4운동 세대의 사실주의 미학은 1942년 옌안 문예강화(延安 文藝講話)[16]에서 모택동이 5.4운동 세대의 예술가를 공격한 이후 점점 위축되었다. 즉 1930~1940년대의 예술인들은 당의 사회주의 노선에 따른 국가 차원의 이념을 따를 수밖에 없었으며, 그 결과 사회주의 리얼리즘을 개발했다.

1956년 '백화제방 백가쟁명(百花齊放 百家爭鳴)'에 이르러 2년 동안 다시 자유로운 창작활동을 할 수 있는 기회를 가졌다. 1957년 5월 20부터 22일까지, 연변주위에서는 제1차 쟁명회의를 가지고 연변문학예술계인사 40여 명을 초청하여 「백화만발, 백가쟁명」의 방침을 진일보 관철할 데 대한 문제와 문예사업에 대한 영도문제를 놓고 좌담회를 조직하였으며 그 회의가 있은 뒤 민족음악의 바탕을 찾고자 연변민간문학학습회를 소집하였다.

그뿐 아니라 1958년 6월 15일, 『연변일보』는 「혁명적 낭만주의가곡이 곳곳마다 울려 퍼지게 하자!」는 사설을 발표하였으며 이 사설에서 정부는 "각급 당위는 민요수집정리사업을 정치임무로 간주하고 진행해야 하며 마땅히 당과 조직의 서기가 앞장에 서고 전당이 손을 써 사람마다 사회주의를 구가한 노래를 부르게 해야 한다"고 강조하고 있다. 따라서 그 이듬해인 1958년 7월에 연변지구민요수집위원회를 설립하고 1959년 3월에는 연변조선족자치주 민요가수선발대회까지 소집하게 되었다.

---

15 김예풍, "사회주의 리얼리즘과 연변조선족 민요," 『한국예술종합학교 음악원 음악학과 제2회 학술세미나』(2000) 참조.

16 "문예는 정치에 복무하고 노동자, 농민, 병사에 봉사해야 한다"라는 구호와 함께 주관주의적 작풍을 비판한 것이 바로 옌안 강화의 핵심이고 '옌안 정신'의 바탕이다. 옌안 강화 후 5.4운동 세대인 사실주의 예술인들과 혁명적 사실주의 창작노선은 갈등을 일으켰다.

〈표 4〉 사회주의 건설시기에 있었던 연구모임과 선전활동

구분	회의 명칭	주최	참가 범위	연도
1	동북조선인민보[17]	주위기관지	주정부	1949.4.
2	연변문예 창간	주문련	연변	1951.6.
3	연변인민출판사 성립		연변	1951.8.
4	민간음악 발굴, 녹음	연변인민방송국	목단강, 할빈 등	1954.4.
5	제1차 쟁명회의	연변주위	문학예술인사	1957.5.
6	연변민간문학학습회의	정부	연변조선족자치주	1957.7.
7	음악보고회	주정부		1958.3.
8	연변지구민요수집위원회	주선전부		1958.7.
9	연변여성			1958.8.
10	장백산	연변문련기관지		1958.8.
11	아리랑			
12	연변문학			1958.8.
13	송화강	할빈시		1959.2.
14	목단강일보			1959.5.
15	민요가수선발대회	정부	현과 시	1959.3.
16	정풍계획	연변분회		1959
17	제2차 쟁명회의	주문화처 등	예술단체책임자	1961.5.
18	연변문예창작회의	연변주위		1961.1.
19	理事확대회의	연변문련	연변문련理事	1961.4.
20	문예10조 전달	주정부	문예계	1961.8.
21	흑룡강신문			1961.10.
22	좌담회	주문화처 등	민간예술인 참석	1961.12.
23	학습회의	주문화처 등	현, 시 예술단체	1962.4.
24	좌담회	연변주위	연변문예사업일군	1962.8.
25	문예사업회의	주당위 등	당내	1964.2.
26	표창회	주정부	주내예술단체	1964.3.

17 1949년 4월 1일 연길에 있던 『연변일보』, 하얼빈의 『민주일보』, 통화의 『단결일보』를 합병하여 중공 연변주위기관보인 『동북조선인민보』로 개칭하였으며, 이 신문에는 「문예」 고정란이 설치되어 음악작품을 공개하고 음악비평을 하였다.

비록 전통음악에 대한 선별적인 발굴과 계승이었지만, 이 시기 조선족 음악작품들은 새로운 모습을 보여 주었다. 그중에서 연변가무단에서 창작하고 공연한 종목만 하여도 그 장르가 많고 표현한 내용들이 풍부하며, 민족적 특색과 지방적인 특색이 결합된 조선족 특징들이 잘 반영되어 있음을 볼 수 있다.[18]

〈표 5〉 1956년 연변가무단 주요 공연종목

구분	제목	장르	작사	작곡	안무
1	장백의 노래	대합창	김철	정진옥	
2	민요련곡	무반주합창			
3	양산도	무반주합창			
4	파란원무곡	무반주합창			
5	개성 난봉가	혼성합창			
6	경복궁 타령	혼성합창			
7	한강수 타령	혼성합창			
8	모택동농장이라 하겠네	남성중창	이홍규	김성민	
9	자동차운전수의 노래	남성중창			
10	어랑타령	여성중창			
11	운남민가	여성중창			
12	호남민가	여성중창			
13	내조국 어데나 살기좋고 아름답네	여성2인창	김태희	김성민	
14	초원에 지지 않는 붉은태양	독창			
15	머나먼 곳	독창			
16	시집살이	독창			
17	난봉가	독창			
18	팔 선녀	무극		고자성	김성민
19	어머니	무극		고자성	조득현

18 연변가무단 공연종목 1956-1957 참조.

구분	제목	장르	작사	작곡	안무
20	물동이 춤, 농악무, 부채춤, 목동과 처녀, 활춤, 씨름춤, 목인무, 닭춤, 장미춤, 고기잡이 등				

〈표 6〉 1957년 연변가무단 주요 공연종목

구분	제목	장르	작사	작곡	안무
1	제2차 5개년계획의 노래	합창	임효원	박지순	
2	원앙새	합창	임효원	박우	
3	뽕타령, 돈돌라리	합창			
4	처녀가 반한 총각 따로 있다네	남성중창	이홍규	정진옥	
5	아내의 노래	독창	김창석	박지순	
6	괴상한 처녀	독창			
7	잘하고 잘했소	대창			
8	아! 꽃수레가 오네	독창	황봉룡	정진옥	
9	아, 산딸기는 익어가건만	독창	임효원	윤명호	
10	배꽃타령, 어랑타령	독창			
11	레닌산, 머나먼 곳	독창			
12	외삼경	독창			
13	금도끼와 은도끼	무극		고자성	김영규
14	바구니춤, 농업합작화 고조	무용			량상호
15	젊은이들	무용			이달아
16	물동이춤, 부채춤, 농악무, 장미춤	무용			
17	장백의 노래	합창			
18	처녀의 노래	독창			
19	베토벤 제5교향곡	교향곡			
20	멘델쏜 바이올린협주곡	협주곡			
21	안또니나로맨쓰	독창			
22	모스크바의 밤	독창			

그러나 이러한 자유로운 창작활동과 공연활동은 오래 지속되지 못하고 1957년부터 시작된 '반우파운동(反右派運動)'과 그 뒤에 있었던 몇 차례의 정치운동으로 사회주의 리얼리즘은 조선족 음악에 더욱 심각한 영향을 주게 된다.

특히 1966년부터 1976년까지 10여 년간 지속된 문화대혁명(文化大革命) 시기에 창작된 예술작품들은 정부의 의도대로 정치적 도구가 되었으며, 민간에서 널리 불리던 민요, 통속민요, 신민요 및 새로 창작된 가요 등은 그 제재와 내용에 있어서 당의 문예시책의 제한을 받지 않을 수밖에 없었다.

이 시기 정부에서는 민요의 경우, 당해 시기의 사회 역사적 조건과 그 창작자 및 전승자들의 계급적 · 사상적 제약성으로 인하여 일정한 한계가 있다고 보고 있었으며, 이러한 한계가 바로 민요 작품에 끼어든 종교 미신사상과 유교 관념 및 기타 불순한 사상의 원인이 되는 요소들이라고 인정하였다.[19]

특히 향토민요 중의 의식요와 무속음악은 대중을 교화하는 데 극히 나쁜 영향을 주는 것으로 보았으며, 사회주의적 예술문화의 발전에 걸림돌이 된다고 인정하였다. 그러므로 이러한 제약성을 가장 많이 지니고 있는 민요에서의 의식요, 그중에서도 특히 신앙 의식요인 불교의식요, 무속의식요, 속신의식요 등은 비판의 대상이 될 수밖에 없었으며, 민요를 수집하고 정리할 때(민요곡집) 제외되었을 뿐 아니라 부르는 것은 더욱 금지되었다.

그중에서도 문화대혁명 시기의 '극좌'적인 문예시책은 조선족 음악예술을 망라한 전반 예술 분야에 커다란 재난을 가져다주었다. 조선족 음악에서의 전통음악은 1950년대에 새롭게 발돋움하여 세계적인 수준에까지 이르렀지만, 이 시기에 들어서면서 '복고주의', '봉건 잡귀신'으로 몰려 쓰레기통에 들어가지 않을 수 없었다. 그뿐 아니라 이 시기

19 조성일, 『민요연구』(연변인민출판사, 1983), 379쪽.

의 문화시책은 전통문화와 외래문화를 전면 부정하였기에 민요와 가요 및 기악을 마음대로 연창 · 연주할 수 없었으며, 심지어 애정과 사랑을 다룬 작품들은 인간의 저급적 취미를 불러일으킨다고 하였고, 사람들 사이에 오가는 정, 부모처자 간의 정, 친우 간의 정도 자산계급적인 것이라고 비판받게 되었다.

이렇게 되자 이 시기 조선족들이 민요를 비롯한 민속음악을 계승한다는 것은 상상조차 할 수 없었으며, 그 결과 이주 1세에 의한 전통음악의 전승은 단절이라는 최대의 위기를 맞게 되었다. 더욱이 '좌(左)'적 노선의 지배하에 재능이 뛰어난 민간예인들이 '복고주의', '민족주의' 등 억울한 누명을 쓰고 창작의 자유를 박탈당하였으며, 묵묵히 세월의 흐름을 지켜볼 뿐이었다.

2) 실사구시적 다양화

문화대혁명은 1976년 천안문 광장에서 자유를 요구하는 학생과 인민의 시위와 함께 그 명을 다하였으며, 따라서 조선족 전통문화예술도 해금되었다.

당중앙위원회 제11기 제3차 전원회의에서 채택된 정확한 노선의 지도하에 당의 일관적인 실사구시적 작풍이 회복되었다.[20] 이러한 풍조는 『예술사』에 잘 나타나 있는데, 이를 살펴보면 다음과 같다. ① 금지구역이 타파되자 중국 조선족의 원형이 회복되었다. ② 조선을 비롯한 세계 각국의 음악문화를 자유로 배울 수 있게 되었다. ③ 산천과 새들도 새롭게 해방을 받아 음악무대에 나타났다. ④ 인정세태, 애정윤

---

20 중공 제11기 3중전회: 중국공산당에 있어서 1978년 12월 18~22일은 역사적인 전환기가 된다. 당시 중앙위원회는 '문화대혁명'에 대해 종지부를 찍고 이전까지의 당의 좌경사상을 비판하기 위해 제11기 3중전회를 소집한 것이다. 이 회의의 의의는 첫째, 당무와 국정의 중심을 '경제건설'로 집약시켜 이전과 같은 비생산적인 정치논쟁을 중지하기로 한 데 있다. 둘째는 개혁과 개방정책을 지향한 점이고, 셋째는 이러한 변화에 걸맞도록 사회체제를 전면적으로 개정 · 전환한다는 것이다. 곧 권력의 중앙집중현상을 타파하고 권력을 개인과 지방에 대폭 이양하는 등 사회적 다원주의를 채택한 것이다.

리를 자유롭게 다룰 수 있게 되었다. ⑤ 지식인도 근로자의 구성 부분으로 인정받아 가송(歌頌)할 수 있게 되었다는 것이 핵심 내용이다.[21] 당시의 해금된 상황에서 예술가들은 비교적 심각하게 사회를 예술작품에 반영하였지만, 사회주의 이념의 엄격한 원칙을 과감히 넘지 못하였다.

하지만 사회주의 리얼리즘이 약화되고 실사구시적 작풍이 회복되면서 이전 시기에 중단되었던 민간문예 발굴사업이 다시 시작되었다. 이러한 실사구시를 추구하는 상황은 다음의 장쩌민(江澤民) 국가주석의 말로 잘 설명할 수가 있다.

> '중국 특색의 사회주의' 문화의 주요 내용은 개혁·개방 이후 일관되게 제창해 온 사회주의 정신문명과 일치합니다. 문화는 경제·정치와 상대되는 말이며, 정신문명은 물질문명에 상대되는 말입니다. 경제와 정치·문화가 함께 발전하고 정신문명과 물질문명 모두 양호해야 중국 특색의 사회주의를 실현할 수 있습니다. (중략) 문화예술과 언론, 출판, 방송매체 등의 사업은 문화건설에 있어 중요한 부분을 차지하고 있습니다. 언론과 선전은 반드시 당성(黨性)의 원칙을 고수하고 실사구시를 추구해야 하며 여론의 동향을 정확히 파악해야 합니다. (중략) 또한 문화 분야의 체제를 개혁하고 문화경제정책을 구체적으로 실현하고 완비해야 합니다. 인민을 위해 봉사하고 사회주의를 위해 봉사한다는 원칙을 고수하고 '백화제방 백가쟁명'의 방침으로 하나의 구호를 부르면서도 다양화를 제창해 사상성과 예술성이 결합된 우수한 작품을 많이 창작해야 합니다.[22]

이에 따라 조선족 음악사회는 생활의 리얼리티보다 민족문화에 더

21 『중국조선민족문화사대계 3 예술사』(서울대학교 출판부, 1994), 189-194쪽.

22 江澤民, "第15屆 全國代表大會上 政治報告" 중에서.

깊은 관심을 갖게 되었으며, 민요의 수집 발굴 및 정리사업도 다시 활발하게 시작되었고, 공연단체의 활동도 새로운 시기를 맞게 되었다.

1970년대 후반에 접어들어 향토애와 인정세태, 애정세계, 윤리미감 등을 다룬 가요들이 다시 창작되었고, 유행가도 다시 불리게 되었다. 특히 1980년대 중국에서 일어난 '뿌리를 찾는 운동(尋根熱)'과 남한과의 음악교류로 조선족 음악은 민요, 판소리, 기악, 농악 등 장르에서 옛 모습을 찾기 시작하였으며, 그중에서 한국음악계의 무속음악과 민속음악에 대한 기존의 연구 결과를 비롯한 음악심미사상의 영향은 조선족 음악사회에 매우 큰 영향을 가져다주었다.

이러한 영향으로 『장단엮음』과 같은 작품들은 기존의 '특수하게 표현하는 경향'에서 벗어나 독립적인 음악미로 조선 민족의 기대와 꿈을 내포한 무속사유를 생동한 음악형상으로 보여 줄 수 있었으며,[23] 전통음악을 바탕으로 새롭게 창작된 가극 「아리랑」과 무극 「춘향전」 및 무용서사시 「장백의 정」을 비롯한 많은 작품들과 연직원(演職圓)들이 국가문화부의 대상인 문화상을 수상할 수 있었다.

이로부터 중국 조선족 공연단체의 활동은 새로운 역사 시기에 들어서게 되었으며 자체의 이중성, 즉 중국음악의 한 부분으로서의 자기의 위상을 정립하고 한반도 민족음악의 한 갈래로서의 지역적 특색도 독창적으로 표현할 수 있게 되었다.

3) 남북한 음악의 영향[24]

개혁개방의 심화와 더불어 대내외적인 음악교류가 빈번하게 되었으며, 따라서 중국 조선족 음악사회는 남북한의 전통음악에 대한 수용작업을 동시에 시작하게 되었다. 또한 그들의 문화예술 성과에 대한 비판적인 수용은 중국 조선족 음악의 발전공간을 더욱 확대시키게 되

23 『장단엮음』에 대한 분석과 그 역사적 가치는 졸고 "장단엮음에 대한 연구"(연변대학 사범학원 문학석사학위논문, 1999)를 참조하기 바란다.

24 李勳, "中國延邊朝鮮族民族音樂의 史的 考察," 4장 참조.

었다.

역사적인 원인으로 중국과 한국 · 북한과의 예술교류는 상이한 시기에 이루어질 수밖에 없었다. 건국 초기부터 이루어졌던 중국 · 북한의 예술교류는 1970년대 중반에 들어서서도 지속되어 왔으며, 남한과의 문화교류는 1980년대부터 시작되었고, 1990년에 접어들어서야 본격적으로 이루어졌다.

조선예술이 조선족 사회에 가져다준 영향에 대한 분석에 앞서 조선민속예술의 변화양상을 통하여 전통음악에 대한 북한의 문제를 살펴보기로 한다.[25] 남북이 분단된 이후 조선 민속예술의 변화양상은 그들의 문화시책의 변화와 맥락을 함께하고 있다. 따라서 조선 민속예술의 변화양상은 그들의 문화시책의 변화에 대한 분석과 밀접한 관련이 있다.

북한의 문화시책은 다음과 같은 네 단계로 나누어 살펴볼 수 있다. 첫째 단계는 해방 후부터 모든 사유재산을 폐지한 1958년 10월까지이다. 이 기간 동안은 과거로부터 전승되어 온 민속예술이 그대로 계승되고 있었다. 그래서 김일출이 『조선민속탈놀이연구』를 1958년도에 발간하면서 현지조사를 통해서 그 당시 각종 탈놀이가 북한에서 전승되고 있음을 밝히고 있다.

둘째 단계는 1958년 10월 이후부터 김일성이 『유일사상』이란 책자를 낸 1960년대 중반까지이다. 이 기간 동안에는 북한의 실권을 쥐고 있던 박금철, 김창만 등의 후원에 의해서 민속예술의 계승에 대한 노력이 활발했던 듯하다. 그러나 1966년 말에 이러한 사업이 김일성에 의해 '봉건복고주의'라는 지탄을 받게 되고, 1967년에 박금철이 숙청됐다고 한다.

셋째 단계는 1960년대 중반 이후부터 1970년대 후반까지이다. 이 기간 동안에는 민속예술이 현대적 계승이라는 미명 아래 상당히 변질되고, 북한 체제에 대한 선전과 김일성에 대한 우상화의 도구로 전락

25 전경욱, "북한 민속예술의 전승양상," 『한국음악사학보』, 제28집 참조.

하게 되었다. 그리고 민속예술은 점차 자취를 감추게 되었다. 이 시기에 북한의 민속예술이 대대적인 변모를 겪게 되는데, 그것은 북한의 문화시책이 이때부터 확고한 자리를 잡았기 때문이다. 이 시기 북한 문화시책의 이론적 배경은 사회주의 문화예술에 있어서 가장 핵심적인 지표로 지적되는 당성 · 노동계급성 · 인민성이다.[26]

넷째 단계는 1970년대 후반부터 현재까지이다. 이 기간에는 김정일이 북한의 실권을 잡으면서 문화시책도 바뀌게 된다. 주목되는 점은 이 기간의 문화시책이 복고적 경향과 개방적 경향을 띠고 있다는 것이다. 그래서 셋째 단계에서 전승이 단절됐던 민속예술을 다시 복원하는가 하면, 민속예술의 자료들을 대대적으로 다시 정리하고 있다.[27] 이와 같이 1970년대 후반 이후 북한의 문화시책은 복고적 경향을 띠게 되는데, 이는 전통문화유산을 배격하던 셋째 단계와는 확연히 구별되는 특징이다. 아울러 이 시기 문화시책의 또 다른 특징으로 개방적 경향을 들 수 있다.[28]

이러한 북한의 문화시책은 전통음악의 계승과 발전에 실질적인 변화를 주게 되며 이러한 변화는 여러 가지 경로를 통하여 조선족 음악

26 여기서 '당성'이란 문학예술을 혁명투쟁에 충실히 복무시켜 혁명투쟁이 제기한 절박한 과업을 해결한다는 내용으로, 그들이 당면한 혁명과업을 해결하는 데 문학예술을 철저히 복종시키는 것이다. '노동계급성'은 문학예술을 포함한 모든 선전 · 선동사업에 언제나 계급적 내용을 담아 계급 교양의 힘 있는 무기를 만드는 것을 말한다. '인민성'이란 문학예술이 혁명건설의 주인인 인민대중에게 투쟁의지를 더욱 적극적으로 불러일으켜 힘 있는 사회적 존재로 키우는 수단이 되어야 한다는 것이다(『김일성 저작선집』, 권3, 159쪽; 권4, 144쪽; 권3, 129-130쪽; 권4, 156쪽 참조).

27 북한에서는 1955년에 찍었던 봉산탈춤의 영화를 1987년에 다시 편집하는가 하면, 1987년 이후 봉산탈춤을 복원하여 다시 공연하고 있다. 그리고 1977년에 김정일의 교시에 의해 시작된 민요발굴 및 연구사업의 결과로 1987년까지 모두 7권의 『민요연구자료집』을 발간했으며, 민속놀이도 발굴하기 시작하여 '돈돈라리' 같은 가무놀이를 새롭게 개작한 것으로 나타난다(전경욱, "북한 민속예술의 전승양상," 『한국음악사학보』, 제28집 참조).

28 최근 북한의 공연을 보면, 드럼, 전자오르간, 전기기타,, 트럼펫, 트롬본으로 구성된 보컬그룹이 남한의 유행가 스타일의 노래를 부르고 있는 점에서 개방적인 모습을 찾아볼 수 있다.

사회에 반영되어 영향을 미치게 된다.

김일성의 교시와 지시로 출발하였던 북한의 문화예술론은 사회주의적 사실주의의 단계를 거쳐 1970년대에는 주체적 문예사상의 단계로 접어들었다. 특히 1956년 4월의 조선노동당 제3차 대회 이후 본격적으로 진행된 민족악기 개량작업은 1970년대 들어서 완성되었으며, 개량악기의 실용화를 이루었다. 이 사업의 목적은 민족적 특성과 현대적 미감에 맞는 민족악기로의 개량이었다. 그 결과 민족악기는 악기의 재료로 쇠를 적게 쓰고 목재류를 많이 사용하여 민족적 특성을 살릴 수 있었다.[29]

북한에서는 1960년대 초기 민족성악에 대한 논의를 하면서 음악의 주체를 세울 것을 주장해 왔지만, 1970년대가 되면서 주체적 발성법에 대한 논의가 더욱 활발해지며[30] 구체적이고 과학적인 기준으로 주체적 발성법을 제시하려는 글이 나오게 되는 것은 1980년대였다.

악기 개량과 주체적 발성법의 성과는 날로 발전되어 가는 북한 대중의 심미의식에 만족을 주게 되었으며, 따라서 민족음악의 발전에 적극적인 작용을 하게 된다. 이러한 북한음악의 영향은 여러 가지 도경을 통하여 중국에 전파되었지만, 그중에서도 중 · 조 공연단체들 간의 교류와 유학을 통하여 실질적으로 이루어지게 된다.

〈표 7〉 사회주의 건설 시기 북 · 중 예술교류

구분	공연단체	장르	연도	장소
1	최승희무용연구반	무용	1951.3~1952.10	중국 중앙희극학원
2	조선국립예술극장, 조선국립고전예술극장	가무	1954.6.13~15	연길 인민체육장
3	조선국립예술단	심청전(5막 7장, 춘향전(6막 8장)	1957.1.2~6	연길

29 한중모, 『주체적 문예리론의 기본 3』, 174쪽.

30 『주체음악총서 10 민족음악의 계승발전』(평양: 문예출판사, 1991), 90-91쪽.

구분	공연단체	장르	연도	장소
4	김태희 등	예술교류	1957.9.	북한
5	중국 국제방송국	교환방송	매주 30분	중, 조
6	북한 함경북도	구기, 예술	1959.5.9~15	연길
7	북한 양강도 도립예술극단	가극, 가무	1960.9.5~11	연길
8	북한 양강도예술단		1962.8.9	연변
9	북한 함경북도예술단		1965.5.11~17	연길(7차)
10	길림성민족가무단		1965.9	자강도

상술한 바와 같이 건국 초기 북한과의 예술교류는 예술단체들 간의 직접적인 교류뿐만 아니라 교환방송과 같은 경로를 통하여 매우 밀접하게 이루어졌음을 알 수 있었다.

그뿐 아니라 1951년 3월부터 1952년 10월까지 중앙희극학원에서는 북한의 저명한 무용가 최승희를 초청하여 '최승희무용연구반'을 꾸림으로써 조선예술을 깊이 있게 배우기에 이른다. 1980년대에 들어서서 북한 예술단체와의 교류는 더욱 빈번해졌다. 양강도예술단, 양강도소년예술단, 그리고 함경북도예술단, 함경북도청년예술단 등은 연길, 장춘, 하얼빈 등지를 순회하면서 방문공연을 함으로써 중국 대중의 찬사를 받았다. 그뿐 아니라 만수대예술단과 조선인민군협주단도 북경, 심양 등지에서 아름답고 우아한 공연을 보여줌으로써 중국 대중에게 깊은 감동을 주었다. 한편 1990년에는 연변예술계가 안승희를 초청하여 15일간 특강의 자리를 마련하기도 하였다.[31]

북한 공연단체의 중국 방문공연이 많아짐에 따라 중국 조선족 공연단체의 북한에서의 공연 차수도 증가되었다. 1985년 5월 중앙민족가무단의 조선족 배우 김용수는 중국예술가 대표단의 일원으로 북한

31 안기옥의 아들, 원 북한 국립국악관현악단 상임지휘자.

을 친선 방문하여 다양한 풍격의 무용을 원숙하게 표현함으로써 조선족 무용가의 재질을 유감없이 과시하여 북한 예술계와 대중의 절찬을 받았으며, 1987년 6월에 연변가무단은 북한의 초청을 받고 함경북도를 친선 방문하여 23차례의 공연을 하면서 향토적 색채가 농후한 중국 조선족 민족예술을 북한 대중들에게 보여주었다.

조선예술에 대한 보다 깊은 이해를 위하여 1980년대 후반에 와서 연변대학 예술학원을 비롯한 조선족 음악계에서는 여러 차례에 걸쳐 북한에 유학생을 보내어 그들의 주체발성법과 개량악기 및 음악이론에 대한 연구를 진행하였다.

1987년에 성악교수 박춘희가 평양음악대학에 가서 주체발성법을 학습하고 돌아온 뒤 김동설(개량젓대), 김용일(개량새납), 김호윤(개량새납), 신호(음악이론), 남희철(음악이론), 김수련(개량가야금) 등이 평양에서 유학하고 돌아왔으며, 현재에도 이러한 학습과 교류가 계속되고 있다.

이러한 교류를 통하여 중국 조선족 음악계에서는 북한의 예술에 대하여 깊이 있는 이해를 가져오게 되고, 또 그에 대한 깊이 있는 연구와 선별적인 수용은 중국 조선족 음악의 발전과 새로운 미감을 창조하는 데서 많은 적극적인 작용을 하였다는 평가를 받고 있다.

다음에는 한국의 영향을 살펴보기로 한다. 1980년대 초부터 중국에 있는 조선족들이 비공식적으로나마 한국에 갈 수 있었으며, 그들에 의하여 한국의 전통음악과 그에 대한 연구성과가 알려지기 시작하였다. 이혜구(李惠求) 박사의 논문으로부터 시작하여[32] 오늘에 이르기까지 남한의 전통음악 연구는 가능한 한 전통음악이 지닌 본래 모습대로 발굴하고 계승하려는 목적에 초점이 맞추어져 있음을 알 수 있다.

산조에 대한 기존의 연구만 보더라도 '산조란 무엇인가?', '산조는 어떻게 만들어졌는가?', '산조를 가능케 한 사회 조건은 무엇인가?' 등

---

32 황준연, 『광복50주년 국학의 성과』(한국정신문화연구원, 1996).

의 질문에 대한 답을 구하는 연구[33]에서부터 산조에 대한 기존의 연구 성과를 검토하고 새로운 연구 방법을 제시한 여러 논문이 발표되었다.[34] 따라서 오늘날 한국의 전통음악에는 한반도 전통음악의 옛 모습이 잘 드러나 있다. 이러한 방법론은 1980년대에 중국 문화계에 있었던 '뿌리를 찾는 운동'과 결합하게 되며, 한국음악의 연구성과와 그들의 음악작품에 담긴 전통적이고 독립적인 음악미는 중국 조선족 음악계에 적극적인 영향을 주게 되었다. 특히 한국음악계의 무속음악과 민속음악 및 음악 심미사상에 대한 연구성과는 중국 조선족 음악으로 하여금 한층 더 발전할 수 있는 방안을 제공하였다.

1990년대에 들어서자 한국의 민족음악 전문가들의 중국방문은 본격적으로 시작되었다. 1990년 7월 한국정농악회 소속의 강사준, 김정자, 이두원 등 교수들은 연변에 가서 연주와 강좌의 기회를 가졌다. 같은 해 단국대학교 국악과 학생과 교수들로 조직된 합동공연단이 연길을 방문하여 공연을 하였다.

1991년부터 1996년까지 국립국악원에서도 연변에서 '해외교포 국악강좌'를 개최하였다. 국악강좌에 참여한 주요 인물을 들어보면 ① 해금에 성기만, 거문고에 조인환이었고, ② 대금에 황규상, 거문고에 조인환, 병창에 윤소희였으며, ③ 피리에 황규상, 사물놀이에 조갑용이었고, ④ 거문고에 황규상, 사물놀이에 조갑용 등이었다. 그들의 활동은 1995년에 2차, 1996년에 6차, 1997년에 7차의 국악강좌로 계속되었다. 이렇게 사물놀이, 민요, 무용 등 전통음악에 대한 국악강좌를 개최함으로써 중국 조선족 음악발전에 큰 기여를 하였다.[35]

한편, 중국 조선족 공연단체들이 한국을 방문하여 여러 차례의 공연을 하였다. 그중 1993년 120명으로 된 무용극「춘향전」이 서울에

---

33 오용록, "산조 연구의 두 가지 시각,"『민족음악학』(서울대 동양음악연구소, 1996), 18집.

34 황준연, "산조의 기본청과 보조청,"『민족음악학』(서울대 동양음악연구소, 1996), 18집.

35 리훈, "중국연변조선족민족음악의 사적 고찰," 45쪽.

서 공연되었고, 1998년에는 85명으로 조직된 배합관현악이 서울에 와서 공연하였으며, 2000년에도 60명으로 조직된 무용이 서울에서 공연되었으며, 2003년에는 60명이 넘는 관악단이 제주에서 공연하였다. 1990년 연변대학교의 민족음악 성악교수인 전화자가 한국에 와서 성악공부를 하였고, 1991년에는 당시 연변대학예술학원 부원장이었던 정준갑 교수와 해금 강사 권민 등이 한국에 와서 전통음악을 연구하였다.

또한 1996년 무궁화위성을 이용한 TV 방송을 시작하여 한국의 전통음악을 비롯한 음악단체들의 공연이 시시각각 생동한 음악영상으로 중국 조선족 대중에게 전달되고 있다. 이미 1990년대 초부터 연변대학에서는 연구의 목적으로 여러 나라의 위성방송을 시청할 수 있었다. 늦게나마 한국의 KBS, 위성방송 1TV, 2TV 등이 개국을 하자 이에 대한 중국 조선족의 관심을 끌었다. 그 결과 한국 TV 프로그램을 보기 위한 위성 수신안테나가 곳곳에 설치되었으니 한국 전통음악을 비롯한 한국의 다양한 문화가 중국에서 성행하였음을 쉽게 알 수 있다.

〈표 8〉 개혁개방 시기 국제교류

구분	단체명	장소	인원수(명)	연도
1	북한 양강도예술단	연길		1979.10.
2	북한 함경북도예술단	연길	80	1981.8.
3	북경조선족예술인공연단	연길, 송강, 용정 등		1982.8.
4	북한 양강도 학생소년예술단	연길, 도문	60	1982.5.
5	연변대표단	일본	최옥주(5)	1983.6.
6	중국민족예술단	알제리 등(8)	이록순(20)	1984.12.
7	미국무용단	연길	전명숙 등	1985.10.
8	연변예술학원예술단	미국	20	1985.11.
9	연변가무단	일본	함순녀(4)	1986.6.
10	북한 함경북도예술단	연길, 도문, 용정		1986.8.
11	연변조선족자치주예술단	조선		1986.9.

구분	단체명	장소	인원수(명)	연도
12	연변가무단	일본	최옥주 등	1988.4.
13	단국대학교 국악단	연길		1990
14	연변예술학원예술단	일본	26	1991.10.
15	조선 평양 왕재산경음악단	북경		1991.10.
16	조선 평양민속예술단	곤명		1992.2.
17	조선 청년예술단	하얼빈		1992.7.
18	조선 함경북도예술단	연길, 왕청		1992.7.
19	한국 국립음악원	연길		1992.10.
21	연변예술학원	서울	김진 등	1992.10.
22	연변음악가협회	서울	120	1993
23	연변음악가협회	서울	85	1998
24	연변음악가협회	서울	60	1998
25	연변대학예술학원	제주	70	2003

이와 같이 조선음악의 개량작업과 한국민족음악의 정체성에 대한 연구성과에 대한 비판적 수용은 중국 조선족 예술로 하여금 한 면으로는 발전하는 대중의 미감에 대한 새로운 욕구를 만족시키는 데서 적극적인 작용을 하게 되었으며, 다른 한 면으로는 조선족 음악작품들로 하여금 조선 민족의 원초적인 음악미가 짙게 함으로써 많은 우수한 예술작품들이 탄생하는 데 매우 큰 영향을 주었다는 평가를 받고 있다.

Ⅲ. 결론

중국 조선족 음악은 형성되면서부터 오늘에 이르기까지 조선 민족의 전통음악을 주축으로 하면서 타민족과 기타 지역의 상이한 음악문화에 대한 비판적인 수용의 여러 단계를 거쳐 자기의 독특한 풍격을 창조하고 발전시켜 왔다. 조선족 음악이 타민족과 다른 지역의 영향을 받으면서도 조선족 음악의 특성을 보전하면서 발전할 수 있었던 가장 중요한 원인의 하나가 바로 조선족 음악사회에 조선 민족의 전통음악이 바탕이 되어 튼튼히 자리하고 있었기 때문이다. 만약 이러한 전통음악의 바탕이 없었다면 서양음악을 비롯한 타민족 음악이 유입되어 한 세기가 지난 오늘, 조선족 음악은 이미 타민족 음악문화에 완전히 동화되어 버렸을 것이다.

필자는 조선족 음악에 있어서의 전통에 대한 문제를 밝히기 위하여 조선족 음악사회에 대한 타민족과 기타 지역의 영향을 분석하고 그에 대한 조선족 음악사회의 수용과정을 살펴보았으며, 이상의 논의를 요약하면 다음과 같다.

조선족 음악의 형성기(形成期)에 주로 서양음악이 조선족 음악사회에 유입되었는데, 이러한 음악은 종교와 학교에서의 창가과 및 취주악을 통하여 유입되었으며 그 보급에는 일본에서 유학을 하고 중국에 온 음악교육가들이 가장 많았음을 알 수 있었다.

또한 조선족 음악은 그 발전의 길에서 정착국인 중국공산당과 정부의 문화시책에 대한 영향을 많이 받게 되었으며, 그 주요한 영향으로 사실주의 미학관과 사회주의 리얼리즘 및 실사구시(實事求是)적 다양화 등 상이한 미학 관념을 들 수 있었다. 그뿐 아니라 중화인민공화국이 탄생한 이후에는 상이하게 변화된 한국 · 북한의 음악시책과 음악실태가 조선족 음악사회에 매우 큰 영향을 주게 되었음을 알 수 있었다.

이러한 영향에 대한 냉철한 비판을 통하여 조선족 음악사회는 자기의 실제에 가장 잘 맞는 발전의 길을 택하게 되었다. 특히 개혁개방 이후 전통음악에 대한 조명을 통하여 조선족 음악은 장기간 지속되어온 '특수하게 표현하는 경향'에서 벗어나 독립적인 음악미로 대중들에게 강렬한 생명충동을 줄 수 있었으며, 이러한 충동을 줄 수 있는 작품들은 모두 조선 민족의 전통음악과 철학적 사유를 바탕으로 하고 있었다.

조선족의 음악작품에는 조선 민족의 전통음악이 스며들어 있지만, 그러한 작품들은 단순히 손쉬운 방식으로 조선 민족의 전통을 서양 형식으로 가져다 쓴 것은 아니다. 오늘도 조선족 음악가들은 조선 민족의 전통음악에 바탕을 두고 있지만, 이러한 전통을 자신만의 고유한 개성적인 형식으로 표현하고 있으며, 무엇보다 세계적으로 감상될 수 있는 수준에 이르기 위하여 노력하고 있다.

조선족 음악의 미래를 위하여 전통음악의 본질, 정수를 아주 깊이, 그리고 아주 조심스럽게 연구하고, 미지의 세계를 탐색하며, 전통으로부터 배운 것을 새롭고 현대적인 형태로 재창조하거나 새롭게 해명함으로써 날로 발전하는 대중의 미감에 대한 욕구에 만족을 주고 인간본질의 실현의 길에서 초월과 승화를 이루어야 할 것이다.*

---

* 출전: 이훈, "중국 조선족 음악과 전통의 문제: 타민족과 다른 지역의 영향을 중심으로," 『동양예술』(서울: 한국동양예술학회, 2004), 제9호, 432-470쪽.

참고문헌

『고종실록』 권40, 4년 12월 19일.

김덕균. 『조선민족음악가사전』. 중국: 연변대학출판사, 1998.

김예풍. "사회주의 리얼리즘과 연변조선족 민요." 『한국예술종합학교 음악원 음악학과 제2회 학술세미나』(2000).

남궁요열. 『韓國音樂總攬』. 한국음악협회, 1991. http://my.netian.com/~holee00/15.html 참조.

연변가무단. 『대사기』. 1956-1957.

오용록. "산조 연구의 두 가지 시각." 『민족음악학』(서울대 동양음악연구소, 1996), 18집.

李勳. "장단엮음에 대한 연구." 연변대학 사범학원 문학 석사학위논문, 1999.

____. "中國 延邊朝鮮族 民族音樂의 史的 考察." 서울대학교 석사학위논문, 2001.

이훈. "중국 조선족 음악과 전통의 문제: 타민족과 다른 지역의 영향을 중심으로." 『동양예술』(서울: 韓國東洋藝術學會, 2004), 제9호, 432-470쪽.

이희경. "일본 현대음악과 전통의 문제." 『한국음악사학보』(서울: 한국음악사학회, 2003), 제30집.

전경욱. "북한 민속예술의 전승양상." 『한국음악사학보』, 제28집.

정영숙. "중국조선족전문예술단체초창기공연회고." 『예술세』. 2003.11.

조성일. 『민요연구』. 연변인민출판사, 1983.

『중국조선민족문화사대계 3 예술사』. 서울대학교 출판부, 1994.

최순덕. 『예술사』. 중국: 민족출판사, 1994.

『한국청년』, 제1호.

황준연. 『광복50주년 국학의 성과』. 한국정신문화연구원, 1996.

____. "산조의 기본청과 보조청." 『민족음악학』(서울대 동양음악연구소, 1996), 18집.

Wade, Bonnie C. 이혜영 역. "미래만들기: 일본음악의 경우를 중심으로." 『동양음악』(서울대학교 동양음악연구소, 2000), 제22집.

江澤民. "第15屆 全國代表大會上 政治報告."

[ABSTRACT]

The Problem of Korean Chinese Music and Tradition: Focusing on the Impact of Other Ethnic Groups and Regions

LI, XUN*

No artwork can be created in a manner separable from the spiritual and artistic foundation of the artist's ethnicity. Since its very beginning until now, Korean Chinese music has also formed and developed based on Korean traditional music. Much like many other East Asian countries, however, Korean Chinese people also went through a period of neglect for traditional music in the process of forming and developing their own music. They could not help but tread a difficult path in inheriting and developing their tradition due to historically and regionally specific causes.

The dissemination of music cultures of other ethnic groups added heterogeneous elements to Korean Chinese music community that could have inherited and developed Korean traditional music in an unadulterated form. Moreover, critical reception of such heterogeneous elements came to take part in Korean Chinese music. Conducting research on the dissemination of other ethnic cultures is therefore equally as significant as conducting research on the evolution of Korean Chinese traditional music and is expected to have an important effect on clarifying the identity of Korean Chinese music.

The Korean Chinese community began to rediscover, classify, and publish materials regarding traditional music almost at the same time

* Former Dean, School of Arts, Yanbian University

as did other ethnic groups across East Asia. Traditional music was first highlighted as the reform and open policies were launched. Such attention to Korean Chinese music enabled the music to break away from particular conventional modes of expression and open a new page of history by conveying a strong 'impulse for life' to the masses with its independent musical beauty. As a result, Korean Chinese artworks and artists have come to receive the 'Culture Award' from China's Ministry of Culture multiple times, further elevating the art of Korean Chinese music. Nevertheless, there has only been partial research on Korean Chinese music within the Korean Chinese music community. There has yet to be a systematic study of the identity of Korean Chinese music, particularly regarding the impact of music cultures of other ethnic groups and regions upon the formation and development of Korean Chinese music.

My goal is to contribute to clarifying the identity of Korean traditional music and the distinctive qualities of Korean Chinese music by focusing on the problem of tradition in Korean traditional art with particular attention to the aforementioned impact that other ethnic groups and regions had upon the formation and development of Korean Chinese music.

One of the causes that enabled Korean Chinese music to critically accommodate the varied influence of other ethnic groups and regions lies in the fact that Korean traditional music provided a firm basis for the Korean Chinese music community. If not for such a basis, Korean Chinese music would have been completely assimilated into the music culture of other ethnic groups, considering how it has been a century since the influx of other music cultures including Western music.

This paper analyzes the impact of other ethnic groups and regions upon Korean Chinese music community which can be summarized as follows:

In the formative period of Korean Chinese music, it was mostly Western music that had been introduced to the Korean Chinese music community through religious activities and educational institutions, especially by way of vocal music and wind instruments. They were propagated primarily by music educators who came to China after studying in Japan.

During the period of its development, the Korean Chinese music community was highly influenced by the Chinese Communist Party and Chinese government's cultural policies, more specifically by different aesthetic concepts such as realism, socialist realism, and diversification based on empiricism. Furthermore, since the establishment of the People's Republic of China, the contrasting policies and realities in the South Korean and North Korean music scenes turned out to have a huge influence upon the Korean Chinese music community.

Through a levelheaded criticism of such influences, the Korean Chinese music community was able to choose a path toward development befitting of their reality. Especially since the reform, they were able to break away from their formerly long-lasting 'tendency to express uniquely' and convey a strong animating impulse which took basis in Korean traditional music and philosophical thinking.

The musical work by Korean Chinese is imbued with Korean traditional music. Nevertheless, it does not merely appropriate Korean tradition in a Western manner. To this date Korean Chinese musicians take basis in Korean traditional music, but they convey this tradition in their own idiosyncratic form. More than anything, they are making efforts to have their music come up to a globally appreciated standard.

For the future of Korean Chinese music, the essence of Korean traditional music must be studied in depth with much care. We must probe into the unknown, recreate what we have learned from tradition into something new and modern, and thereby satisfy the growing aesthetic sensibility of the people as well as transcend and sublimate in the path toward the actualization of human nature.

저자 소개

김보희 Gim, Ban Bohi

작곡가, 음악인류학자. 현재 연세대학교 객원교수로 재직 중이며 'Korean Traditional music and culture', 'Korean popular culture and Korean Wave'를 강의한다. 전 한국예술종합학교 대학원, 한양대학교 문화인류학과, 작곡과 강사. 저서로는 『소비에트시대 고려인 소인예술단의 음악활동』(도서출판 한울, 2008), 『소비에트 고려민족의 노래』(도서출판 한울, 2009), 『바람결소리 김보희향가 작곡집』(민속원, 2009) 등이 있다. 그 외 아리랑, 애국가, 독립운동가요, 해외한민족음악연구 등을 주제로 연구하고 있다.

김채원 Kim, Chaewon

한국문화예술교육진흥원 예술강사 겸 춤문화비교연구소 대표. 한양대학교 무용학과를 졸업하고 일본 오챠노미즈여자대학 대학원에서 비교무용학을 전공해서 석·박사학위를 취득하였다. 일본 릿쿄대학 아시아지역연구소와 메이지대학 신체커뮤니케이션연구소 연구원, 통일미래사회연구소 선임연구원, 한국전통춤협회 연구위원을 역임했다. 저서로는 『최승희춤: 계승과 변용』(2008), 『한국춤통사』(공저, 2014), 『북한의 민족무용』(공저, 2018), 『모란봉이요 대동강이로다』(공저, 2020), 『다르고도 같은 북의 예술이야기』(2020) 등과 다수의 논문 및 번역서가 있다.

김희선 Kim, Hee-sun

현재 국민대학교 교양대학 부교수로 재직하며 국제전통음악학회 동아시아음악연구회(ICTMMEA) 회장, 문화재청 무형문화재 위원회 무형문화재 전문위원, 한국문화예술교육진흥원 이사, 한국국악학회 국제이사 등을 맡고 있다. 서울대학교 국악과와 동대학원 졸업, 피츠버그대학교 음악인류학 박사, 국립 싱가포르대학교 아시아연구소 연구원, 서울대학교 동양음악연구소 연구원, 국립국악원 국악연구실장 및 국악원장 직무대리를 역임했다. 최근 논문으로 「월경(越境)음악의 문화번역: 동시대 남한 전통음악계의 북한음악」(2020), 「문화냉전기 미국의 아시아음악 연구와 1960년대 국악의 국제화」(2019), 「문화냉전기 국가 프로파간다와 공연예술: 1960-70년대 리틀앤젤스 활동의 국제정치학」(2019), 최근 공저로 『문화의 시각으로 음악을 보다』, *Presence through Sound: Music and Place in East Asia* (Routledge), *Vamping the Stage: Female Voices of Asian Modernities* (University of Hawaii Press) 등이 있다. 동시대 한국음악, 아시아음악, 아시아 음악횡단과 문화번역, 음악학의 사회적 소통과 기여에 관심을 갖고 연구 중이다.

양민아 Yang, Mina

중앙대학교 외국학연구소 HK 연구교수. (사)한국춤문화자료원 공동대표. 서울대학교 체육교육과에서 한국무용을 전공하고, 러시아 상트페테르부르크 국립대학교에서 문화사회학 석·박사학위를 취득하였다. 러시아 상트페테르부르크 고려인들로 구성된 한국전통무용단 '소운'의 예술감독을 맡으며 러시아 한인들의 공연예술 활동에 대한 학문적 관심을 갖게 되었다. 주요 연구물로는 「1920년대 러시아한인 예술단 내한공연의 무용사적 의미」, 「유라시아 춤문화 교류의 시원(始原): 1920년대 경성의 〈예술학원(藝術學院)을 중심으로〉」, 「1956-57년 국립 최승희 무용연구소의 소련 순회공연과 공연작품들의 글로컬리티 연구」, 「1950년대 북-소 공동제작 영화에 나타난 북한무용의 트랜스 컬처성 연구」 등이 있다. 러시아 한인을 넘어 다른 나라의 한인 디아스포라의 공연예술 활동에도 관심을 갖고 있다. minayang919@naver.com

엄혜경 Um, Haekyung

영국 리버풀대학교 대중음악연구소 및 음악과 부교수, 동 박사과정 학과장. 서울대학교에서 한국음악학 석사학위를 취득했고, 벨파스트 퀸즈 대학교(Queen's University Belfast)에서 민족음악학 · 인류학 박사학위를 취득했다. 한국국제교류재단, 네덜란드 국제아시아연구소(The International Institute for Asian Studies), 영국 레버흄 재단(Leverhulme Trust), 영국 경제사회연구위원회(Economic and Social Research Council)의 지원으로 한국, 중국, 러시아, 중앙아시아, 영국 등지에서 연구하였다. 아시아 현대공연예술의 정체성, 정책, 초국가주의에 대하여 전문적으로 연구하고 있으며, 중국과 구소련의 한인 디아스포라, 영국의 인도전통음악, 한국의 판소리, 힙합 등에 대한 저서와 논문들을 출판하였다. 최근에는 한국의 음악예능방송과 대중음악 레퍼토리에 대한 규명, 영국의 K-pop 팬덤에 관한 연구, 리버풀 사운드시티와 잔다리 페스타 등의 음악축제와 라이브음악 중심으로 영국-중국-한국 간 음악 산업 협업에 관심을 두고 있다.

이용식 Lee, Yong-Shik

서울대학교 국악과 및 동대학원을 졸업하고, 하와이대학교(University of Hawaii)에서 음악학 박사학위를 취득하였다. 인천광역시 문화재위원과 국립국악원 국악연구실장을 역임하였다. 현재 전남대학교 예술대학 국악학과 교수, 광주광역시 문화재위원, 한국국악학회 편집위원장, 한국공연문화학회 부회장, 한국민요학회 부회장, 한국국악교육연구학회 부회장을 맡고 있다. 주요 저서로는 『음악인류학』(2018), 『호남좌도농악의 역사와 이론』(2015), 『중앙아시아의 음악문화』(2014), 『한국음악의 뿌리 팔도 굿음악』(2009), 『민속, 문화, 그리고 음악』(2006), 『황해도 굿의 음악인류학』(2005), *Shaman Ritual Music in Korea* (2004) 등이 있다.

이훈 LI, XUN

1960년 8월 중국 용정시(룡정시)에서 출생하였다. 중국 연변대학 예술학원의 교수로 부원장과 원장을 역임하였고 2020년에 정년퇴직하였다. 1999년 중국 연변대학에서 조선언어문학 석사학위를 취득하였고, 2000~2005년 한국에서 서울대학교 음악대학 석사 · 박사학위를 취득하였다. 중화인민공화국 문화부 '园丁奖', '연변 제6기 진달래 문예상-창작상' 등을 수상하였고, 『중국조선족공연단체에 대한 연구』, 『중국조선족예술문화연구』 등의 저서가 연변대학 '우수도서'에 입선한 바 있다. 국가급(중국/한국) 연구항목을 완성하였고, 〈낙양춘〉에 대한 연구 등 30여 편의 논문을 발표하였다.